21 世纪高等院校创新课程规划教材

U0514608

国际贸易：理论与政策

马亚华　主编

中国财经出版传媒集团

经济科学出版社
Economic Science Press

·北京·

图书在版编目（CIP）数据

国际贸易：理论与政策/马亚华主编．—北京：
经济科学出版社，2024.3
21世纪高等院校创新课程规划教材
ISBN 978 – 7 – 5218 – 4137 – 4

Ⅰ．①国⋯　Ⅱ．①马⋯　Ⅲ．①国际贸易 – 高等学校 –
教材　Ⅳ．①F74

中国版本图书馆 CIP 数据核字（2022）第 195313 号

责任编辑：周胜婷
责任校对：靳玉环
责任印制：张佳裕

国际贸易：理论与政策

GUOJI MAOYI：LILUN YU ZHENGCE

马亚华　主编

经济科学出版社出版、发行　新华书店经销

社址：北京市海淀区阜成路甲 28 号　邮编：100142

总编部电话：010 – 88191217　发行部电话：010 – 88191522

网址：www. esp. com. cn

电子邮箱：esp@ esp. com. cn

天猫网店：经济科学出版社旗舰店

网址：http：//jjkxcbs. tmall. com

固安华明印业有限公司印装

787 × 1092　16 开　19 印张　450000 字

2024 年 3 月第 1 版　2024 年 3 月第 1 次印刷

ISBN 978 – 7 – 5218 – 4137 – 4　定价：58. 00 元

（图书出现印装问题，本社负责调换。电话：010 – 88191545）

（版权所有　侵权必究　打击盗版　举报热线：010 – 88191661

QQ：2242791300　营销中心电话：010 – 88191537

电子邮箱：dbts@ esp. com. cn）

本书为国家社会科学基金重大项目"'一带一路'背景下中国文化海外传播对中国企业国际化的影响研究"（19ZDA337）的阶段性成果。

中国文化海外传播促进对外贸易高质量发展研究

曲如晓　杨　修　刘　霞　李　雪 / 著

中国财经出版传媒集团

经济科学出版社

Economic Science Press

党的十九届五中全会提出"实行更高水平对外开放，开拓合作共赢新局面"。当今世界正经历百年未有之大变局，国际形势错综复杂，新冠肺炎疫情全球大流行正加速大变局的演变，世界多极化加速发展，国际力量对比深刻调整，"东升西降"态势愈发明显，单边主义、霸权主义、贸易保护主义大行其道，我国外贸发展环境面临深刻复杂的变化。国际形势和外部环境的复杂变化，给我国贸易强国建设提出了更高的要求。加强中国文化海外传播，可以为我国有效地营造积极的外部环境，增进外国企业、消费者等对我国的文化认同，减少异质文化引起的交易成本，实现我国外贸高质量发展。

目前，关于贸易发展的研究，更多集中在经济、科技层面。尽管近些年文化与贸易的研究得到了越来越多学者的关注，但关于文化海外传播与贸易的研究着墨不多，特别是对文化海外传播与中国外贸高质量发展之间关系的研究。在此背景下，本书将立足国内国际双循环的新发展格局，以文化海外传播为视角，就中国外贸高质量发展开展系列专题研究。本书的研究将国际经济学、国际传播学等学科交叉融合，进一步丰富了现有国际经济与贸易理论，从文化视角来阐释国际贸易发展的新动因，采用中国数据，进一步验证文化海外传播对中国贸易发展的影响，并提出推动中国外贸高质量发展的对策与建议。

本书包括 6 章内容。

第 1 章 文献综述与理论基础。本章从文化海外传播、文化与贸易、文化海外传播与贸易等角度系统梳理和总结国内外有关文献，研究提出现阶段该领域的研究现状、不足及可待挖掘的内容。在此基础上，本章提出了文化海外传播对贸易影响的理论机制，并构建文化海外传播对贸易影响的理论模型，为后文实证研究奠定理论依据。

第 2 章 中国文化海外传播与贸易发展的特征事实。 目前关于中国文化海外传播的研究主要集中在现状分析，而关于中国文化海外传播评估体系的构建却鲜有文献涉及。本章系统构建了中国文化海外传播评估体系，对中国文化海外传播效果进行量化评价，从文化贸易、孔子学院、海外华人等多个维度，就中国文化海外传播推动贸易发展现状进行分析。在此基础上，本章还就中国企业"走出去"面临的文化挑战进行了深入分析。

第 3 章 文化传播对贸易的影响。 本章重点关注文化海外传播等文化特质及其对中国贸易影响的实证分析，主要包括文化高低语境对国际贸易合作、孔子学院对文化"软实力"、文化差异对中拉贸易、文化产品光环效应、中国戏曲对外传播、信任对中国与西亚贸易等方面的研究，为后文对策建议提供事实支撑与经验参考。

第 4 章 文化认同对贸易的影响。 本章采用量化研究方法，实证研究了文化认同与贸易的关系，主要包括贸易开放对文化认同的影响、文化认同对文化产品贸易以及来华留学生的影响等，为后文对策建议提供事实支撑与经验参考。

第 5 章 发达国家文化海外传播推动贸易发展的经验借鉴。 本章以日本、美国、英国、韩国为研究对象，通过文献资料查找和调研，系统梳理和总结上述四国文化海外传播促进贸易发展的成熟经验，为未来我国如何通过文化海外传播实现外贸高质量发展提供经验借鉴。

第 6 章 中国文化海外传播推动外贸高质量发展的对策建议。 本章对党的十八大以来我国政府关于中国文化海外传播、中华文化"走出去"等政策文件进行了系统梳理与总结。在此基础上，结合中国文化海外传播推动贸易发展的现状、特征与问题，提出有关对策建议。

面对错综复杂的国际环境所带来的新形势、新挑战和新要求，我们要以习近平新时代中国特色社会主义思想为指导，坚定不移贯彻创新、协调、绿色、开放、共享的新发展理念，以高质量发展为主题，积极推动以人类命运共同体理念为核心的中国文化海外传播，为我国外贸发展营造有利的外部环境，充分释放文化海外传播在贸易高质量发展上的正效应，实现贸易高质量发展，助力贸易强国建设。我们希望本书可以为政府、学术界和企业界人士提供参考。

目 录

Contents

第 1 章

文献综述与理论基础

1.1　文化海外传播的相关研究

文化海外传播是指在不同国家、地区和民族之间，存在着相互的接触、交流和文化传播关系，强调文化系统之间的传播，解决不同文化系统的人存在的沟通与理解难题（武斌，1998；陈力丹，2016；单波，2011）。在文化海外传播过程中，分属于不同文化范畴的人们彼此沟通（姜飞和黄廓，2009），完成文化信息的交流与传递，阐释自身文化，解读他者文化，建构文化认知（刘琛，2017）。

在经济全球化背景下，一个国家的文化建设体现着国家的综合国力，而一国文化的海外传播对提升国家文化软实力和国家经济实力具有重要作用。在信息高速发展的现代社会，传播技术、传播平台和传播方式向复杂化和多元化方向发展，数字技术成为一切传媒形态的技术基础（于德山，2020），各种信息、观点、思想文化以前所未有的速度和频率在世界范围内快速传播流动，文化超越国界，走向全球文化共同体。然而，因意识形态、经济发展不平衡、语言沟通障碍等导致的文化海外传播折扣仍然存在。因此，越来越多的学者开始关注文化海外传播。隗斌贤（2016）指出，"一带一路"是立足历史文化理念，推动文化传播、提升文化影响力的新引擎。在投入帮扶沿线友国文化产业发展的同时，改善文化传播数字话语形式，在加强文化互信的基础上构建中华文化输出（郑世鹏，2015；隗斌贤，2016）。谢孟军（2017）指出，文化输出作为我国新时期"走出去"发展战略内涵升级的重要体现，有望成为实现我国新一轮经济增长的新的原动力。孔子学院作为中华文化"走出去"的最集中表现，有力地向世界传播中华文化，推广汉语，提升中国的国际影响力和文化软实力。

此外，还有不少文献研究文化海外传播的内容、方式及其对策。在文化海外传播的内容方面，常江（2020）指出，电视剧是最具大众影响力的流行艺术产品之一。通过将本土文化元素蕴于通俗的叙事和美学形式之中，电视剧在当代全球跨文化传播与对话中扮演了不可替代的角色。刘湜（2012）的研究指出，电影艺术可以将不同民族文化通过银幕展现在观众眼前，起到文化传播、文化交流的作用。中国电影的故事情节、人物性格、题材构成等不仅包含着中国文化符号的深层次的隐性表现，而且蕴涵着中国特有的生活态度、伦理道德观念、精神气质、思维方式以及中国文化发展演进的过程等内容，凸显了中国文化的精神内涵。海外受众对电影中的中国文化符号的认知，对中国文化的海外传播具有非常重要的意义。在文化海外传播的方式上，文化贸易作为文化海外传播的重要方式得到了学者们的广泛关注。唐月民（2015）研究指出，中国对外文化贸易格局出现了一些新的发展变化，但出口对象以美国、日本、欧洲等为主的格局不会改变，"西进南下"也会形成风潮。田晖（2019）研究发现，中国文化产品出口持续增长，增长态势由大幅波动逐渐趋于稳定；不同文化产品的贸易竞争力存在差异，图书和出版类文化产品的贸易竞争力在六大经济走廊均处于比较劣势；不同文化产品贸易竞争力的空间分布不均衡；"一带一路"建设的推进对中国文化产品的出口具有正向作用，但正向作用的大小因文化产品类型以及出口区域而不同。在文化海外传播的对策方面，刘英为等（2020）探讨了品牌全球化进程中文化原型资源的应用策略，指出跨国品牌在其全球化进程中可以应用国家文化原型，通过传播与彰显品牌独特的文化资源优势来获取国际消费者的认可。王文勋和张文颖（2019）提出，日本文化海外传播时重视受众解码,以此降低文化折扣,并通过官民通力合作加速文化海外传播,取得了良好的成效。

1. 关于文化海外传播内容的研究

现有文献中关于文化海外传播内容的研究主要聚焦在传统文化与价值理念、现当代文化与区域文化两个层面。传统文化主要涉及丰富多样的中华优秀传统文化以及蕴含在传统文化中的独特精神内涵。中华传统文化蕴藏着连绵不断、连续再生的文化基因,包括典籍、传统工艺、中国传统造型艺术和传统节日等(王旭明,2020;任凤伟,2018;徐金龙和朱娅阳,2016;裘禾敏,2016;李松杰,2017;陈刚,2016)。其中,茶文化是中国优秀传统文化的典型代表,广义的茶文化是指人类在社会历史过程中所创造的有关茶的物质财富和精神财富的总和;狭义的茶文化是特指人类创造的有关茶的精神财富部分(李松杰,2017;景庆虹,2012)。中医药文化是中国传统文化中独特的一部分,它不仅凝结了中国人对身体、疾病和养生的独特认识,还浓缩了中国人的人生观。中药材是最为地道和基础的中医药品种,承载着最为丰富的中医行为文化与精神文化(林航和原珂,2019;王孜和曾祥敏,2018;鲁旭,2019)。武术文化作为一个完整的文化形态,是在整个中华民族的文化氛围中孕育、产生、发展起来的,最终形成了具有自身特性的文化形态。国家层面的竞技武术套路与散打、民间武术交流的太极拳与咏春拳可以作为中国武术文化海外传播,塑造国家形象的主要内容及形式(李吉远,2012;崔英敏和黄聪,2013;艾泽秀,2005)。

现当代文化与区域文化主要包括中国现当代电影、电视剧、文学作品、纪录片等。电视剧、电影、纪录片等影视作品作为受众最广泛的娱乐形式之一,其动态的影像、视听声效,可以在润物细无声中向观众传达文化传统和价值观念,在文化海外传播中发挥着越来越重要的作用(王魏,2020)。中国电影在电影故事、音乐和哲学等方面具有较高的辨识度,其海外传播影响力也在逐年上升,更好地促进了中外文化的广泛交流与融合(黄会林,2016;钟芸香,2016;饶曙光,2016;赵婵,2017;吴越,2018)。电视剧出口占整体影视产业出口的 68% 左右，电视剧凭借对民族文化精神的承载和展现能力，满足了当代人的精神文化需求，其文化海外传播的地位和作用日益凸显（蔡之国，2014；刘婷，2015；刘胜枝，2017；蔡盈洲，2017；杨婕，2019）。文学作品代表着中国当代知识分子人文主义的精神实践，有着厚重的文化内涵。随着中外文化交流的不断加强，中国当代文学的海外传播不断拓展，翻译的作品、介绍的作家、翻译的语种逐渐增多，作品的传播受众、传播国家及地区也越来越多，特别是一些当代著名作家，如莫言、苏童、余华等人的小说在翻译、出版、读者接受度等方面都较为理想，取得了较好的传播效果（吕敏宏，2011；谢稚，2012；魏清光，2015；李法宝和王长潇，2013；耿强，2015；王启伟，2016；董子铭和刘肖，2017；Sun，2008；Glodjovic，2010）。

2. 关于文化海外传播方式的研究

文化海外传播方式主要有贸易、教育、媒介、人员往来等。贸易是文化海外传播的重要方式（武斌，1998；Lien，2012、2013）。在贸易方面，中国已经成为文化产品出口的第一大国，但还是一个进口小国。中国文化贸易伙伴比较集中，文化产品的进口来源地主要为东亚地区、欧洲及美国等，美国及欧盟、中国香港等经济体则是文化产品出口的主要市场（倪建平，2010；周宏燕，2016；朱琳，2017；杨婕，2019）。中国的出口对象以美、日、欧等为主的格局短时间不会改变，但文化贸易会形成风潮，文化产品出口将持续增长，成为文化海外传播和国家经济发展的重要动力（唐月民，2015；王国刚，2015；李伟明，2015；杨韶艳，2015；赵磊，2016；赵万里，2017；何宇，2017）。

在教育与人员往来方面，截至 2019 年 12 月，中国已在全球 162 个国家（地区）设立了 545 所孔子学院和 1170 个孔子课堂，遍布亚洲、非洲、欧洲、美洲、大洋洲。之后两年孔子学院建设工作持续开展，2021 年 2 月 19 日，巴布亚新几内亚首家孔子学院巴新科技大学孔子学院在巴新第二大城市莱城正式成立，2022 年 2 月 7 日，中国国际中文教育基金会、吉布提共和国国民教育与职业培训部、四川师范大学三方正式签署协议，共建吉布提共和国的第一所孔子学院。孔子学院作为汉语国际推广的重要机构和中国文化海外传播与交流的重要平台，旨在推动各国人民在母语文化根基之上接纳认可中国文化，有利于其他国家（地区）了解和熟悉中华文化，方便其他国家（地区）与中国的沟通交流（谢孟军，2016；朴一哲和杜舒书，2010；丁传伟等，2016；张会和陈晨，2019；申莉，2019；杨威和张秀梅，2019；Li，2017；Gil，2009；Kluver，2014）。此外，留学生、移民、国际使节、旅行者、外语教师等也是文化海外传播的重要方式（赵欣，2020；李其荣，2013；李庆本，2019；元青和岳婷婷，2014）。

在传播媒介与技术方面，全球信息网络的建构与传播迅速发展，世界文化传播出现了从未有过的"传媒汇流"，现代化的新媒体技术成为文化海外传播的重要方式，促进了世界各国人民的文化交流与互动，增进了文化认同。现有文献提出的文化海外传播的传播媒介与技术主要有现代化公共网络外交和全球性媒介事件、互联网与人工智能、以网络为主的新媒体（如论坛、微博）、移动通信技术、各种公共关系传播平台（旅游、文化传播专题活动等）等（张会和陈晨，2019；徐翔，2018；张幼冬，2010；李其荣，2013；Marcoccia & Michel，2012）。

3. 关于文化海外传播对策的研究

现有文献关于文化海外传播的对策研究主要包括全球本土化、翻译、多样化发展、政府管理与支持、经济措施等方面。在全球本土化方面，学者们提出要坚持文化海外传播的"本土化"原则，考虑各国民众精神生活的需求，注重跨文化意识的培养，根据当地文化特性对文化海外传播做适当调整，增进文化认同（武斌，1998；朱锦程，2017；李萍，2012；姚曦和王佳，2014；陈敏南和王雅琦，2015）。翻译活动是跨文化的传播活动，它以特有的方式促进文化海外传播的完善和与时俱进，调节文化交流中产生的文化休克。现有文献提出要提高翻译质量，着重培养跨专业翻译人才，创新翻译人才培养模式，加速建立统一翻译标准与规范，以促进文化海外传播（许一飞，2020；裘禾敏，2016；王启伟和高玉兰，2016；谢稚，2012）。学者们也关注了文化传播过程中的文化多样化发展，提出要在全球范围内寻求不同民族思维方式和价值取向的共存共荣，警惕文化趋同（曾婕等，2016；张恒军，2017）。政府和经济方面的对策与文化产业及贸易息息相关。在政府管理与支持方面，现有文献提出要加大政府扶持力度，完善管理体系和运行机制，改善文化生存环境，加强文化产业管理，激活产业活力（蔡武，2014；施福平和唐丹妮，2014；王冲，2015；李希光，2015；李智环，2016；孔雪燕和唐剑，2017；李宏和王曙光，2017；段鹏，2018）。在经济措施上，学者们提出加大海外出版机构的宣传评论及营销推介，推动文化产业链协调互动，以企业为中心推广文化价值观，开发对外汉语的教材、读物、培训项目及其他相关产品等（陈小龙，2019；景庆虹，2012；陈刚，2017；Lien，2012、2013）。

综合现有研究可以看出，关于文化海外传播的内容、方式与对策的研究数量较多，但大多为定性分析，定量研究不多，并且现有研究大多集中于中国文化海外传播方面，关于世界其他国家的文化海外传播方面的研究相对较少。具体而言，关于文化海外传播内容的研究主要聚焦于中医药文化和茶文化等流行性较强的传统文化，以及电视剧和电影等现代文化，而传统文化中的传统工艺和典籍等方面的研究较少。关于文化海外传播方式的研究主要集中于贸易、教育、新媒体等方式。孔子学院作为一种文化外交形式，使中国获得更多的全球认同，降低了心理距离和交易成本，成为推动中国文化海外传播的有力途径，也是当前学者关注的重点。现代化的新媒体技术大大加快了信息交互的速度和频率，使各民族文化在世界范围内迅速传播，成为推动文化海外传播的新的有力方式，有望成为未来的研究重点之一。现有文献关于文化海外传播的对策研究大多停留在宏观发展层面，主要包括全球本土化、政府管理与支持、经济措施等方面，但更为切实可行的对策研究仍较缺乏。

1.2　文化海外传播与贸易的相关研究

1. 关于文化与贸易的研究

文化是企业可持续竞争优势的重要来源（Barney，1986），也是影响企业进出口贸易模式的重要因素（Detert & Schroeder，2000；Johanson & Vahlne，

1977、1990）。文化是企业国际化理论研究的重心，最有能力识别和协调文化差异并充分利用文化来实现经营目标的企业才有可能在国际化经营中获得显著的竞争优势（Lenartowicz & Roth，1999）。

　　首先，文化会影响企业国际化的形式，影响企业是否进行出口贸易这一决策。方慧和赵甜（2017）实证检验了国家距离对中国企业在"一带一路"沿线国家国际化形式的影响，发现国家距离对中国企业在"一带一路"沿线国家直接投资的抑制作用较出口贸易的抑制作用更为明显，不同维度的国家距离对出口贸易和直接投资影响不同，文化距离、经济距离和技术距离提高了出口倾向，地理距离和制度距离则提高了直接投资倾向，这些因素的影响在"一带一路"沿线不同区域间也存在差别。文化差异使得不论何种形式的投资都存在较大的难度和较高的成本，因此文化差异较大的国家相互之间更倾向于开展贸易而非直接投资（Lankhuizen，2011）。不仅如此，相比在他国直接投资生产来说，企业更倾向于通过出口来服务文化距离较远的市场（Linders et al.，2005）。埃利斯（Ellis，2007）对于企业选择国际化市场的研究支持了"就近市场效应"，他认为影响企业出口市场决策的关键在于目标市场间的文化相近程度。

　　其次，文化也会影响贸易的流量。这里两国间的文化差异主要通过文化距离来衡量（Kogut & Singh，1988）。在文化差异对贸易的影响方面，代表性观点可概括为阻碍论、促进论和非线性论三类。其中持阻碍论的学者占多数，认为两国间文化距离对双边贸易流量存在负向影响。随着文化差异的扩大，贸易双方的互信程度降低（Guiso，2009），达成合作的可能性减弱（Elsass，1994），双边贸易成本上升，双边贸易流量随文化距离的扩大而减小（Toubal，2010；White，2010；Cyrus，2012）。埃利斯（2013）指出，距离是影响国际贸易发展的重要因素，这里的距离不仅指地理距离，也指文化距离和精神距离，地理距离可以通过交通工具的改进得到一定程度的解决，而文化距离所产生的沟通障碍的消除难度相当大。田晖和蒋辰春（2012）也持同样的观点，他们认为随着全球物流系统效率的显著提高，国际贸易的运输成本大幅度降低，地理距离对贸易的影响越来越小。学者们开始探究国际双边贸易流量的其他影响因素，发现制度因素和文化因素也是影响国际双边贸易流量的主要解释变量，其中文化距离对国际贸易有着不可忽视的影响作用。贝达萨和罗杰（Bedassa & Roger，2008）同样认为文化距离对贸易存在抑制作用，并在 2010 年进一步证明较大的文化距离会降低出口，且不同产品贸易受文化距离的影响存在显著差异。但也有部分学者持不同意见，他们认为文化、价值互补是促使贸易往来扩大的动力之一（Linders，2005；Lankhuizen，2011）。一方面，文化差异使贸易国双方在生产上的比较优势不同，文化距离增加了产品的异质性，扩大了消费者的可选择范围，对贸易具有积极的影响作用（曲如晓，2010）。另一方面，文化差异也将带来消费者偏好的不一致，更便于贸易国双方进行产业间贸易（隋月红，2011），消费者偏好的多样性和文化产品的异质性都可能促进贸易，厂商为满足本国消费者的需求更倾向于与文化差异较大的贸易伙伴国进行交易（Linders，2005）。此时，文化距离的扩大反而会推动双边贸易活动的发生和增长。在此基础上，学者们进一步考虑不同程度的文化距离水平对企业决策的影响。贝格尔斯迪克（Beugelsdijk，2004）的研究发现文化距离与贸易流量呈现非线性的倒"U"型关系：当文化距离水平较低时，企业的出口会随文化距离的增加而增加；但当文化距离超越一定阈值后，受高昂贸易成本的影响，贸易流量随文化距离的增加而下降。刘洪铎等（2016）构建了文化交融指标，利用中国与"一带一路"沿线 36 个国家的双边微观贸易数据，实证发现中国与沿线国家的文化交融度与双边贸易流量呈倒"U"型关系；基于全样本下文化交融指标有超过一半的观测点落在最优值左侧，研究指出加强文化交流有助于推动中国与"一带一路"沿线国家贸易关系深化发展。

关于文化距离是如何对贸易产生影响的理论机制方面，学者们大多从信任水平、交易成本和消费者偏好这三个角度展开分析。从信任的角度来看，文化距离会使得贸易双方的互信程度降低（Guiso，2009），达成合作的可能性减弱（Elsass，1994）。从交易成本的角度，由于参与贸易的两国语言、宗教、风俗的差异使得双边贸易成本上升，双边贸易流量会随文化距离的扩大而减小（Toubal，2010；White，2010；Cyrus，2012）。霍夫斯泰德（Hofstede，1980）认为国家间存在相似的文化体系有利于开展贸易，而文化差异会显著增加贸易成本，阻碍双边贸易的开展。文化相近或相似的国家（地区）在对外经贸谈判时更容易达成共识，可以降低谈判的交易成本、提高交往的亲和度（Zhou，2011）。加布里埃尔和法里德（Gabriel & Farid，2010）也发现文化相近性是双边贸易流量的重要决定因素之一，并以降低贸易成本和提高亲和力参数两种方式对双边贸易产生影响。方慧和赵甜（2017）基于信号博弈模型进行分析，发现文化差异通过影响交易成本在一定程度上抑制着中国与"一带一路"国家外贸活动的开展，但受消费者偏好多样性等因素的影响，对不同类型商品的进出口阻力作用有所不同，相对于初级产品，文化差异对制成品贸易的阻碍更小。从消费者偏好的角度来看，不同民族拥有各自独特的民族文化，不同文化背景下的民族具有不同的消费偏好，这就形成了民族之间的文化差异，文化差异会影响双边经贸关系的正常开展，不利于跨国市场交易的顺利进行（Elsasser，2004）。而其他一些学者则认为从消费者的角度来分析，文化距离对出口贸易的影响应为正（曲如晓和韩丽丽，2010），因为消费者总是愿意选择多样化的产品，所以文化差异的存在对贸易具有积极影响。关于文化对贸易影响的其他解释包括国际化进程理论指出文化差异为贸易参与者带来了"外来者劣势"（Johanson & Vahlne，1977），文化背景相似的国家更偏好对外贸易。迪斯迪耶等（Disdier et al.，2010）在垄断竞争模型中加入国界、语言、宗教、殖民关系等因素，结果显示文化差异越小的国家间电影产品的贸易关系也越密切。同时，文化距离还衍生出心理距离的概念，指妨碍或干扰企业与市场间信息流动的因素，包括语言、文化、政治体系、教育水平、经济发展阶段等（Johanson & Wiedersheim-Paul，1975）。北欧学派用心理距离的概念分析企业选择海外市场的先后顺序，发现当企业面临不同的外国市场时，选择海外市场的次序遵循心理距离由近到远的原则。即当企业面对不同的海外市场时，首先选择市场条件、文化背景与母国相同的国家，企业的海外经营具有文化上的认同感。

对于文化如何影响中国企业进行进出口贸易以及促进中国企业开展高质量的对外贸易方面，田晖和蒋辰春（2012）研究发现中国的进口贸易比出口贸易更易受国家文化距离的影响。其中，中国进口贸易更易受国内高权力距离和低不确定性文化的影响，而中国出口贸易更易受国外个体主义和阴柔气质文化的影响，最终消费者的喜好决定了产品的销路。中国进口贸易和出口贸易的最终消费者处在完全不同的国家文化环境中，面对彼此的国家文化距离，双方的消费者可能会表现出截然不同的态度，了解消费者主要受哪种文化维度的影响对企业开展国际贸易具有非常现实的意义，同时，进出口企业需要侧重了解的国家文化距离应该有所不同。范徵等（2018）构建了中国企业"走出去"的文化影响因素冰河模型，主要分为积雪层、冰冻层和河水层三个层次的影响因素。其中，积雪层与外力相互作用的程度最深，具有一系列显露在外的特征，主要涉及国家的政治体制和经济制度，是对中国企业成功"走出去"影响最显著的文化因素，包括政治因素、法律因素、科技因素等方面；冰冻层主要指社会文化中有时可通过行为、言论等被人感知，而有时则化身为意识、思想、道德底线等很难被人们察觉的内容，包括教育、社会组织、价值观等方面；河水层指一种文明思想形成和发展的"哲学基础"和对世界认知的"基本假设"，涉及文明的本质，作为影响中国企业"走出去"文化因素中的隐性因素包括语言与宗教。范徵等（2018）指出，三层文化因素之间相互关联渗透，对中国企业"走出去"进程都有重要影响。

一方面，虽然国内外关于文化与贸易关系的文献数量不少，但是就文化如何影响贸易这一问题构建了扎实的理论基础、说明了具体的影响机制、进行了完整的量化分析并得出创新性结论的文章数量有限。另一方面，文化的范畴十分广泛，不仅包括语言、宗教、风俗习惯，还包括制度、国家治理理念等各个方面，文化的载体更是丰富多彩，但是现有研究中对"文化"的定义或过于片面，或大多宽泛，这样的研究结果很难对中国未来如何从文化角度促进对外贸易给出具体有针对性的政策建议。

2. 关于文化传播与贸易的研究

缩短文化距离可以促进中国对外贸易的发展。陈昊和陈小明（2011）研究发现，在中国面临各种关税及非关税壁垒的形势下，缩短国家间文化距离有利于企业提高出口规模和效率。刘杨等（2013）以文化产品为研究对象，提出以他国消费者的价值观体系和准则体系对中国出口的文化产品进行"包装"，从而减弱文化差异，促进文化产品出口。

　　文化海外传播是缩短文化距离的有效途径。在中国文化海外传播的载体选择或评价指标方面，已有的文献主要关注孔子学院对中国企业国际化的影响。例如，连大祥（2012）证明了孔子学院能够促进中国企业对外出口，通过在发展中国家开办孔子学院，中国对发展中国家的出口额大幅增长，但是发达国家的孔子学院在推动贸易方面的作用比较微弱。这可能是由于发展中国家原本对中国了解较少，孔子学院在短期内就能够发挥作用；而发达国家对中国已有一定程度的了解，孔子学院的效果要在较长时期才会实现。谢孟军（2017）也证明了中国文化"走出去"具有显著的出口增长效应，并表现出较强的经济偏好和洲际差异性。但是谢孟军发现孔子学院在发达国家的出口增长效应要甚于发展中国家，这可能是因为发达国家对外来文化的态度更为开放。类似的研究还有刘希和王永红等（2017）、陈胤默等（2017）、曲如晓等（2016）等。国内部分学者还关注了国际留学教育、旅游服务贸易、海外华人网络等作为中国文化海外传播方式对贸易的影响。许家云和孙文娜（2017）研究了海外留学经历对企业出口的影响，发现CEC的海外留学经历通过交易成本降低效应和技术进步效应显著提高了企业的出口概率、出口强度、出口产品范围和出口产品质量，促进了CEO母国与留学国家之间的贸易往来。蒙英华等（2015）研究了海外移民网络对中国企业国际化行为的影响，发现移民网络对中国企业出口起着促进作用，且主要通过促进国内更多的企业从事出口发挥作用（扩展边际），对集约边际的影响并不显著。林航等（2019）将来华留学与来华旅游作为中国文化交流的变量，发现来华留学、来华旅游能够显著促进中国茶叶的出口。

　　文化的海外传播能够通过不同方式来推动国际贸易的发展。首先，文化传播直接伴随着文化产品、文化服务的出口和文化贸易的发展。文化"走出去"可以直接带动文化产品的出口，而文化贸易同时也是文化海外传播的重要载体。其次，文化海外传播可以增进文化输入国民众对文化输出国文化的理解与认同。张敬威等（2013）认为，文化传播可以为东道国市场的消费者带来本国产品中附加的相似情绪、直观感受以及印象等要素，使消费者在潜意识中更接纳此种产品甚至主动选择这种与自身偏好相似的产品，所以文化传播的本质目的在于改变消费者的消费偏好。文化软实力是一个国家国际形象的重要组成部分，消费者心目中的国家形象会影响其购买行为（Schooler，1960），消费者对特定国家产品的特殊偏好表示对该国文化的认同以及对其生活方式的向往，对输入文化的接受和认同可能意味着消费者会更多地购买该国产品（Usunier，1996）。曲如晓等（2015）则强调中国文化亲和力的塑造，认为一种拥有亲和性的文化往往更容易吸引和打动外国消费者，拉近外国消费者与本国文化的距离，减少文化隔阂，提升外国人对中国文化的认同度，进而促进中国出口贸易发展，加快中国企业"走出去"进程。另外，文化的海外传播能够降低贸易主体间的信息成本和交易成本，促进本国出口贸易的高质量发展。语言是进行协商谈判的重要工具，语言不通将无法开展贸易，而语言学习需要支付学习成本，如果两国语言相近或相同则无须支付语言学习的成本（Melitz，2008）。哈钦森（Hutchinson，2012）对美国出口贸易进行研究发现，一个国家说英语的人口越多或者把英语当作第一、第二官方语言，该国与美国之间的贸易量就越大。

目前，国内外学者关于文化海外传播与贸易发展的研究仍相对较少，高层次的、定量的相关研究不多。对于中国学者来说，对文化海外传播的关注点普遍集中在孔子学院和留学生方面。随着信息技术的快速发展，以网络和数字技术为载体的新媒体已成为中国文化海外传播的重要渠道，在数字经济驱动下，文化海外传播对贸易是否也存在新的影响作用，应该成为未来研究的重点之一。目前中国的文化输出尚处于起步阶段，中国学者应该基于中国现阶段的发展背景，识别中国企业"走出去"进程中可能面临的文化挑战，融合传播学与经济学的相关理论，构建完整的逻辑体系进行分析。中国可以借鉴发达国家和文化产业大国的先进经验，如比较孔子学院与其他国家类似学院（如德国歌德学院等）在促进贸易方面的作用，讲好中国故事，提出对中国现阶段情况下具体可行的政策建议。同时，商品贸易反过来也会进一步促进文化的传播，文化传播与贸易之间的关系是双向的，而现有研究大多只关注了文化传播促进贸易这一单线的影响，进一步挖掘二者之间的关系也可以成为未来研究的方向。

1.3　文化海外传播影响贸易的理论机制

距离是阻碍国际贸易发展的重要因素，这里的距离不仅指地理距离，也指文化距离，地理距离可以通过交通工具的改进得到一定程度的解决，而文化距离所产生的沟通障碍的消除难度相当大。不同民族拥有自己独特的民族文化，不同文化背景下的民族具有不同的消费偏好，这就形成了民族之间的文化差异，文化差异会影响双边经贸关系的正常开展，不利于跨国市场交易的顺利进行。文化相近或相似的国家（地区）在对外经贸谈判时更容易达成共识，可以降低谈判的交易成本，提高交往的亲和度，增进文化认同。

1.3.1　理论基础

1. 交易成本理论

科斯（Coase，1937）首次提出交易成本理论，后来该理论被广泛应用于国际贸易研究领域。交易成本理论认为一个企业在不完全竞争市场下进行跨国交易的前提是利润大于成本，反之，交易不会继续进行，谈判终止。

国际贸易产生的交易成本主要由三个方面组成：第一，交易达成之前，交易双方为达成合作而进行大量的合同起草、谈判等各项往来活动中发生的费用；第二，交易达成过程中，为使契约更加完备，交易双方再次协商并对合同条款进行修改、补充的费用；第三，交易达成后，双方对合同的维护和执行过程中产生的费用成本，最具代表性的是为确保合同执行而支付的承诺和保证费用。

相比传统贸易，国际贸易的特殊性在于交易双方来自不同的国家或地区，受制于不同的自然环境、生存方式和价值观念，不同地区之间的文化背景自然不同，从而导致购买习惯、消费偏好、生产技术水平、风险把控能力、市场稳定性、经济制度、社会规范、法律机制等都存在差异，使交易成本大幅度增加。文化差异可以从多个方面增加交易成本。

（1）搜寻信息的成本。来自不同文化背景的贸易双方在贸易前期为了消除由于各自文化不同而存在的信息偏差所带来的不确定性和复杂性，有必要掌握对方的相关信息，解决信息不对称的问题。众所周知，双方越了解对方信息不对称性越小，那么达成交易的可能性就越大。然而，由于文化差异的存在，交易双方通常在搜寻信息上要花费更多的人力物力和时间成本。

信息在贸易中的作用十分重要，参与者应多方面了解谈判对手的价值观念、行事风格甚至是宗教信仰，以免在谈判过程中产生误解导致合作的失败。以中国与东南亚国家的贸易活动为例，由于贸易双方地理距离较近，且同属儒家文化圈，二者的文化差异较小，因此进行国际贸易时信息搜寻的难度就会大大降低，成本也随之降低。相似的文化背景，使得交易双方不论在议价、合同谈判还是合同执行方面都减少了很多可能出现的误解和不必要的麻烦，同时省去了很多信息搜寻需要付出的人力和时间成本，这对促进贸易的达成起到重要作用。

（2）协商与决策成本。协商与决策成本是交易双方为实现双方利益最大化而进行的还价、磋商、沟通及签订合同等一系列活动过程中所产生的成本。由于不同文化背景下交易双方更容易对彼此产生不信任感，因此，相比于共同文化下的交易双方，跨国交易者为了建立信任感往往需要更频繁的沟通与磋商，其中花费的差旅费、翻译费、场地费以及最重要的时间支出都是不可忽视的交易成本。在贸易双方缺乏信任机制的情形下，合同达成前的每一项正常程序都需要更长的时间和人力成本去消除双方的不信任感，增加每个环节的成本，因此，国际贸易交易者对每一次国际贸易都有严格的成本把控。

而过于理性的贸易行为者倾向于做出保守的决策，为了减小贸易的风险，不肯轻易做出决策，这样就有可能降低贸易的成功性。

此外，语言作为文化的重要载体，是进行协商谈判的重要工具，语言学习需要支付学习成本，如果两国语言相近或相同则可节省相应成本。贸易双方如果是不同语种，在沟通交流过程中往往会产生理解上的偏颇，影响双边贸易的顺利进行。因此，语言障碍在谈判过程中会造成诸多不便，甚至是严重的误解和冲突，因此为解决语言障碍双方还会额外增加谈判的投入成本。

（3）监督及执行成本。签订合同后，文化差异仍会持续到合同执行过程。由于两国行事理念和管理风格不同，在合同执行过程中可能出现不必要的误解，需要进行反复沟通和确认，从而增加了成本。

2. 需求偏好相似理论

林德（Linder，1961）提出的需求偏好相似理论从需求的角度解释了跨国贸易的产生与发展。该理论认为跨国跨地区贸易的产生主要是由于贸易双方所在的地区存在着相似的需求偏好。而需求偏好是决定国家和地区产品结构、贸易流量存量的关键因素。产品需求偏好的重要影响因素之一是收入水平，同一收入水平的消费者有着相似的需求偏好。反之，如果收入上有一定的差距，那么市场需求必然不同。市场需求决定着产品和贸易伙伴的选择，因此有必要了解贸易伙伴国的收入水平和真实的市场需求，才能把握好市场方向，赢得商机。简而言之，不同国家或地区间收入水平越相近，二者的消费者需求偏好相似度越高，从而市场上的产品需求结构也越相近，最终促使跨国贸易流量的增加；反之，国家之间收入水平相差很大时，需求偏好相差也会很大，那么国际贸易的发展就会受到阻碍。

人均收入水平并不是某个国家消费者需求偏好的唯一影响因素，另外一个重要的影响因素是文化背景。一个国家或地区的历史发展变迁，以及宗教习俗、自然环境等塑造了当地独特的文化环境，生活在当地的人必然受到文化环境的影响和熏陶，从而塑造了他们相似的价值观、消费习惯和需求偏好结构等。受到相似的文化环境熏陶的消费者具有相近的价值观，因而会产生相似的产品需求偏好结构，容易产生产品价值认同感，从而对该国的进口商品有着同本地商品一样的需求和购买欲望，国与国之间的商品流动随之出现。

因此，在进行国际贸易之前应充分了解贸易合作伙伴当地消费者的收入水平以及与本国的文化差异，明确出口国市场的需求偏好，以提供满足市场需求的商品，争取更大的市场份额。

3. 文化认同理论

文化认同理论是指长期生活在一起的群体会对该群体中所形成的最有意义的事物表示肯定和认同。它是在"集体无意识"的状态下对一种精神价值的肯定，并通过族群特征、风俗习惯、生活方式等方面来体现。文化认同是一种精神价值的肯定，其表现为对本群体产生的文化价值等产物的肯定与认同。进口国对输入文化的接受和认同可以促使当地消费者更多地购买该国产品。消费者对特定国家产品的特殊偏好表示对该国文化的认同及其生活方式的向往，对输入文化的普遍接受和认同也意味着消费者会更多地购买该国产品。目前世界的主流文化是西方文化，消费者对肯德基、耐克等品牌产品的偏好不是因为产品质量和价格，而是对这种文化的一种认同和向往。文化软实力是一个国家国际形象的重要组成部分，消费者心目中的国家形象必然会影响其购买行为。

1.3.2 文化传播影响贸易的路径

文化传播对贸易的影响主要通过两个渠道。一是通过减少交易成本来提高贸易流量。贸易双方由于文化背景不同，在进行交易时会增大双方的隐性成本，降低企业利润，影响贸易流量；反之，通过文化传播，缩短文化距离，可以减少交易成本，加快贸易活动的达成。二是贸易双方需求偏好相似可以促进贸易交往。如果贸易双方人均收入和文化差异相差不大，需求偏好也会相近，双方可以更好地开展贸易活动，促进贸易流量。

1. 文化传播通过减少交易成本促进贸易

文化差异的存在会影响贸易活动的进行，根据达尔曼（Dahlman，1979）对交易活动的分类，首先，文化差异会影响搜寻信息的成本。中国企业与其他国家的企业在进行外贸活动时，由于交易双方历史文化背景不同，在开展贸易活动时拥有的信息也有所不同，很容易引起信息不对称。双方为了获取最大利益都会设法搜寻更多有利的信息。此时，如果交易双方能尽量缩小文化差距，双方搜寻信息的成本就会降低。其次，文化差异会影响贸易的协商与决策成本。在议价、协商、谈判及最终决策的过程中，双方语言不通会引起彼此的不信任，甚至产生严重误解，导致交易谈判时间大幅增加。如果长期沟通不畅，会严重影响贸易活动的开展。最后，文化差异会引致监督及执行成本的出现。贸易双方语言不通，为了追求自身利益最大化，可能不会遵循事先约定的合同，出现投机行为，甚至在交易过程中交易一方需要强制要求另一方执行合同约定。如果出现此类不按事先约定的行为就可能会增加这些行为的监督和执行成本，此时双方需要制定相应规则以达到互相监督的目的。因此，交易双方存在文化差异会增加交易过程中的成本，不利于开展外贸活动；反之，交易双方的文化差异越小，传播越频繁，交易成本也就越小，外贸活动交易成功的概率就会越大。

2. 文化传播能够减小文化差异，文化差异越小，需求偏好越相似

需求偏好相似理论是指一国的需求偏好是由该国进出口产品类型、流向和双边贸易流量决定的，该国消费者需要什么类型的产品是由居民的人均收入水平决定的。当该国与其他国家的需求偏好相似时，一国在满足了某类产品的本国市场需要后，可以向具有相似偏好和收入水平的国家出口该类商品，从而提高两个国家的贸易量。如果两国的人均收入水平相差不多，居民的需求也会越相似，对双方的商品贸易更有利。相反，如果两国需求偏好相差过大，双方所需产品结构差异就会越大，不利于双边贸易往来。也就是说需求偏好相似的两个国家更有可能进口或出口对方的产品，但是两国的消费偏好不单单受人均国民收入的影响，文化因素也会对居民的消费偏好产生重要影响。历史、地理、政治等多种因素汇合在一起形成了一国或地区的特色文化，它不仅会影响人们的生活习惯和消费需求，也会影响价值观的形成。因此，文化理念相近的国家，人们认同的价值观也比较接近，两国需求偏好也会更具有相似性。

3. 文化交流通过文化认同促进贸易

在国际贸易活动中，不同交易者的文化背景和语言会在一定程度上影响外贸活动，不同群体之间进行国际交往和各项合作时，必然会因为所具有不同的文化背景产生一定的抵制感，这会对双边贸易形成阻碍作用，影响贸易合作的顺利进行。但随着文化传播的发生，双方对彼此的文化了解程度加深，有助于形成客观全面的认知，增强对彼此的文化认同感，从而减少文化抵制感对双边贸易的负面作用。因此，进行贸易时，加强双方的文化交流，吸收对方优秀的文化因素，尊重文化的多样性，能够更好地引起贸易双方的共鸣，推动贸易活动达成。同时，文化的传播有助于树立正面的国家形象。斯库勒（Schooler，1960）的研究表明，国家形象会影响消费者的购买行为，良好的国际形象伴随着的是较高的信任度，会提升消费者对该国文化的接受和认同度，对该国产品产生特殊偏好，进而提升贸易规模与深度。

1.3.3　嵌入文化变量的扩展贸易引力模型

本书借鉴谢孟军（2017）的模型构建，在安德森和温库普（Anderson & Wincoop，2003）一般均衡模型的基础上把文化因素嵌入分析框架进行理论推导。模型的推导需要一些基本假设。首先，假设世界上只有两大类国家：出口国 E 和进口国 I，出口国只生产并出口产品 a，出口价格为 p_E，由于运输及制度差异等因素会使出口产品产生交易成本 t，其中文化差异是产生交易成本的因素之一，则进口国最终的进口价格为 $p_{EI} = p_E(1 + t)$。根据 CES 效用函数，进口国 I 的效用函数可以用以下公式表述：

$$U_I = \left(\sum \lambda_E X_{EI}^{\frac{\theta-1}{\theta}} \right)^{\frac{\theta}{\theta-1}} \quad (\theta > 1, \ \lambda > 0) \qquad (1.1)$$

其中，X_{EI} 表示 E 国出口到 I 国的产品数量，θ 表示产品的替代弹性，λ 表示系数。进口国的消费预算约束公式为：

$$\sum P_{EI}X_{EI} = y_I \qquad (1.2)$$

其中，y_I 表示进口国 I 的国内生产总值。进口国的消费价格指数可以用以下公式表示：

$$P_I = \left[\sum \lambda_E (p_E(1+t))^{(1-\theta)} \right]^{\frac{1}{1-\theta}} \tag{1.3}$$

则在预算约束条件下的效用最大化形式可以表述为：

$$X_{EI} = \left(\frac{\lambda_E p_E(1+t)}{P_I} \right)^{(1-\theta)} y_I \tag{1.4}$$

市场在出清情况下的表达形式为：

$$y_E = \sum X_{EI} = \sum \left(\frac{\lambda_E p_E(1+t)}{P_I} \right)^{(1-\theta)} y_I \tag{1.5}$$

其中，y_E 表示出口国国内生产总值，y_I 表示进口国国内生产总值。

$$\lambda_E p_E P_E = \frac{y_E^{\frac{1}{1-\theta}}}{Y} \tag{1.6}$$

其中，P_E 表示出口国价格指数，Y 表示世界经济总量。把式（1.6）代入式（1.3）可以得出以下公式：

$$X_{EI} = \frac{y_E y_I}{Y} \left(\frac{t}{P_E P_I} \right)^{(1-\theta)} \tag{1.7}$$

式（1.8）对交易成本 t 求导可得：

$$\frac{\partial X_{EI}}{\partial t} = (1-\theta) \frac{y_E y_I}{Y} \left(\frac{t}{P_E P_I} \right)^{(-\theta)} < 0, \quad (\because \theta > 1) \tag{1.8}$$

式（1.8）表示出口国出口商品的数量 X_{EI} 和交易成本成负相关关系。在保持其他条件不变的前提下，出口产品的交易成本越高，出口商品的数量越少，反之越多，如果交易成本为零，则为完全的自由贸易。

　　交易成本的产生是诸多因素共同作用的结果，国家之间的文化差异是产生交易成本的重要因素之一。当两国存在较大的文化差异时，进口国的消费者对出口国的文化不了解甚至不认同，则对出口国产品的认可度较低，通过文化"走出去"可以削弱甚至消除这种文化差异，提高进口国消费者对出口国产品的认可度，从而扩大双边贸易流量。同时，地理距离及政治、经济、法律制度等因素也会导致交易成本的产生，根据吉尼（Ghironi，2005）的做法，交易成

本 t 可以用以下公式表示：

$$t = \exp(C + B + Q)D_{EI} \tag{1.9}$$

其中，C 表示文化差异，B 表示国家之间是否接壤，Q 表示产生交易成本的其他因素，D 表示地理距离。把式（1.9）代入式（1.7），取自然对数后可以得到包含文化变量的扩展的贸易引力模型：

$$\ln X_{EI} = \ln y_E + \ln y_I + \ln D_{EI} + (1 - \theta)C + (1 - \theta)B$$
$$+ (1 - \theta)Q - (1 - \theta)P_E - (1 - \theta)P_I \tag{1.10}$$

式（1.10）显示，文化差异是影响国际贸易的重要因素，通过文化"走出去"可以削弱甚至消除文化差异，降低双边贸易的交易成本，有利于出口贸易的发展。

第 2 章

中国文化海外传播
与贸易发展的特征事实

2.1 中国文化海外传播效果评价与分析

2.1.1 问题的提出

中国文化海外传播是提升中国文化国际影响力和在全球树立负责任大国形象的重要渠道。党的十八大以来，以习近平同志为核心的党中央积极推动中国文化海外传播，陆续出台了《关于进一步加强和改进中华文化走出去工作的指导意见》《关于加强"一带一路"软力量建设的指导意见》等重要政策文件，统筹各类文化传播方式，用好各种文化传播渠道，传播中国声音，讲好中国故事。建立一套系统、科学、可量化的中国文化海外传播效率的评价体系，有效评估中国文化海外传播的效率水平，明确中国文化海外传播优势，找出"短板"，提出完善中国文化海外传播的策略，是新时代社会主义文化强国建设和中国文化"走出去"的内在要求之一。因此，如何全面系统评估中国文化海外传播效率，精准提升中国文化海外传播的各层级效率水平，对于营造积极正面的国际文化环境，实现中华民族伟大复兴的中国梦具有十分重要的理论和现实意义。

中国文化海外传播评估的有关研究开始得到学术界的广泛关注。大部分学者从某个具体文化传播方式角度进行衡量。例如，谢孟军（2016，2017）、连大祥（2012）采用孔子学院规模来衡量中国文化海外传播。李怀亮等（2018）、张周洲等（2018）均认为文化贸易出口是体现国家文化海外传播力的重要体现。谢孟军（2019）、赵永亮等（2019）则认为汉语学习是传播中国文化的重要渠道，采用汉语水平考试的参加人数来衡量中国文化海外传播水平。郭镇之等（2016）认为中国文化中心在传播中国文化、扩大中国文化影响力上发挥着重要作用。李倩倩等（2019）采用文本挖掘方法对国外四大主流媒体关于"一带一路"倡议的海外传播情况进行了分析。然而，目前鲜有学者构建中国文化海外传播的综合评价体系并进行测度。李怀亮（2018）认为应从认知、态度和行为效果入手，从中国文化的国际市场竞争力、国际社会影响力和国际价值引导力的层面，构建包括国家主导大型交流文化项目、文化对外投资和文化贸易、传统媒体和新媒体、传统文化和核心社会主义文化价值观、传统文化和饮食文化五种子效果的综合评估体系，但并未就中国文化海外传播效果进行评估与分析。本书将在已有文献研究的基础上，提出切实可行的中国文化海外传播效果的综合评价体系，分别从总体和局部视角就 2012～2018 年中国文化海外传播效果进行评价，并提出中国文化海外传播效果提升的对策与建议。

2.1.2　中国文化海外传播效果评价的理论框架

霍尔的"编码—解码"理论认为，文化传播者通过编码来制造信息，该信息通过一定的传播媒介传递给受众群体，受众群再通过解码来判断是否接受该信息（Hall et al.，1988）。事实上，在文化海外传播过程中，同一语言环境下的"编码—解码"传播过程可以扩展成为"编码—二度编码—解码"的过程，其中编码由传播者完成，二度编码则由传播媒介通过对信息的解码进行二度编码，最终受众群对二度编码进行信息解码，即完成文化海外传播的全过程。本书将基于霍尔的"编码—解码"理论框架，从传播主体、传播媒介和传播受众三个维度，尝试建立中国文化海外传播的理论框架。

1. 中国文化海外传播的主体层

文化的海外传播包括对外文化交流和文化贸易，一方面，对外文化交流要坚持政府和民间结合的道路（冯雷，2011），其中政府通过与国外有关政府部门签订文化合作交流协议、组织实施政府间文化交流项目等来引导和支持文化主体参与中国文化海外传播的工作；汉语教学与传统中国文化的传播则主要依靠海外非政府组织，包括孔子学院和中国文化中心，但二者在文化海外传播渠道、方式、行为及影响上存在差异性（郭镇之等，2016）。海外非政府组织作为非政府机构，在宣传和推动中国文化海外传播上具有独特优势，更容易被外国广大民众所接受。另一方面，文化产品可以直接在其标的物的贸易中传达中华文明理念，即通过文化产品的贸易向世界传播中国文化（冯雷，2011）。由于文化产品贸易的主体是企业，因而文化企业就成为中国文化海外传播的主体之一。不仅是文化企业，跨国企业也是中国文化海外传播的主体，如跨国企业品牌不仅展现了企业独特的商业文化，也代表了来源国的形象，影响了消费者对该国经济、政治、文化等的总体印象（刘英为等，2020）。

2. 中国文化海外传播的媒介层

媒介是文化海外传播的载体，可以分为大众传播媒介和人际传播媒介。大众传播媒介主要包括信息化媒介、产品媒介和服务媒介。第一，信息化媒介主要是指以互联网为载体的国际媒体。随着数字媒体的快速发展，互联网作为一种大众传播媒介彻底改变了中国文化海外传播的模式，以网络电视、短视频等为载体的新兴数字媒体成为中国文化海外传播的重要载体。第二，产品媒介主要是指文化产品，文化产品凝结了创造性和艺术性的特质（曲如晓等，2012），是指传播思想、符号和生活方式的消费品（李小牧等，2007），而文化产品是通过国际贸易往来输出到对象国，实现本国文化的海外传播。第三，服务媒介主要是指通过对外演出活动、国际大型会议和对外展览等多样化形式来向国外民众展现国家的艺术文化等元素，传播本国文化核心价值观（李怀亮，2018）。人际媒介是指不同行为主体间信息交流的活动，具有双向性强、互动频次多、反馈及时的特点（同心，2017），是最直接的一种文化海外传播形式。人际媒介包括来华留学生、海外中国留学生（王振顶，2016；张周洲等，2019）、文化交流项目的参与者（李怀亮等，2018）和入境游（曲如晓等，2016）等主要渠道。

3. 中国文化海外传播的受众层

受众体的心理选择是决定传播成败的隐形中介。受众体的心理选择往往具有自主性，通过结合认知判断来决定是否接受某一种信息。受众体对外来文化接受的心理选择过程受到诸多因素的影响。主要体现在以下几个方面。第一，外国民众对文化传播国的总体印象。一般而言，外国民众对文化传播主体所属国形象评价越高，越倾向于接受该国价值观、社会准则、生活习俗等核心文化。第二，文化传播国的经贸开放度。文化传播国的经贸开放度越高，意味着该国与对象国贸易往来越密切。特别是对于那些未到过中国的外国民众而言，中国出口产品成为他们间接认知中国文化的重要渠道。柯惠新等（2009）研究发现，使用中国制造的产品是国际公众了解中国的重要渠道之一。第三，文化传播国的全球影响力。相对国力影响着决策者对对象国国家的认知和判断。对于文化传播国而言，其全球影响力不仅体现了该国在全球的显示度与综合实力，也影响了外国民众对该国所传递文化信息的立场与判断。此外，跨国企业是一国国际影响力的典型代表，一定程度上反映出该国的经济实力。

2.1.3 中国文化海外传播效果的评价指标体系构建

1. 评价指标的选取与层次构建

关于中国文化海外传播效果评价指标的选取要尽可能全方位、多角度进行选取，评价指标体系既要包括定量的测度和打分，也要通过专家综合评价来合理地设定准则层与准则层、中间层与中间层的有关权重，最大限度地避免主观判定导致的测算偏误。同时，指标数据选取对于评价结果也十分关键。为了保证数据的公开性、权威性和客观性，本书评价体系中的数据均采用国内外权威官方机构 2012 ~ 2018 年公布的同口径统计数据。考虑到研究过程中本书所选择的评价指标数据来源的差异，我们把中国文化海外传播效果评价指标分为数值测度的定量指标和需要评判打分的主观指标。定量指标数据主要来自国家统计局的统计数据、《中国文化文物统计年鉴》、世界银行发布的世界发展指标（World Development Indicators，WDI）、《中国文化及相关产业统计年鉴》、《孔子学院年度发展报告》等；主观指标数据来源于皮尤研究中心（Pew Research Center）发布的国家形象评价得分，具体如表 2 - 1 所示。

表 2 - 1　　　　　　　　中国文化海外传播效果评价的指标体系

中间层	准则层	措施层	数据来源
文化海外传播主体	政府	合作协议签署国（个）	《文化和旅游发展统计公报》
		文化交流项目数量（个）	
	企业	企业海外投资规模（亿美元）	《中国对夕直接投资统计公报》
	海外非政府组织	孔子学院数量（所）	《孔子学院年度发展报告》
		海外文化中心数量（家）	《中国文化文物统计年鉴》
文化海外传播媒介	信息化媒介	中国互联网普及率（%）	世界发展指标
	文化贸易出口	文化产品出口规模（亿美元）	《中国文化及相关产业统计年鉴》
	人员往来	来华留学生数量（人次）	《来华留学生简明统计》
		文化交流项目参与人数（人次）	《中国文化文物统计年鉴》
		海外中国留学生数量	国家统计局网站
		来华游客数量（人次）	国家统计局网站
	对外文化活动	对外演出场次（场次）	《中国文化文物统计年鉴》
		对外展览场次（场次）	《中国文化文物统计年鉴》
文化海外传播受众	国家形象	国外对中国正面评价得分	皮尤研究中心
	开放水平	贸易开放度（%）	世界发展指标
	国际影响力	中国全球竞争力排名（位）	《全球竞争力报告》
		世界 500 强中国企业数量（个）	福布斯网站

注：贸易开放度 = 中国贸易总规模/中国 GDP。

2. 指标权重的确定

根据以往的研究，权重的确定主要包括主观赋权法和客观赋权法，其中主观赋权法是评价者按照重要程度对各子指标进行人为打分，最终确定权重，如层次分析法，但主观赋权法往往具有较强的主观性。客观赋权法是根据指标数据的变异程度所提供的客观信息来计算，如信息熵、标准离差赋权等。与主观赋权相比，客观赋权法忽略了评价者的主观信息，可能会导致权重设定不符合实际情况。为了避免以上问题，本书采用组合优化赋权法来确定中国文化海外传播效果评价体系中子指标的权重。

（1）层次分析法（analytic hierarchy process，AHP）。首先，构造判断矩阵。本节我们邀请了 13 位文化传播学、文化经济等领域的专家就表 2 - 1 的评价指标体系中各层指标进行两两判断，对重要性程度按照 1~9 赋值，从而获得判断矩阵。其次，对判断矩阵进行层次单排序和一致性检验。当统计量 CR < 0.1 时，说明判断矩阵具有一致性，判断矩阵元素重要性排序是具有逻辑规律的。最后，根据判断矩阵进行的层次排序，计算出中国文化海外传播效果评价体系中各子指标的权重 μ_j。

（2）信息熵。信息熵是通过各指标的数据信息获取权重的一种客观赋权法。通过计算各指标的信息熵，从而得到各指标的权重。一般而言，各指标的信息量越大，熵值就越低，各指标权重越大。本书将基于信息熵测算中国文化海外传播效果评价体系中各子指标的权重，其主要测算方法如下。

第一，将各指标数据进行无量纲化处理，即 $Y_i = \dfrac{X_i - \min(X)}{\max(X) - \min(X)}$，其中 X_i 为某一评价指标的原始数值，Y_i 为经调整后的测算数值，$\max(X)$ 为该指标原始数据中最大值，$\min(X)$ 为该指标原始数据中最小值。

第二，指标同度量化处理，即计算第 j 项指标下第 i 个样本占指标比重 p_{ij}，其中 $p_{ij} = \dfrac{r_{ij}}{\sum_{i=1}^{n} r_{ij}}$，$n$ 为样本个数。

第三，计算第 j 个指标的熵值，即 $e_j = -k \sum_{i=1}^{n} p_{ij} \ln(p_{ij})$，其中 $k = \dfrac{1}{\ln(n)}$，$e_j \geqslant 0$。

第四，计算第 j 项指标权重，即 $w_j = \dfrac{g_j}{\sum g_j}$，其中 g_j 为第 j 项指标的差异化系数，$g_j = 1 - e_j$，$0 \leqslant g_j \leqslant 1$。

第五，计算第 i 个样本的综合得分，$S_i = \sum_{j=1}^{m} w_j p_{ij}$，其中 m 为指标个数。

（3）组合优化赋权法。用层次分析法和信息熵分别求得的权重矩阵按照如下方法进行融合，得到各层组合优化的权重，具体融合方法为 $W_j = \dfrac{\mu_j w_j}{\sum_j^{q} \mu_j w_j}$。

2.1.4 实证分析

在中国文化海外传播效果的统计框架下，本节分别采用信息熵和层次结构分析法（AHP）对各指标权重进行测算。在此基础上，采用组合优化赋权法，最终确定中国文化海外传播的组合权重，并对中国文化海外传播总效果和各中间层效果进行分析。

1. 各指标权重分析

如表 2 - 2 所示，在措施层方面，信息熵和层次结构分析法所测算的权重在合作协议签署国、中国互联网普及率、文化交流项目参与人数、中国全球竞争力排名 4 个指标排序上差异较大，其中中国全球竞争力在信息熵法中排名第 2 位，是影响中国文化海外传播效果的重要因素，而在层次结构分析法中排名第 12 位，影响程度偏低。措施层的其他指标权重排序在两种测算方法中差异度较低。其中，对外文化交流活动类指标在信息熵和层次结构分析法中均排在 17 个指标的前三位，成为中国文化海外传播总体效果的主要影响因素，其中对外展览场次在信息熵中排名第 1 位，在层次结构分析法中排名第

2 位。贸易开放度和世界 500 强中国企业数量权重在两种算法中均排在 17 个指标的后两位，在中国文化海外传播总体效果中影响比重偏低，其中贸易开放度在层次结构分析法中排名第 17 位，世界 500 强中国企业数量在信息熵中排名第 17 位。

在文化海外传播主体方面，企业和政府信息熵和层次结构评价法测算权重存在一定差异，政府在信息熵中是影响文化海外传播主体最重要的因素，而企业在信息熵中是影响文化海外传播主体最重要的因素。在文化海外传播媒介方面，两种测算方法均显示，对外文化交流活动是影响文化海外传播的重要因素，但文化贸易和人员交流权重排名有所差异，文化贸易在信息熵中排名第 2 位，人员交流在结构层次分析法中排名第 2 位。在文化海外传播受众方面，两种算法所得权重排名相同，国际影响力是影响文化海外传播受众的最重要因素。最后，从中间层看，两种方法统计结果显示，文化海外传播媒介在中国文化海外传播效果的影响比重最大，其次为文化海外传播主体，最后是文化海外传播受众。

表 2 - 2　　　中国文化海外传播效果准则层和措施层指标权重比较

中间层	准则层					措施层				
名称	名称	信息熵		层次分析法		名称	信息熵		层次分析法	
		权重	排名	权重	排名		权重	排名	权重	排名
文化海外传播主体	政府	0.396	1	0.263	3	合作协议签署国	0.042	9	0.0164	15
						文化交流项目数量	0.0383	11	0.0257	13
	企业	0.249	3	0.412	1	企业海外投资规模	0.0505	7	0.0659	6
	海外非政府组织	0.355	2	0.325	2	孔子学院数量	0.0346	13	0.0200	14
						海外文化中心数量	0.0376	12	0.0321	11

续表

中间层	准则层					措施层				
名称	名称	信息熵		层次分析法		名称	信息熵		层次分析法	
		权重	排名	权重	排名		权重	排名	权重	排名
文化海外传播媒介	信息化媒介	0.053	4	0.065	4	中国互联网普及率	0.0322	14	0.0479	8
	文化贸易	0.089	2	0.173	3	文化产品出口规模	0.0536	5	0.1280	3
	人员交流	0.071	3	0.379	2	来华留学生数量	0.0430	8	0.1055	4
						文化交流项目参与人数	0.0297	15	0.0386	10
						海外中国留学生数量	0.0520	6	0.0402	9
						来华游客数量	0.0661	4	0.0961	5
	对外文化交流活动	0.541	1	0.382	1	对外演出场次	0.1017	3	0.1475	1
						对外展览场次	0.2248	1	0.1351	2
文化海外传播受众	国家评价	0.204	2	0.525	2	国外对中国正面评价得分	0.0396	10	0.0530	7
	开放水平	0.138	3	0.056	3	贸易开放度	0.0267	16	0.0056	17
	国际影响力	0.658	1	0.419	1	中国全球竞争力排名	0.1020	2	0.0272	12
						世界 500 强中国企业数量	0.0257	17	0.0151	16

为了避免不同测算方法造成的主客观偏差，本书选择组合优化赋权法来测算中国文化海外传播效果的各指标权重，具体结果如表 2 - 3 所示。从中间层看，文化海外传播媒介权重最大，文化海外传播主体权重次之，文化海外传播受众权重最低，仅为 0.068。这说明中国文化海外传播中传播媒介发挥着十分重要的作用。从准则层看，企业是影响中国文化海外传播的重要主体，权重0.480，在该准则层排第 1 位；对外文化交流活动和人员交流是最有效的文化海外传播媒介，权重分别为 0.668 和 0.208，在该准则层位列第 1 位和第 2 位；国

际影响力影响着文化海外传播受众对传播国文化的接受和认同，权重占比较大，在该准则层排名第 1 位。从措施层来看，对外演出场次和对外展览场次是影响中国文化海外传播效果最重要的指标，其次为文化产品出口和来华旅游，这说明加快推动文化产业和旅游产业深度融合，是有效传播中国文化的重要形式。与此同时，世界 500 强企业中国企业数量权重最低，一定程度上反映出，尽管近年来中国企业国际影响力在显著提升，但中国企业在弘扬和传播中国文化上的作用并未真正有效发挥。

表 2 – 3 中国文化海外传播效果权重

中间层		准则层			措施层		
名称	权重	名称	权重	排名	名称	权重	排名
文化海外传播主体	0.086	政府	0.242	3	合作协议签署国	0.0084	15
					文化交流项目数量	0.0123	13
		企业	0.480	1	企业海外投资规模	0.0411	6
		海外 NGO	0.278	2	孔子学院数量	0.0087	14
					海外文化中心数量	0.0151	11
文化海外传播媒介	0.847	信息化媒介	0.023	4	中国互联网普及率	0.0191	10
		文化贸易	0.102	3	文化产品出口规模	0.086	3
		人员交流	0.208	2	来华留学生数量	0.0567	5
					文化交流项目参与人数	0.0146	12
					海外中国留学生数量	0.0259	9
					来华游客数量	0.0788	4
		对外文化交流活动	0.668	1	对外演出场次	0.1878	2
					对外展览场次	0.3780	1
文化海外传播受众	0.068	国家评价	0.391	2	国外对中国正面评价得分	0.0264	8
		开放水平	0.030	3	贸易开放度	0.0020	17
		国际影响力	0.580	1	中国全球竞争力排名	0.0343	7
					世界 500 强中国企业数量	0.0049	16

2. 中国文化海外传播效果测算

对原始数据做极大值无量纲化处理后，带入相应权重测算中国文化海外传播总体效果和中间层效果。如图 2 - 1 所示，自 2012 年以来，中国文化海外传播效果处于波动增长态势，但效果涨幅不明显。其中，2013 年中国文化海外传播总体和传播媒介层得分呈现出明显增长，分别为 0.767 和 0.684，增幅高达 32.55% 和 74.27%。我们认为，之所以出现较大幅度增长，可能是因为 2013 年是党的十八大开局之年，以习近平同志为核心的党中央高度重视中国文化"走出去"，积极推动中国文化海外传播，积极开拓文化海外传播渠道，发挥各类文化海外传播媒介的重要作用。特别是对外展览场次和文化项目交流人数出现了明显增长，2013 年对外展览场次和文化交流项目人数分别为 204155 次和 66338 人次，较 2012 年增长了 2.306 和 57.970 倍，成为提升中国文化海外传播效果的主要因素。从中间层来看，中国文化海外传播媒介层是推动中国文化海外传播的主要因素，而中国文化海外传播受众层和主体层传播效果尽管偏低，但仍表现出总体增长的趋势。

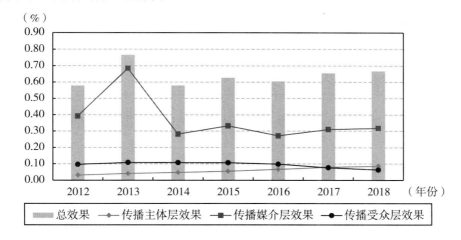

图 2 - 1　2012～2018 年中国文化海外传播效果得分

从措施层各项指标来看，对外文化活动、人员交流、国际影响力、文化贸易和企业在中国文化海外传播效果上较为明显。在文化海外传播媒介层，对外文化交流活动在 2012～2013 年效果较为明显，2013 年对外文化活动传播效果得分跃升至0.455，但随后下降。人员交流的海外传播效果保持着稳步增长态势，2018年其传播效果得分为0.176，较2012年增加了40.9%。文化贸易的海外传播效果也较为突出，2018年传播效果得分为0.071，位列17个子指标得分第三名。在文化海外传播主体层，企业在推动中国文化海外传播的作用得到快速凸显，2016～2018年企业的传播效果得分出现了稳步上升，2018年传播效果得分为0.041，较2016年增长46.05%。在文化海外传播受众层，国家国际影响力对中国文化海外传播受众层传播效果影响较为突出，2014年传播效果得分最高达0.081（见图2-2）。

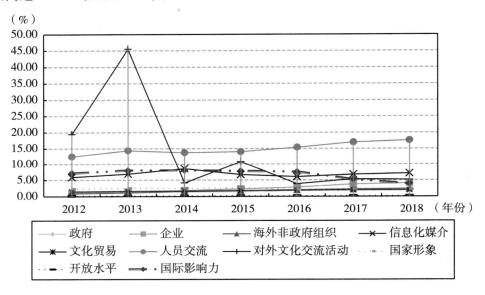

图2-2　2012～2018年中国文化海外传播各子指标效果得分

2.1.5　主 要 结 论

本节构建了中国文化海外传播效果的综合评价体系，采用基于信息熵和层次结构分析法的组合最优赋权法，从多个维度对中国文化海外传播主体层、媒介层和受众层进行效果评估。本节主要研究结论如下。

第一，中国文化海外传播效果总体保持稳步增长，受党的十八大以来有关政策的影响，中国文化海外传播在2013年出现了短期的跃升，随后逐渐趋于平稳增长态势。

第二，中国文化海外传播媒介在中国文化海外传播上发挥着十分重要的作用，其中文化贸易和人员交流的传播效果得分较高，且保持着稳步增长；由于2013 年中国对外文化活动数量出现大幅增加，造成 2013 年对外文化交流活动子指标得分出现了大幅增长，但随后逐年回落。

第三，中国企业是中国文化海外传播的重要主体，在提升中国文化海外传播主体层效果上发挥了显著作用。

第四，中国文化海外传播受众层的传播效果相对较弱，其中国际影响力指标的传播效果得分较为明显，但 2014 年后逐年下降。值得注意的是，受数据限制，文化海外传播受众层很多主观性数据难以获取，影响了评价效果，这也是文化海外传播评价研究亟待完善的地方。

2.2　中国文化海外传播推动贸易发展的现状

中国文化海外传播可以增进外国民众对中国文化的理解与认同，降低贸易主体间的信息成本，推动中国外贸出口，实现外贸高质量发展。中国文化海外传播渠道多样，包括文化贸易、海外华人、孔子学院、入境旅游等。每一种文化海外传播渠道在增进国家间文化认同、促进外贸发展上都发挥着积极与独特的作用。近年来，中国加强对中国文化海外传播的政府引导，充分发挥市场在海外传播中的主体作用，有效利用各类文化传播渠道，推动中国文化"走出去"。随着中国文化在全球的广泛推广，中国文化海外传播推动外贸发展的潜力也得到了充分释放。

例如，中国文化贸易在传播中国核心价值观的同时，也实现了外贸结构的优化升级，推动了中国外贸的快速发展。孔子学院在满足全球日益增长的汉语学习需求的同时，也有效增进了外贸企业间的理解与认同，推动了外贸高质量发展。本节将选择文化贸易、孔子学院、入境游、海外华人等作为研究对象，总结与分析上述传播载体推动中国外贸发展的事实特征。

2.2.1　文化贸易：文化海外传播与外贸发展的推动力

文化产品和服务凝聚了国家和地区的宗教信仰、核心价值观、习俗、社会行为准则等文化内涵。各民族文化之间的沟通与分享反映了世界文明发展规律的内在要求，构成了文化产品的本质特征之一。加快中国文化的海外传播需要借助文化贸易这一重要载体来实现中国文化"走出去"。同时，文化贸易作为国际贸易的重要组成部分，也成为推动中国外贸发展的新引擎。近年来，中国政府积极推动文化贸易发展，优化外贸发展结构，推动外贸高质量发展。2014 年，国务院印发《国务院关于加快发展对外文化贸易的意见》（以下简称《意见》）。《意见》指出，加快发展对外文化贸易，对于拓展我国文化发展空间、提高对外贸易发展质量，对于继续扩大改革开放、转变经济发展方式，对于稳增长促就业惠民生、提升国家软实力、全面建成小康社会具有重要意义。那么，中国文化贸易传播中国文化、推动中国外贸发展的现状如何呢？

1. 文化贸易推动中国文化海外传播，彰显中国文化自信

巨大的国内文化市场和独特鲜明的中国文化是文化贸易传播中国文化的决定性优势。近年来，中国文化市场规模在全球所占比重不断提升，中国文化产品和服务纷纷进入全球市场，中国文化元素、形象、价值观正逐渐进入外国民众的视野，中国文化在全球的显示度逐年提高。例如，全球最大的流媒体平台网已至少买下 8 部中国影视版权，供 190 多个国家和地区观众观看；好莱坞电影等全球文化产品也融入了中国文化符号，以吸引更多中国消费者，这又进一步促进了中国文化元素的海外传播。

影视产品是核心文化产品，凝结了国家和地区最核心的文化价值观，是传播国家和地区文化的重要载体。近年来，中国大力发展电影产业，推动影视产品走出国门，弘扬中华优秀文化。在电视剧方面，中国电视剧《媳妇的美好时代》在坦桑尼亚播出后得到了当地民众的普遍喜爱，让海外观众了解到中国老

百姓家庭生活的酸甜苦辣，彰显了中国现代生活理念等文化价值观，增强了非洲民众对中国文化的认同感。除了《琅琊榜》《芈月传》等古装历史剧之外，《老有所依》《虎妈猫爸》《木府风云》《生活启示录》等现实题材及其他类型的电视剧已经成功登陆美国、加拿大、日本、韩国、俄罗斯等国家与地区，充分证明了国产电视剧"走出去"的步伐加快，出口范围的逐步扩大，数量与规模的与日俱增。在综艺节目上，湖南卫视的《歌手》，通过引进韩国节目模式，将中国文化元素融入其中。同时，通过邀请哈萨克斯坦、菲律宾、保加利亚、俄罗斯等国歌手，迅速让该节目在上述国家播出并引发当地民众的广泛关注。而这些外国歌手为了赢得中国市场学习演唱中文歌曲，这又进一步促进了中国文化的海外传播。

互联网开启了数字化贸易时代。数字化技术赋予了中国文化贸易强劲的优势，推动了中国文化海外传播。一方面，互联网让文化市场规模进一步扩大。根据中国互联网络信息中心发布的第 45 次《中国互联网络发展状况统计报告》，截至 2020 年 3 月，中国拥有网民数量已达 9 亿人，互联网普及率达 64.5%，手机网民规模达 8.97 亿人。自 2010 年起，以网络和数字技术支持文化产品已成为推动中国文化产业发展的主要驱动力。同时，网络时代国内文化市场的加速扩张，通过本地市场效应来进一步推动中国文化贸易发展，形成国际竞争力。另一方面，网络新兴文化业态也呈现出较强的国际竞争力，成为推动中国文化海外传播的新引擎。例如，中国网络文学已在全球产生了巨大影响。英语世界有上百家翻译中国网络文学的网络社区，规模最大的"武侠世界"网站浏览点击量已经升至全球前 1000 位，日访问量达 1500 万次，用户来自近百个国家和地区，中国文化海外传播到达率显著提高。例如，2016 年以来，以"武侠世界"为代表的翻译网站掀起了中国网络小说在英语世界的阅读热潮。该网站每月活跃读者数量已高达 400 万人次左右，日来访量接近 40 万人次，覆盖了全球 100 多个国家和地区的读者，其中北美读者占比 1/3 以上。同时，中国网络文学在东南亚地区和非洲地区也吸引了读者的兴趣，阅读量快速增加。在"互联网＋"快速推动下，以网络和数字技术为特征的中国文化产业新业态将成为中国文化海外传播的重要渠道。

2. 中国文化贸易推动中国外贸高质量发展

文化贸易是国际贸易重要的组成部分。积极推动文化贸易发展，实际上也实现了中国外贸高质量发展。近年来，中国对外文化贸易的规模不断扩大，贸易结构不断优化，在国际贸易发展中的作用越来越突出。其中，中国文化产品出口是中国文化贸易出口的主要部分，而中国文化服务贸易规模也呈现出快速增长态势，广播影视、游戏、图书版权贸易发展势头强劲。

如图 2 - 3 所示，2006 ～ 2018 年，中国文化贸易总体呈现增长态势，2006 ～ 2014 年中国文化贸易呈现出较快增长，2014 年中国文化贸易进出口总额达到 1273.7 亿美元，是 2006 年的近 5 倍。2015 ～ 2016 年受到国内经济新常态的影响，中国文化贸易进出口规模呈现下降趋势，2016 年中国文化贸易进出口总额下降至 881.5 亿美元。随后 2017 年中国文化贸易又继续保持增长态势，2018 年中国文化贸易进出口总额上升至 1023.8 亿美元。

图 2 - 3　2006 ～ 2018 年中国文化贸易发展情况

在贸易差额上，2006 ～ 2018 年中国文化贸易一直保持贸易顺差，且顺差规模与贸易总体规模保持一致趋势。例如，2018 年中国文化贸易顺差达 826.8 亿美元。中国文化贸易顺差也从一定程度上反映出近年来中国文化贸易出口竞争力的增强，及中国文化符号、理念等正在被全球民众广泛接纳。

2.2.2 汉语教学：化解文化差异，推动中国贸易发展的桥梁

2006 年以来，全球汉语学习者的规模快速扩大，全球汉语学习需求急剧增长。例如，孔子学院作为中国文化海外传播的重要桥梁，不仅可以促进外国民众对中国文化的理解，增进文化认同，而且在化解文化差异、缩短文化距离、增进国家间经贸往来方面具有重要的促进作用。如图 2-4 所示，2006~2018 年，孔子学院（学堂）数量呈现快速增长趋势，2006 年全球孔子学院（学堂）数量仅为 122 家，而 2018 年全球孔子学院（学堂）数量增长了约 14.27 倍。与此同时，2007 年和 2009 年是全球孔子学院（学堂）增长最快速的两年，可以看到，2007 年和 2009 年全球孔子学院（学堂）增长率分别为 85.25% 和 81.64%。从涉及国家来看，目前孔子学院（学堂）已涵盖欧洲、亚洲、非洲、美洲和大洋洲，在全球 154 个国家和地区建立了 1741 所孔子学院（学堂），拥有 5665 个教学点。孔子学院（学堂）在全球的快速增长态势，不仅反映出国外对中国语言和文化迫切的了解需求，也从一定程度上体现了中国文化海外传播力度的日益强化。

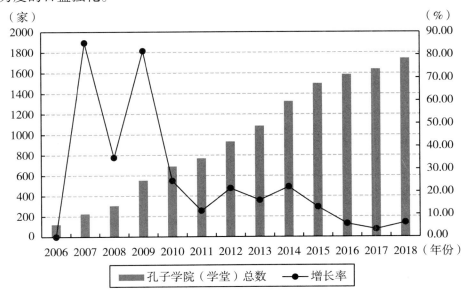

图 2-4 2006~2018 年全球孔子学院（学堂）总数与增长率

大量研究表明，孔子学院作为汉语学习平台可以增强贸易双方的沟通效能，减少信息不对称带来的交易成本，有利于中国外贸出口。同时，作为中国文化"走出去"的一种方式，会让其他国家对中华文化有更为深入的了解，对包含中华文化内涵的产品产生购买偏好，推动中国出口贸易。汉语的国际推广会大大节约中国企业的语言成本，从而间接地提高企业利润水平。消费者对特定国家产品的特殊偏好表示对该国文化的认同及其生活方式的向往，对输入文化的普遍接受和认同可能意味着消费者会更多地购买该国产品，从而进一步促进该国产品出口。

2.2.3 入境游：近距离的文化体验与服务贸易增长的新动力

中国拥有丰富的旅游和文化资源。外国游客通过入境游，可以近距离地感受中国的自然景观与历史文化，增强对中国文化的理解与认同，拉近两国人民的文化距离。随着国内旅游产业的快速发展，旅游基础设施不断完善，旅游资源日益丰富，通过境外旅游宣传，越来越多的外国人选择来中国旅游。为此，入境游成为中国文化海外传播的重要窗口。根据中国旅游研究院发布的《中国入境旅游发展报告 2019》，中国入境游自 2015 年开始恢复增长，并连续四年保持小幅增长。2018 年中国接待入境游客 1.41 亿人次，较 2017 年增长了 1.2%。同时，入境的过夜市场和外国人入境市场规模同样保持着稳步扩大趋势。2018 年中国接待入境过夜游客 6290 万人次，其中外国游客 3054 万人次，较 2017 年分别增长了 3.6% 和 4.7%。近年来，中央和地方政府持续在签证、购物退税、证件便利化应用等方面发力，为入境旅游发展营造了良好的政策环境。文化与旅游融合发展也逐渐为入境游产品开发、目的地营销及复合型人才培养等工作注入新动力。城市作为入境旅游市场的关键支撑，正在积极充实创新入境旅游目的地营销推广的活动内容与方式。

可以预见，随着入境游规模的继续增长，越来越多的外国游客将会通过这种近距离的文化体验来感知和增进对中国文化的理解。虽然目前关于外国游客的中国文化认知度调查凤毛麟角，但我们仍然可以从现有文化认知度调查中找到入境游与中国文化认知之间的关系。根据北京师范大学首都文化创新与文化传播工程研究院关于《外国人对中国文化认知调查报告（2015）》显示，外国民众对中国自然资源的认知度得分最高，其中包括熊猫、长江等，熊猫认知程度高达 3.25，位列排名第一位。该调查结果可以反映出，中国丰富的自然和人文资源在外国民众对中国文化理解上占据重要地位。中国文化传播政策制定者可以借助入境游的方式，有效传播中国文化，增进中国文化在全球的认同。

入境游是国际旅游服务贸易的重要形式，大力发展入境游，抵消外贸走低的压力和风险，可以有效扭转中国服务贸易逆差的困境，带动入境游的相关服务出口，形成中国服务贸易增长的新兴动力。如图 2 - 5 所示，2010 ～ 2018 年中国入境游国际外汇收入保持快速增长态势，特别是 2013 年，中国入境游国际外汇收入出现了大幅度跃升，当年外汇收入规模达 1053.8 亿美元。与此同时，我们发现，中国入境游客数量自 2015 年起也扭转了 2012 年以来的下滑趋势，呈现出较快增长，2018 年中国入境游客数量达到 3054.3 万人次。值得注意的是，中国入境游国际外汇收入并未因为 2012 年入境游人数降低而下降，反而是增长更加迅速。此外，从旅游出口占服务出口的比重可以看出入境游在中国服务出口总规模中也占据了相对重要的地位。2017 年和 2018 年中国旅游服务出

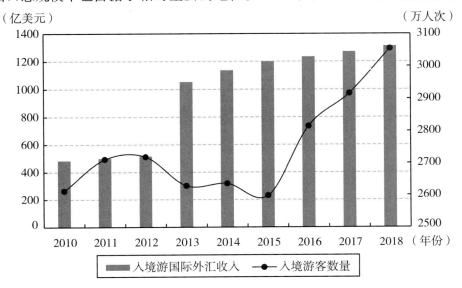

图 2 - 5　2010 ～ 2018 年中国入境游情况

口占服务总出口比重分别为 17.01% 和 14.78%，这一较高的比重，充分说明了入境游对中国服务贸易出口的重要拉动作用。

2.2.4 海外华人华侨：中外文化沟通、经贸发展的重要推动者

海外华人华侨是传播中国文化的重要主体。从传播内容来看，海外华人华侨对中华文化的传播目前正由单一的"中华文化取向"向本地化、多元化发展。一是中国传统商业文化的传播。对于海外华人来说，中餐馆是他们赖以生存、发展的支柱。海外华人通过传播以饮食和服饰为代表的中国传统商业文化，展示了中国传统的文化精神，如吃苦耐劳、与人为善、精明聪慧等，从而向海外更好地展示了中国文化。二是传统的中国建筑文化。中国传统建筑文化在国外主要体现在唐人街。唐人街的建筑很好地体现了中式建筑的风格，融合各种经典中国元素，如坚固耐用、精工细琢、巧夺天工。华人的宗教和会馆建筑也极具东方建筑特色。三是中国科技文化的传播。海外华人对中国科技文化的传播，是以不同人群为媒介进行的不同层次、由浅入深、循序渐进的传播过程。例如，随着赴海外留学的中国学生数量的增加，中国文化以留学生为载体在海外得到了广泛传播，越来越多外国人通过中国留学生了解中国文化。四是中华艺术文化的传播。海外华人对中国艺术文化的传播发挥了重要作用。在音乐传播上，法国的"黄河艺术团"、日本的"黄河女子合唱团"等海外华人艺术团积极推广中华音乐文化，把中国民乐向西方推介。在舞蹈文化传播上，马来西亚一年一度的舞蹈节已成为马来西亚华人华侨文化活动的盛事。他们通过开办民族舞蹈集训班，培养了很多有素质的舞蹈教师，以推广和提高华人舞蹈文化活动。在戏曲传播方面，戏曲艺术中的粤剧、潮剧、汉剧、琼剧和闽剧在海外华人聚居的地方十分流行，也推动了中国戏曲艺术在海外的传播。

关于海外华人与贸易的关系，本书选取 2010~2018 年中国出国留学生与中国贸易出口规模的数据，绘制了 95% 置信区间下二者线性拟合关系直线图。如图 2-6 所示，中国出国留学生与中国出口贸易规模呈现线性关系，同时大部分观测值都在 95% 的置信区间上，说明二者之间的确存在着某种线性关系，直

观上支持了本书的观点。目前大部分研究主要是基于实证分析，大部分结论认为，海外华人网络可以促进贸易的发展。例如，魏浩等（2020）利用全球131个国家（地区）的华人网络和贸易数据，考察了华人网络对国家之间出口贸易的影响，通过区分华人网络中的直接联系与间接联系，发现华人网络不仅会通过直接联系促进中国对海外华人所在国出口贸易的增长，而且会通过间接联系带动海外华人所在国之间出口贸易规模的扩大；移民信息机制是华人网络促进国家之间出口贸易增长的主要机制，即华人网络会同时通过移民信息机制和移民偏好机制促进差异化商品和资本品出口贸易增长。进一步的研究发现，发达国家移民网络的出口贸易创造效应普遍高于发展中国家，华人网络的出口贸易创造效应则明显高于其他发展中国家。蒙英华等（2015）对移民网络影响中国企业出口绩效进行了评估。研究发现，移民网络对中国企业出口起着促进作用，且主要通过促进国内更多的企业从事出口发挥作用（扩展边际），对集约边际的影响并不显著。同时，移民网络有助于提高中国企业的出口概率与出口强度，对加工贸易型及非加工贸易型企业的出口概率都存在正面影响，且对加工贸易型企业的出口概率影响更大。

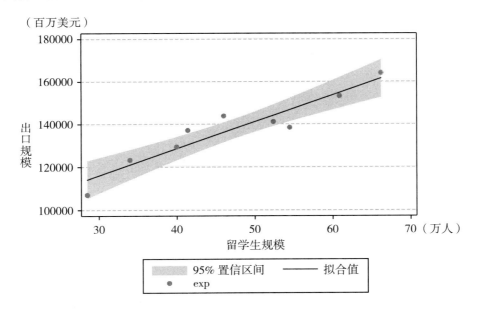

图 2 - 6　中国国外留学生与中国出口贸易的线性拟合关系

2.3 中国外贸企业"走出去"面临的文化挑战

当前，世界多极化、经济全球化、文化多样化、社会信息化深入发展，同时，国际形势的不稳定性、不确定性更加突出，"逆全球化"风险日益凸显。面对挑战，我国稳步推进"一带一路"建设，基于"稳增长、调结构"的政策导向要求企业统筹国内国际两个市场，推动优势和富余产能跨出国门，加强中外产能合作，拓展发展空间，中国企业"走出去"步伐明显加快，实力日益增强。2019 年《财富》杂志评出的"世界 500 强"企业中，共有中国企业 119家，与美国的 121 家基本持平。中国上榜企业中共有制造业企业 35 家，占上榜企业总数的 29.4%；美国则有 32 家制造业企业上榜，占上榜企业总数的 26.4%。随着中国经济发展进入更加看重质量的新阶段，中国许多产业也经历了从市场"跟随者"到"引领者"的转变，"走出去"的不再只是低端的加工贸易产品或初级加工品，在通信设备、电子产品、高铁、核电、基建等领域有越来越多的高附加值甚至全产业链产品实现了规模"出海"。

在我国外贸企业"硬实力"快速提升的同时，也应注意到政治、法律、制度、社会组织、价值观、语言、宗教等多方面的文化因素对中国外贸企业"走出去"所构成的巨大挑战。例如，在全球贸易保护主义与民族主义抬头的背景下，某些国家以"国家安全"等理由限制中国企业在前沿技术、重要资源等领域的投资并购，国际上还出现了针对中国的"资源掠夺论""技术窃取论"等阴谋论。我国外贸企业自身在以跨文化管理能力和品牌影响力为核心的"软实力"上也存在不足，文化差异导致的跨文化冲突问题一直是困扰中国企业海外良性经营的关键因素。跨文化冲突将直接影响中国企业"走出去"的发展质量，也必然会影响"一带一路"倡议的顺利实施。因此，为提高中国企业在"走出去"的过程中应对文化挑战的能力，在国家层面应加强与其他国家的文化交流与合作，依托"一带一路"等平台拓展文明交流互鉴的途径，促进推动与主要贸易伙伴国的开放融通，大力倡导国与国间平等对话、互相尊重。中国企业层面则应把"软实力"建设放在更重要的地位，坚持文化自信，坚持平等包容、互学互鉴，坚持与时俱进，以文化创新促发展，认真学习所在国的文化，注意尊重当地的风俗习惯，并且将中国的先进理念和先进文化传播出去，与其他国家的文化实现融合发展。

2.3.1　中国企业"走出去"文化影响因素的文献综述

企业在进入国际市场前首先面临去哪里和以何种方式去的选择，所选对象国不同，双边国家的文化距离必然存在差异，国际化经营方式也需要随之调整和改变。我国企业"走出去"的模式可分为股权式和非股权式两大类，股权式包括在海外设立合资或独资企业，非股权式则包括出口以及协议、许可证、研发合同等其他参与海外市场的方式。现有的关于影响中国企业"走出去"文化因素的文献主要讨论了出口和对外直接投资这两种"走出去"模式，目的地则较多聚焦于"一带一路"国家。对企业跨文化管理问题的研究文献主要来自管理学、文化交流学等领域。对于文化影响因素内涵最有影响力的研究是霍夫斯塔德（Hofstede，2001）的国家文化维度理论，他将国与国间的文化距离细分为权利距离、个人主义、男性化维度、不确定性规避、长期取向倾向以及放纵倾向六个维度。范徽等（2018）则按文化影响因素显性程度的差异将其细分为包含政治、法律、科技等方面的显性层，包括教育、社会组织、价值观等方面的若隐若现层，以及包含语言、宗教、哲学思想等方面的隐形层。以上三个层次较为全面地覆盖了现有文献中对文化影响因素的定义。

1. 文化因素影响企业出口的相关文献综述

关于文化因素对企业出口影响的研究主要有阻力论与促进论两种观点。阻力论认为，文化距离同地理距离一样，将增加贸易成本，构成贸易阻力。文化认同则可通过降低贸易成本促进国际贸易，例如共同文化背景有助于降低翻译等语言成本、信息搜集分析成本、契约执行和安全性成本等。促进论则认为，文化差异将形成贸易互补性和比较优势，对贸易起促进作用。

关于文化因素对国际贸易影响的早期研究指出，文化差异给出口国造成了"外来者劣势"（Johanson & Vahlne，1977），不利于掌握贸易伙伴市场信息（Elsass，1994），国家间相似的文化背景有利于贸易开展，文化差异则会显著增加贸易成本，阻碍双边贸易的开展（Hofstede，1980）。早期研究多通过语言、移民网络、价值观、个人心理特征等指标测度文化认同，近期文献更多借助某一文化或历史事件作为文化认同的代理变量，以此来分析文化认同对双边经济活动的影响。梅利兹与图布尔（Melitz & Toubel，2014）研究了共同语言对国际贸易的影响机制，指出共同母语代表了交易双方的种族关联，有助于增进信任、降低交易成本；共同口语代表贸易双方直接交流的难易程度；共同官方语言代表寻找翻译的难易程度，有助于降低信息成本。劳赫（Rauch，2001）认为移民和母国有天然联系，对母国消费者和生产者有更充分的了解，并将这些信息带入东道国，从而降低了国际贸易的信息成本。其他学者的研究也印证了移民网络促进国际贸易，且这种促进作用对移民所在国差异化产品的出口更显著，表明移民网络主要通过信息成本渠道促进国际贸易的发展，因为差异化产品较同质产品更需要充分信息（Head & Ries，2001；Girma & Yu，2002）。费尔伯迈尔（Felbermayr，2010）创造性地利用泛欧电视节目欧洲电视歌唱大赛的双边评分数据来测量国家间的文化接近度，发现文化相近对贸易有正向影响。

关于文化距离对中国对外贸易影响的研究多基于扩展引力模型研究文化因素对整体或特定商品的贸易流量、出口产品质量、贸易持续时间等方面的影响。陈昊等（2011）验证了文化距离主要通过增加交易成本影响我国出口贸易。连大祥（2012，2013）发现在发展中国家设立孔子学院对中国出口的推动作用强于发达国家，在美国各州设立孔子学院对中国出口有显著正向影响。蒙英华等（2015）研究发展华人移民网络对中国企业出口绩效存在促进作用。曲如晓等（2015）基于异质性企业理论研究了我国文化产品出口的二元边际，发现文化差异对中国文化产品出口的扩展边际影响显著为负。施炳展（2016）以热播剧《来自星星的你》的播放量作为中国对韩国文化认同的代理变量，发现文化认同对差异化产品出口的促进作用尤为显著。刘慧和綦建红（2019）发现，文化距离通过影响企业出口退出率显著抑制我国企业出口持续时间的延长，且对差异性产品出口的抑制作用更大。杨连星（2019）认为较小的文化差异通过降低贸易中的沟通成本和信息成本，有助于文化出口品质的提升。杨连星（2020）认为双边文化特征显著影响文化贸易持续期，且对不同核心文化产品的影响存在异质性。

也有部分文献认为文化差异通过形成贸易互补性和比较优势对贸易有促进作用。林德斯（Linders，2005）等学者指出消费者偏好的多样性和文化产品的异质性都可能促进贸易，厂商为满足本国消费者的需求更倾向于与文化差异较大的贸易伙伴国进行交易。兰克惠贞等（Lankhuizen et al.，2011）学者指出文化差异加大了对外直接投资的难度和成本，因此对文化差异较大的国家更倾向于开展贸易而非直接投资。圭索等（Guiso et al.，2006）的研究证实了上述观点。方慧和赵甜（2017）研究了"一带一路"沿线 44 个国家包括地理、文化、制度等维度的国家距离对我国企业出口贸易和直接投资两种国际化经营方式选择的影响，发现文化距离、经济距离和技术距离提高了出口倾向，地理距离和制度距离则提高了投资倾向。刘爱兰等（2018）通过实证检验对比了文化差异与制度差异对中国对非洲出口影响的大小，发现文化差异显著促进了中国对非洲的出口，而制度差异的影响不显著，文化差异的出口效应因非洲贸易伙伴国经济发展水平的不平衡而不同，而制度差异对出口的影响并未发生变化，说明中非文化异质性较高，但可以求同存异。

此外还有少数研究认为，在某些行业中文化差异与商品贸易并无显著线性关系。贝尼托和格里普斯鲁德（Benito & Gripsrud，1992）对贸易流向的研究表明，跨国公司进行贸易活动更多的是基于经济理性的选择，而非仅基于文化差异的考虑。科内柳森和瑞特伯格（Corneliussen & Rettberg，2008）对游戏业贸易情况的研究也表明文化差异对进出口活动并没有产生影响。兰克惠贞和德格鲁特（Lankhuizen & de Groot，2016）则发现文化差异与国际贸易之间存在非线性关系，当两国间的文化距离越过门槛值时，双边贸易流量会随着文化差异的增大而下降。国内学者方面，阚大学（2011）使用 1996～2008 年的贸易流量数据研究了文化距离与中国对外贸易的关系，得出两者间存在着倒

"U"型的关系；许和连和郑川（2014）、刘洪铎等（2016）使用改进的引力模型证实了文化差异与我国的贸易流量并非线性关系，而是多表现为倒"U"型状态。

2. 文化因素影响中国企业对外直接投资的相关文献综述

有不少学者对文化因素影响企业对外直接投资的研究持阻碍论，认为文化距离带来的"外来者劣势"将增加投资的成本和风险，从而阻碍对外直接投资（outward foreign direct investment，OFDI）；相近的文化背景则有助于增进投资双方信任、降低信息交流沟通成本从而促进对外直接投资，文化因素对企业对外直接投资的区位选择、投资规模、投资频率、投资绩效、企业并购均有重要影响。也有小部分研究认为文化距离对对外直接投资呈正向关系、不显著相关或者非线性关系，反映出文化因素影响对外直接投资的机制复杂性。近年来国内研究较多以移民网络、孔子学院等作为文化认同的代理变量。

戴维森（Davidson，1980）和查希尔（Zaheer，1995）等早期研究文化因素对 OFDI 影响的文献主要聚焦于跨国公司，指出跨国公司重视文化因素导致的投资风险，文化距离造成的"外来者劣势"导致其与 OFDI 投资流向间存在显著负向关系。特雷维尼奥（Trevino，1996）研究了全球 23 个国家对美国的直接投资，发现两国间的文化距离越大，投向美国的 OFDI 规模越小。弗洛勒斯和阿奎莱拉（Flores & Aguilera，2007）研究了美国跨国公司对 147 个东道国的直接投资也发现，国家间的文化距离会阻碍美国对外直接投资。巴德瓦杰（Bhardwaj，2007）认为文化交流有助于投资国与东道国建立起良好的信任关系，规避不确定性风险，从而增加东道国的投资吸引力。洛佩兹和维达尔（Lopez & Vidal，2010）认为相似的语言文化氛围可以增进投资双方相互信任，使沟通更为便利，避免文化冲突，语言作为文化的载体对国际直接投资具有促进作用。巴克利等（Buckley et al.，2007）和奎尔等（Quer et al.，2012）发现，海外华侨能起到缩小所在国与中国的文化差异的作用，从而给中国对外直接投资带来积极影响。

国内研究方面，许和连和李丽华（2011）研究了中国对 66 个国家的 OFDI

数据，指出中国 OFDI 倾向于流入文化距离较小的东道国。綦建红和杨丽（2012）认为正式与非正式的文化交流可以减弱文化距离对中国 OFDI 的间接阻碍作用。刘希等（2017）认为文化交流互鉴能够弥补由于政治互动不足给中国对外直接投资带来的负面影响，从而完善中国 OFDI 的空间格局。王金波（2018）则研究了文化距离对中国在"一带一路"沿线国家 OFDI 的影响，均得出了文化距离抑制中国对"一带一路"沿线国家 OFDI 的结论。刘威和陈祺勋（2019）认为文化距离中的不确定性规避维度对双边直接投资的影响最为显著。连恩等（Lien et al.，2019）通过研究各国文化机构对国际直接投资与国际贸易的影响，发现孔子学院对直接投资的促进作用大于贸易。

此外还有部分文献认为文化距离与对外直接投资之间不存在显著关系或呈非线性关系。古伊辛格和李（Guisinger & Li，1992）探讨了发达国家大型跨国服务企业的对外直接投资行为，发现在前期阶段文化距离与对外直接投资存在明显的负向关系，但这种负向关系会随时间推移变得不再显著。茹拉维茨基（Zurawicki，2002）和赛希（Sethi，2003）通过研究国家层面的 OFDI 数据发现，文化距离和 OFDI 之间不存在显著的相关关系。部分学者认为文化距离与 OFDI 呈非线性的倒"U"型关系，如綦建红和杨丽（2012）指出文化距离对 OFDI 的影响存在门槛效应，文化距离较小时与 OFDI 成正向关系，较大时与 OFDI 转为负向关系，即文化距离与 OFDI 存在倒"U"型关系。还有学者提出文化距离与 OFDI 呈水平"S"型关系，如许和连等（2012）研究了文化差异对中国 FDI 空间格局的影响，发现文化差异与各国在中国各省（区、市）的 FDI 表现为明显的"S"型关系。王晶（2016）分析了中国对 44 个国家的 OFDI 数据发现，文化距离和中国 OFDI 之间整体呈"S"型关系，且这种关系随东道国经济发展水平存在差异。

3. 企业跨文化管理的相关文献综述

对企业跨文化管理的研究主要来自管理学、文化学、外交学等领域，国内外学者探讨了企业跨文化管理的重要性和管理策略，并对部分企业跨文化管理案例做了细致剖析。跨文化管理是指企业在境外经营中，在与不同种族、不同文化背景群体交往时，在管理职能中加入有针对性的文化整合措施，从而有效防范化解矛盾冲突，保证企业平稳正常经营的机制。跨文化管理的目的，是在差异化文化背景中找出超越文化冲突的公司目标，设计切实可行的组织结构和管理机制，作为规范不同文化背景员工的共同行为准则，促进企业实现海外经营管理的最优化和投资收益的最大化。

自 20 世纪 80 年代起，国外学者就意识到文化风险意识在企业海外经营中的重要性。卡特莱特和库伯（Cartwright & Cooper，1993）提出，学习东道国文化、基于东道国文化环境发展企业文化适应能力，是企业跨国经营成功的必要条件。布莱森（Bryson，2003）认为，来自不同文化背景的员工容易对跨国企业的组织管理方式、工作流程或企业文化产生误解，引发企业内部管理风险，增加企业经营失败的概率。苏库马朗（Sukumaran，2007）指出，企业跨国经营的文化风险来源于母国与东道国客观存在的文化差异，忽视文化差异可能引发冲突或危机，甚至导致跨国经营的失败。博德利（Bodley，2009）认为，通过充分了解东道国的文化环境和其与母国间的文化差异有助于降低企业跨国经营文化风险。

在企业跨文化风险管理机制方面，拉辛和博诺马（Rahim & Bonoma，1979）建立了文化冲突管理模型，提出了妥协、回避等五类冲突管理方法；巴里（Berry，1987）提出了企业跨文化经营的一体式、吸收式、分隔式和混沌式等文化适应整合模式。米尔维斯和马克（Mirvis & Marks，2011）建议通过及时准确传达关键信息、平等包容对待员工、形成与东道国文化相融合的企业整体意识三个策略来降低企业跨国经营的文化风险。

国内研究方面，顾天辉（2009）将文化风险产生的原因归结于语言、管理思维等因素，指出跨国企业为应对文化风险必须树立正确的文化管理观念，重视文化培训，加强本土化策略。张毅飞和金楠（2010）提出通过与利益相关者求同存异、大力开展文化交流与融合，以及注重与社会、政府等多方力量的互动等多种方式来降低文化风险。柯银斌和沈泱（2011）指出跨国公司具备公共外交的天然属性，将企业公共外交分为经营目标型、社会责任型、国家形象型三种，认为公共外交对消降文化风险有重大作用。李永辉（2013）认为企业海外经营首先应建立风险管理体系，其次在东道国建立社会责任体系，打造关系网并塑造良好企业形象，同时还应建立公关管理体系，为企业海外经营创造良好舆论。李根和郭天宝（2014）从民族特性、企业文化、弱势思维因素对影响企业海外经营的文化风险因素进行分析，提出高效的跨文化管理和良好的文化沟通机制有助于跨国企业的顺利经营。胡宝平和郭霖（2016）以南京三胞集团为例，论证了公共外交缺失是导致企业"走出去"失败的一个重要原因，指出公共外交是企业"走出去"不可缺少的助推器、润滑剂。

2.3.2　中国企业对外直接投资现状

进入 21 世纪以来，我国对外直接投资发展较快，呈现总量增长迅速、投资国别广泛、投资行业多元、投资模式丰富、投资动机多样、国有企业与民营企业齐头并进等特点。但近年来受逆全球化浪潮冲击、贸易保护主义抬头、发达经济体经济增长乏力等不利因素的影响，中国对外直接投资在存量与流量规模上出现了不同程度的波动，但流量与存量规模仍居世界前列。

1. 总量增长迅速，投资回归理性

根据《中国对外直接投资统计公报》（见表 2 - 4），2017 年中国对外直接投资流量首次出现负增长。2018 年中国对外直接投资流量持续下滑，流量为1430.4 亿美元（其中非金融类投资流量为 1213.2 亿美元，占比 84.8%），存量为 19822.7 亿美元（其中非金融类投资存量为 17643.7 亿元，占比 89%），占2018 年全球外国直接投资流量的比重同比上升了 3 个百分点至 14.1%，位列全球第 2 位。2018 年中国对外直接投资存量占全球存量的 6.4%，由 2017 年的第2 位降至第 3 位。2017 年以来中国对外直接投资的收缩态势主要原因在于中国政府加强了对企业对外投资的真实性、合规性审查，积极引导和规范对外投资方向，有效防范各类风险，推动对外投资持续合理有序健康发展，市场主体对外投资决策也更趋成熟和回归理性。

表 2 - 4   2003 ~ 2018 年中国对外直接投资情况

年份	流量（亿美元）	排名	同比增幅	存量（亿美元）	排名
2003	28. 5	21	5. 6	332. 0	25
2004	55. 0	20	93. 0	448. 0	27
2005	122. 6	17	122. 9	572. 0	24
2006	211. 6	13	43. 8	906. 3	23
2007	265. 1	17	25. 3	1179. 1	22
2008	559. 1	12	110. 9	1839. 7	18
2009	565. 3	5	1. 1	2457. 5	16
2010	688. 1	5	21. 7	3172. 1	17
2011	746. 5	6	8. 5	4247. 8	13
2012	878. 0	3	17. 6	5319. 4	13
2013	1078. 4	3	22. 8	6604. 8	11
2014	1231. 2	3	14. 2	8826. 4	8
2015	1456. 7	2	18. 3	10978. 6	8
2016	1961. 5	2	34. 7	13573. 9	6
2017	1582. 9	3	- 19. 3	18090. 4	2
2018	1430. 4	2	- 9. 6	19822. 7	3

资料来源：历年《中国对外直接投资统计公报》。

2. 投资国别广泛

截至 2018 年底，中国有 2.7 万家境内投资者在国（境）外共设立对外直接投资企业 4.3 万家，分布在全球 188 个国家（地区），涵盖全球 80% 以上的国家（地区）。中国对外直接投资的地域分布高度集中，2018 年中国对外投资流量前 5 位的国家（地区）分别为中国香港、美国、英属维尔京群岛、新加坡以及开曼群岛，占中国对外直接投资总流量的 79.2%，流量前 20 位的国家（地区）占比则为 93.4%。

自 2013 年"一带一路"倡议提出以来，中国企业在"一带一路"沿线国家的投资稳健增长。截至 2018 年底，中国企业在"一带一路"沿线的 63 个国家设立境外企业超过 1 万家。2013 ~ 2018 年，中国对"一带一路"沿线国家累计投资达到 986.2 亿美元。

3. 投资行业多元

2018 年，中国企业对外直接投资涵盖了国民经济的 18 个行业大类（见图 2-7）。其中，租赁和商务服务业（507.8 亿美元）保持第 1 位，金融业（217.2 亿美元）列第 2 位，制造业（191.1 亿美元）列第 3 位。传统投资领域的龙头作用突出，对信息传输、软件和信息技术服务业，科学研究和技术服务业，电力、热力、燃气及水的生产和供应业，文化体育和娱乐业等领域的投资也呈快速增长趋势。

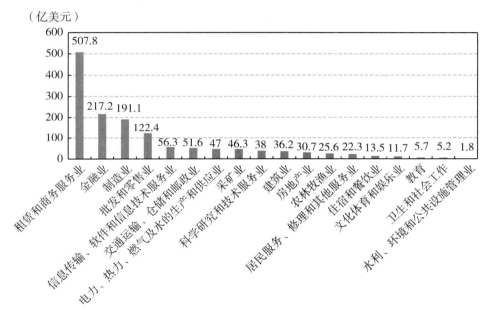

图 2-7　2018 年中国对外直接投资流量行业分布

资料来源：《2018 年度中国对外直接投资统计公报》。

4. 投资模式丰富

对外直接投资主要包括新建、收购与合资合作三种模式。20 世纪 90 年代中期以前，合资企业是中国企业对外直接投资的主要模式。随着中国企业对海外市场了解的增加以及资金实力的提升，1995 年后独资企业超过合资企业成为中国企业对外直接投资的主要形式，设立全资子公司成为中国企业设立海外分支机构的主要形式之一。进入 21 世纪以来，基于战略资源获取目的的跨国并购成为中国企业对外直接投资的重要方式。例如，2008 年中国企业跨国并购金额达 302 亿美元，占同期对外直接投资流量的 54%。近年来，中国企业对外直接投资形式愈加多元化，绿地投资和海外并购齐头并进。2018 年中国企业共实施对外投资并购项目 433 起（较上年增加 2 起），涉及 63 个国家（地区），跨国并购总金额达 742.3 亿美元，占同期对外直接投资流量的 21.7%。从实际并购金额看，德国、法国、巴西、智利、百慕大群岛、中国香港、瑞典、新加坡、美国和澳大利亚位列前十位。2018 年中国企业对"一带一路"沿线国家实施并购项目 79 起，并购金额 100.3 亿元，占并购总额的 13.5%，吸引中国企业并购投资超过 10 亿元的国家包括新加坡、阿联酋以及马来西亚。

5. 投资动机多样化

对外直接投资的动机主要包括市场寻求型、资源寻求型、效率寻求型以及战略资产寻求型四种。传统的发达国家跨国公司对外直接投资主要以占领更大的市场和寻求更优质廉价的资源为目的。随着全球价值链的发展和跨国外包的深化细化，发达国家跨国公司以效率提升为目的的对外直接投资也在增加。

中国作为发展中大国，中国企业对外直接投资的动机不同于来自发达国家的跨国公司，呈现出多样化、差异化、传统型和战略资产寻求型并存的特点。一方面，由于在技术、科研实力、品牌影响力等方面与发达国家企业还有较大差距，中国企业进行了大量的战略资产寻求型投资，希望借此提升国际竞争力并实现赶超。另一方面，随着中国企业经验的积累与国内市场环境的成熟，东道国的资源和市场也是吸引中国企业"走出去"的主要因素。

6. 国有企业与民营企业齐头并进

中国企业对外直接投资的主体发生了巨大变化，对外投资主体逐步从以国有企业为主导转变为国有企业和民营企业并驾齐驱。初始阶段国有企业是海外投资的中坚力量，凭借在规模、实力、经验等方面的优势取得了较好成绩，其他类型企业的海外投资十分有限。随着中国"走出去"战略的提出和中国企业实力的增强，以及非国有企业的快速发展，国有企业投资所占的比重持续降低。2018 年末在对外非金融类直接投资存量 17643.7 亿美元中，国有企业占比 48%，较上年下降 1.1 个百分点，连续两年低于 50%；非国有企业占比 52%，其中，有限责任公司占 17.7%，股份有限公司占比 8.8%，私营企业占比 7.1%，个体经营占比 5.9%，港澳台投资企业占比 5.4%，外商投资企业占比 3.1%，股份合作企业占比 0.5%，集体企业占比 0.3%，其他类型企业占比 3.2%（见图 2 - 8）。

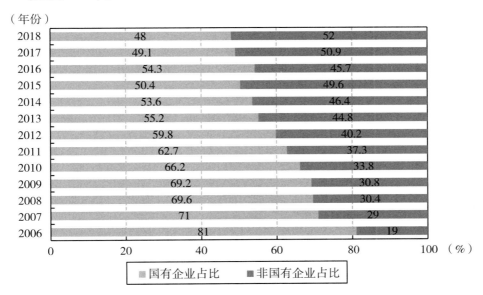

图 2 - 8　中国国有与非国有企业海外投资存量占比情况

资料来源：《2018 年度中国对外直接投资统计公报》。

2.3.3　中国外贸企业"走出去"面临的风险

当今世界正经历百年未有之大变局，和平与发展仍然是时代主题，同时国际环境日趋复杂，不稳定性不确定性明显增强。"走出去"的中国企业面临着复杂多元的国际文化环境，其所承载的"中国符号"影响了国际市场对企业的认知，很多国家对中国企业赋予"中国性"的解读，将经济问题政治化，基于贸易保护主义立场或以国家安全为理由对中国企业海外经营设置额外障碍。除了复杂的外部环境以外，中国"走出去"企业自身还存在跨文化管理专业人才匮乏、对国际标准和法律法规了解不足等问题。

1. 贸易保护主义抬头

除了东道国政权更迭、部族与地区冲突、国有化等政治风险，以及极端民族主义、激进主义和恐怖主义对投资环境和项目运营带来的"非常规性"威胁之外，中国企业在对外投资中首当其冲面临的"常规性"经营环境挑战是与投资准入和企业运营相关的合规要求。近年来，随着一些国家贸易保护主义的抬头，与贸易相关的投资限制措施开始成为新的准入合规风险，例如，本地化生产政策、本地产品的信贷优惠利率、特定产品的进口许可申请等措施纷纷出台。就企业经营的合规管理而言，近年来，许多"一带一路"沿线国家不断提高在劳工保护、知识产权以及竞争规则等领域的法律要求，因而使得中国企业在"一带一路"沿线的投资面临日趋复杂的尽责调查与合规管理挑战。受此影响，中国企业的对外直接投资的增长势头有所放缓。中国所处的经济发展阶段决定了中国对外直接投资以资源获取型和技术寻求型为主，而资源行业和高新技术行业通常是东道国为保持本国经济优势而要保护的支柱产业。面对中国不断增强的经济实力和企业国际竞争力，部分国家开始宣扬"中国威胁论"或指责中国的海外投资是"新殖民主义"，以"资源掠夺论""技术窃取论"等作为限制中国对外投资的借口。

此外，国际上还出现了形形色色针对中国的阴谋论，无视基本事实，意在以冲突对抗的冷战思维恶意推测和抹黑中国，挑拨中国与相关国家的关系。例如，一些西方媒体认为，中国的"一带一路"倡议是对西方国家长期以来在第三世界廉价倾销商品、掠夺资源做法的复制，指责中国向具有战略意义的发展中国家提供大规模贷款，目的是让这些国家陷入"债务陷阱"。

2. 各国加强审查外国投资的监管框架

近年来，对外国直接投资的筛查变得更加普遍。至少有 24 个国家实施了具体的外国投资筛查机制，这些国家合计占全球外国直接投资总量的 56%。出于国家安全和公共利益考虑而收紧对外国投资的控制也出现在区域层面，许多国家特别是发达经济体对外国投资采取更为审慎的立场。投资政策中的国家安全论点最初是用于控制外国参与国防工业的一种手段，此后，被逐渐扩展用于保护其他战略产业和关键基础设施，现在还被用来保护被视为在新工业革命时代对国家竞争力至关重要的国内核心技术和专门知识。部分国家开始以威胁国家安全为由禁止中国企业在当地开展业务。复杂严峻的国际局势以及地缘政治风险导致中国企业"走出去"面临的外部环境存在更多不确定性，增大了企业海外投资经营风险。

2011 年至 2019 年 3 月，各国对外国直接投资筛查框架进行了 41 项重大修订，至少有 11 个国家引入了新框架。大多数修订是通过增加新的部门或活动、降低触发门槛或扩展外国投资的定义等途径，扩大了筛查规则的范围。另有一些新监管条例则是扩展披露义务、延长筛查程序的法定时限，或对不遵守通知义务的行为实施处罚。例如，2015 年 11 月，澳大利亚修订了《1975 年外国收购与接管法》，扩大外国投资审查委员会审查范围，并于 2017 年 1 月设立关键基础设施中心，对水资源、电信、电力和港口等集中登记管理；2018 年 8 月，美国总统特朗普签署《外国投资风险评估现代化法案》，进一步扩张美国外国投资委员会的权限，将其审查的交易范围扩大至对美国特定行业涉及关键技术的美国企业进行的非控制性投资，把半导体、飞机制造等 27 个行业以及交易方利用上述行业中的关键技术服务其他企业的情况都纳入强制申报范畴，以阻止外国投资者获得美国关键技术和知识产权；2019 年 4 月，欧盟委员会宣布《欧盟外商直接投资审查条例》正式生效；2020 年 8 月，美国总统特朗普威胁将在 9 月底禁用中国互联网公司字节跳动旗下的短视频应用程序 TikTok 和中国互联网公司腾讯旗下的短信服务应用程序微信，理由是这两个中资公司所开发的应用程序对美国国家安全构成威胁。

3. 专业型人才短缺

近年来，中国企业在海外发展迅速，但海外人才的培养跟不上企业自身发展的步伐。国际化复合型经营人才缺失是目前中国企业"走出去"中长期生存率和盈利率偏低的最重要因素之一。根据中国企业联合会、中国企业家协会编写的《2019 中国 500 强企业发展报告》和联合国贸发会（UNCTAD）发布的

《2020 年世界投资报告》（World Investment Report 2020），全球 100 大跨国公司海外员工平均比例为 52.91%，而中国 100 大跨国公司海外化员工平均比例仅为 10.74%。熟悉海外文化和公共外交的专业人才短缺，直接影响到企业应对海外经营文化风险的能力。部分企业因公关理念和实践能力相对落后，没有充分认识到履行海外社会责任对规避文化风险的重要性，最终导致海外经营活动的失败。例如，中国上汽收购韩国双龙后就是由于专业人才缺乏导致企业融合失败。特别是"一带一路"国家的项目投资建设周期较长，将会增加表明投资质量的各个指标的不确定性，这意味着企业必须拥有充分熟悉国际市场规则与趋势、投融资管理、国际项目管理的人才队伍，才可能面对错综复杂的不确定性做出正确的投资决策。然而，在"一带一路"沿线国家，高级人才的供给普遍较低，人才需求日趋旺盛。因此，国际化、综合型、高素质经营管理人才的短板将可能持续拉低中国企业"走出去"的质量，限制中国企业在"一带一路"上发挥经济影响的能力和潜力。

同时，专业人才的短缺也给企业内部管理带来了挑战。缺乏跨文化管理经验的中方管理层在面对不同文化背景的当地员工时，容易出现沟通障碍和价值判断差异，在经营思想、价值观念、生活目标和行为规范等方面的文化差异容易演变为文化冲突和矛盾，造成企业内部经营管理环境的不和谐。如果中方管理人员缺乏对文化差异的认识，或者缺乏对此类问题的专业处理，很容易导致中方管理者与当地员工不和谐状况的出现，导致组织管理紊乱，企业运行不畅，职责不分明，增大企业在海外经营和项目实施的难度，抬高企业在该地区的运营成本，甚至会使企业全球战略的实施陷入困境。以中德合资的华晨宝马汽车有限公司为例，信奉基督教、追求个人自由的德国员工无法理解中国员工崇尚的中庸之道和对人情关系的讲究，中国员工则很难接受德国人的保守与刻板。华晨宝马的管理层在海外经营初期未能重视及解决此类问题，引发了很多误解与冲突，损害了企业利益与形象。

4. 对国际标准和法律法规了解不足

文化风险还体现在"走出去"的企业不熟悉国际规则、对东道国法律制度缺乏了解等方面，文化差异会降低企业对外部经营环境的适应能力和反应能力。中国企业"走出去"意味着不可避免地面对并接受国际标准和法规，发展改革委、商务部、外交部 2015 年发布的《推动共建丝绸之路经济带和 21 世纪海上丝绸之路的愿景与行动》也明确提出"一带一路"建设的推进须遵循市场规律和国际通行规则。近年来，与企业投资和运营相关的全球标准和国际规范层出不穷且要求更趋严格，而中国企业在许多全球标准和国际规范的制定过程中参与程度较低。少数中国企业在海外经营中对既有国际标准和规范存在"不了解、不在乎、不运用"的"三不现象"，不利于中国海外经营的稳定开展和国际竞争力的提升。

近年来东道国生态环境保护领域的法律法规对我国"走出去"企业海外经营的影响愈加显著。一方面，世界各国的环保法规及其标准都日益趋严，违法责任日益趋重；另一方面，世界各国政府、环保组织及社会公众对环境影响日趋关切，所表达的环境诉求也日益趋高。目前，中国企业"走出去"的部分投资属于对环境和生态有较大影响的行业，而"一带一路"沿线国家广泛存在环境系统脆弱、环境承载力低下的情况。在这种情况下，中国企业海外投资项目的环境影响不仅在很大程度上决定了投资项目本身的可行性与经济性，而且投资项目由环境问题而引发的涟漪影响，不仅对我国"走出去"企业的海外形象有重要影响，还可能超越企业层面成为相关国家的国内政治和国际关系事件。此外，环境保护标准也已经成为对外投资企业的融资挑战之一。各类多边发展银行和商业银行在对项目融资开展尽职调查时，项目的环境影响是重要的评估指标，这也要求中国企业在海外投资时更加注重清洁生产与低碳方式。

2.3.4　积极应对"走出去"文化挑战的建议

面对当前复杂多变的国际局势，中国"走出去"的企业迫切需要提升应对文化挑战、管理跨文化风险的能力，秉持"和平合作、开放包容、互学互鉴、互利共赢"的丝路精神，坚守"以利促行，以行固义，以义统利"的中国传统儒家义利观，通过提升跨文化管理意识、完善文化风险管理体系、强化与利益相关方的沟通协调、重视跨文化人才培养等多种手段来获得顺利开展海外经营活动所必需的社会认可和良好舆论环境。中国政府也应不断提升海外公关能力，打造国家名片，通过加强国与国间的文化交流来传播中国文化魅力，增强别国对中华文化的认同感，为企业"走出去"搭好台。

1. 提升跨文化管理意识，完善文化风险管理体系

提升跨文化管理意识、树立正确的跨文化管理理念，是中国"走出去"企业有效应对文化风险的前提。企业应正确看待文化差异，理解文化的差异性表现为不同文化所选择的解决问题的方法不同，而没有"对"与"错"，"好"与"坏"之分。在尊重和理解文化差异的基础上，企业还应力争发挥跨文化优势，在企业内部来自不同文化背景的员工中建立共同的价值观，打造特色企业文化。"走出去"企业在东道国经营，必须形成跨文化的合力，根据企业发展战略要求和具体经营环境，准确、科学、明晰地设计企业价值定位，尽可能地找到母国与东道国两种文化的结合点，发挥两种文化的优势，提高企业内不同文化背景员工对企业价值观的认可度，并在企业内部逐步建立起统一的、有活力的、独具特色的企业文化，提高企业的凝聚力和向心力。"走出去"企业在实施国际化经营过程中可以用形象标识、企业手册、宣传画册等各种方式将本企业的文化充分表达出来，从而便于本土员工理解和逐步认同。

在提升跨文化管理意识的基础上，企业还应完善体制机制，建立有效的文化风险管理体系。中国"走出去"企业须充分研究投资目的地国家的世情、国情、社情、民情，在谨慎选择投资东道国的基础上密切跟踪当地政治与社会形势，加强投资项目的社会与环境风险的识别、分析和判断能力，据此制定和完善严格的风险管控体系，包括投资项目全过程运营规范管理、合规管理和风险审核管理及劳工关系等；确保在投资及项目运营的整个生命周期内，通过有效的文化风险管理体系，对可能影响项目进行的文化风险进行持续评估并实施相应的应对措施，最终使文化风险管理理念融入管理者的决策思维和利益相关方关系之中，进而帮助企业建立起长效的风险预警和防范机制。

2. 强化与利益相关方的沟通，积极履行社会责任

在海外经营过程中，"走出去"的中国企业应高度重视与东道国内各类利益相关方的沟通与参与，尤其是与东道国政府部门之外具有重要社会影响力和发展话语权的社会组织（如工会、族群和宗教团体、当地和国际非政府组织等）就可持续发展、2030 年可持续发展议程各个目标及企业的具体运营进行对话与合作，在获取和保持投资项目的社会许可之外，为项目的长期性、可持续运营建立当地化、多维度的社会支持网络。中国"走出去"企业应以全面社会责任管理为内核，以追求可持续发展为目标，努力兼顾各利益相关方的利益诉求，致力于更环保、更安全和更高效的方式开展业务，全面履行经济、环境和社会责任，积极响应国际化背景下的社会责任、经济责任、环境责任等关键社会议题，全面强化质量安全责任，积极参与当地公益事业，主动做好环境保护和资源节约。

3. 重视跨文化人才培养

跨文化管理的主体是人，"走出去"企业人员的素质水平决定了企业跨文化管理实践的成败。因此"走出去"企业在跨文化管理中要强调对人的管理，建立和完善人才引进和培养机制，采取有效措施吸引、留存和选拔各类管理和研发人才，提高创新型、复合型人才的质量与规模，逐步实现人才的本地化与国际化。"走出去"企业的经营管理人员应深刻理解母公司的企业文化，同时能够理解和把握他国文化的内涵和特点，具备较强的文化整合能力，担负起跨文化管理的重要职责。同时要加强对公司所有成员的跨文化管理，让企业内部新型文化在员工队伍中深深扎根，内化于心，外化于形，固化为制，真正在管理中发挥其重要作用。在人力资源管理中强化可持续发展与负责任经营意识的培养和能力的提升，促使各类人才在经营管理中主动识别和防范社会与环境风险，在日常工作中自觉维护中国"走出去"企业负责任、有担当的正面形象。

跨文化培训是提升企业人员跨文化管理能力的重要途径，也是实施跨文化管理最基础、最有效的手段。跨文化培训旨在增强企业员工对不同文化的反应和适应能力，通常包括语言培训、敏感性训练、环境模拟训练和东道国文化知

识培训等内容。通过语言培训可使员工掌握东道国基本的语言知识，促进外派员工与当地员工间的友好交流，还能使他们熟悉东道国文化中特有的表达和交流方式，如手势、符号、礼节和习俗等。敏感性训练是将不同文化背景的员工集中在一起，打破文化障碍和角色束缚。通过进行多种文化的敏感性训练，打破个人对母文化的适应性，增强不同文化之间的合作意识和融合效果。情景模拟训练是通过各种手段从不同侧面模拟东道国的文化环境，将不同文化环境中工作和生活可能面对的情况和困难展现在"走出去"企业员工面前，并有意识地按东道国文化的特点思考和行动，从而提高"走出去"员工的适应能力。东道国文化知识培训可以请有关专家讲授东道国文化的内涵与特征，指导员工阅读有关东道国文化的书籍和资料，通过学术研究和文化交流，组织员工探讨东道国文化的精髓及其对管理人员的思维过程、管理风格和决策方式的影响。

4. 提升政府海外公关能力，打造国家名片

企业"走出去"是一项系统工程，需要政府、企业之间发挥合力，形成协同作用。为积极应对跨文化挑战，我国政府应借鉴日本、美国等国经验：一是加大中国与世界其他国家之间的文化交流力度，传播中国文化魅力；二是打造有影响力的中国智库，在重要国际问题上积极发出中国声音；三是打造具有全球影响力的中资传媒和网络社交媒体，提高中国的互联网影响力。通过增强其他国家对中国文化的熟悉度和认同度，为中国企业"走出去"保驾护航。

建议我国政府大力支持智库建设与信息服务，鼓励动员各类智库加强对中国企业"走出去"所在东道国政治、经济、文化、产业、环境等领域的分析研究，加强应对风险和增强可持续发展能力的研究；加强对外投资信息服务体系建设，推动各类信息资源的有效集成和高效利用，通过向企业提供政策、市场、项目和可持续发展等信息服务，便利企业与利益相关方之间就可持续发展、互利共荣等议程展开建设性互动。

我国政府还应进一步深化国际交流与多方合作，完善顶层设计，建立和完善多层次的沟通交流机制，加强和促进政府间与民间、双边、多边及区域的对话与合作，建立中国与包括"一带一路"沿线国家在内的其他国家多双边长远

合作、经验分享和交流机制。搭建平台，积极对外推介可持续的先进技术和经济、社会效益俱佳的项目，创造更多有利于可持续发展的投资机会。

我国政府还应积极参与国际规则制定，为企业"走出去"争取制度保障。在全球一体化程度不断深化拓展的趋势下，国际规则对企业跨国经营活动的影响日渐加强。我国作为对外投资大国，在国际投资规则重构中发挥更大作用是当前形势的客观要求。因此，我国政府一是应积极参与和推动多边投资协定的制定，维护以 WTO 为代表的全球多边规则，利用现有规则保护中国对外直接投资利益；二是应扎实推进"一带一路"倡议、APEC、上海合作组织等区域一体化机制的深化，主动构建更大范围、更高水平、更深层次的区域合作网络；三是要高度重视双边投资协定的签署与升级，继续推进改革和投资贸易便利化，推动形成全面开放新格局。

第 3 章

文化传播对贸易的影响

3.1 高低语境文化对国际贸易合作的影响

3.1.1 引言

文化是影响国际贸易的重要因素之一，无论是国际贸易谈判，还是国际市场营销，企业和国家必须要考虑贸易伙伴在文化方面的特点以及同贸易伙伴的文化差异。多数情况下，贸易伙伴间在文化方面的差异都是通过经验传授或文字描述等较为定性的方式来表述的。然而，也有研究将国与国之间的文化差异分类并量化，为研究文化对贸易的影响提供了一种新的思路。

目前，大部分针对高低文化语境和国际贸易的国外研究主要分析具有高文化语境或低文化语境的某地区或某国家在商务文化上的特点，而针对文化对国际贸易影响的实证研究主要将语言、宗教和整体上的文化相似度作为研究中的影响因素，并无实证研究在宏观层面分析高低文化语境对国际贸易的影响。

斯威夫特和劳伦斯（Swift & Lawrence，2003）认为语言和商业文化是英国中小企业和拉丁美洲国家之间贸易的重要影响因素；通过对比分析 128 个北欧中小企业和 160 个南欧中小企业，罗曼和鲁伊斯（Roman & Ruiz，2003）发现这两个区域间具有不同的文化特点，并且针对这种文化差异的培训会影响跨国交易和长期贸易关系的达成。通过分析 84 个国家在 1995～2000 年的面板数据，卢尔和范登伯格（Lewer & Van den Berg，2007）认为宗教文化差异会间接影响贸易、经济行为，进而影响整体的贸易网络。基于引力模型，周（Zhou，2011）认为世界各国都越来越倾向于同地理和文化相近的国家进行国际贸易。基于对 37 个国家的实证研究，阿普索尼和苏米洛（Apsalone & Sumilo，2015）认为在某些社会中，文化因素可以促进国际竞争力，而某些却会对其竞争力有消极影响。

很少有国内研究将文化语境列为国际贸易实证研究的范畴，大部分针对文化与国际贸易的国内研究将语言、价值观和整体文化距离作为衡量文化差异的指标。如基于引力模型考察国家间价值观文化差异对于我国和"一带一路"沿线国家 2007～2017 年双边贸易额的影响（周东妮，2019）；从语言差异和价值观差异两个方面分析国家间文化差异对国际贸易商务活动的影响（赵隆生，2019）。大部分关于文化语境的研究主要针对文化、传媒、商务谈判领域，而非经济实证研究。例如，针对中国和英美之间的由于高低语境造成的交际差异（如刘晨晨，2017）；高低语境文化差异对中美贸易谈判的影响（如黄冬玲，2019）；基于高低语境文化的商务礼仪差异和应对策略（刘铭，2018）；分析高低语境对中国和澳大利亚企业商务交际的影响（唐静霞，2018）等。

总体上说，国内对高低语境文化和国际贸易的研究大多集中于各自领域，鲜有研究将二者结合分析，同时目前也未搜集到将高低语境文化纳入计量模型中以进行有关国际贸易领域的实证研究。本节将基于全球前 30 大经济体的相关数据和高低语境文化理论，设置六个描述各国高低语境文化特点的变量，并将该变量引入贸易引力模型，通过计量工具分析高低文化语境对两国双边贸易的影响，从而为国家、企业和个人参与跨国跨文化贸易提出建议。

本节的突破点主要是将高低语境文化作为影响因素分析文化差异对国际贸易合作的影响，并且在世界范围内分析语境文化的异同对国际贸易的影响。本节拟通过实证研究回答以下几个问题：同为高语境文化或同为低语境文化对两国贸易是否有正向影响？高语境文化和低语境文化是否对双边贸易合作有消极影响？基于高低语境文化对于国际贸易的影响，针对不同或相同语境文化的贸易伙伴应该采取哪些商务谈判策略？

为了回答上述问题，本节将高低语境文化作为重要研究变量，并通过实证研究分析其对于国际贸易的影响，对国内外文化与贸易相关领域的研究起到补充作用；在模型方面，本节将高低语境文化引入贸易引力模型，能够拓展该模型在贸易与文化方面的应用；在跨学科理论层面，本节将人类学和语言学中高低语境文化的概念同国际经济与贸易研究相结合，为学科杂交提供了新的可能性；在实践方面，本节将分析同为高语境国家、同为低语境国家以及高低语境文化对于双边贸易的影响并分析其原因。最后，基于以上分析为具有不同语境文化特点的国家及其企业之间的商业谈判提出策略与建议，这对于跨国公司对贸易伙伴的选择，以及谈判策略的选择皆有一定的指导意义。

3.1.2 高低文化语境及霍夫斯泰德文化六维模型

1. 高低文化语境的概念和特点

高低文化语境的概念最初是由人类学家爱德华·霍尔（Edward T. Hall）在 1976 年于其著作《超越文化》（*Beyond Culture*）中提出的。根据文化在交流中对语境的依赖程度，不同文化可以被划分为高语境文化（high-context cultures）和低语境文化（low-context cultures）。其中，语境（language context）是一个语言学、社会学和人类学概念，它不单指焦点行为所处的某种环境，同时也指所有给这种行为的发生提供合适解读的物品或主体。因此，语境和其中心行为的发生是不能被割裂开来的。它不是一个独立的概念，我们既不能脱离语境讨论某种行为，也不能脱离行为去单独定义语境。

值得注意的是，高语境文化和低语境文化的划分并不是将不同的文化割裂在"非黑即白"的两个极端；与之相反，它们是从低到高这样一个语境高低数轴的两个端点并向两边无限延伸，而不同文化根据其特点可能处于该数轴上的任何一个地方。这种文化，可以指某个国家的文化，也可以是某个地区、某个语系、某个组织或某些更具体和特定的文化群体所共享的文化。另外，此处的"高"与"低"仅仅是对文化、对于语境的依赖程度的一种区分，并非含有任何将文化分为三六九等的含义。如果一个文化的语境比另一个文化更高，这并不意味着高语境文化比低语境文化更"高级"。或高或低的文化语境仅仅是对文化特点的描述之一，绝非某种文化的优势或劣势。以语境的方式划分文化，秉持着文化不分高低贵贱的基本原则，其目的是让不同文化之间可以通过知晓彼此对语境依赖程度的差异来更好地理解相互之间的文化，以达成更有效的跨文化交流。

具体而言，高语境文化是指大部分信息通过语境间接表达的比较含蓄委婉的文化；低语境文化是指大部分信息通过语言直接表达的较为具体明显的文化（Hall & Edward，1976；许力生，2006；苗兴伟，2010）。在高语境文化中，交流对语境的依赖度很高，信息的表达比较隐晦。例如，很多信息都是通过肢体语言、眼神等传递。这种更隐晦的表达方式与共享该文化的人相关。同处于高语境文化中的人，拥有一个对彼此之间的文化等较为了解的预设，正是这种预设将他们与其他群体区分开来。对于他们来说，信息的传递不需要那么直接，即可传递给群体内其他成员自己想要表达的含义。因此，高语境文化中的人更注重集体主义和人与人之间的关系。与此不同的是，在低语境文化中，人们更倾向于更直白的语言交流。与高语境文化不同，低语境文化中的人更加独立，他们并没有一个对彼此的文化相互了解的预设。因此，在低语境文化中人们更倾向于通过语言更直接、直白地表达自己的观点。由此，高低语境文化中的"高低"可以被理解成跨群体交流的一种"壁垒"。同高语境文化的人交流，必须要跨过其预设的对彼此文化了解的这样一堵高墙。然而这并不意味着同低语境文化之间的交流是一件更简单的事情，因为我们必须考虑是哪一个主体在同低语境文化的人交流，即使这种交流的门槛对所有人来说都仅仅是"一堵矮墙"。对于一个高语境文化中的人来说，他/她还需要先迈出那堵高墙，才能迈入这堵矮墙。

2. 霍夫斯泰德文化六维模型

为了更加准确地描述拥有不同高低文化语境特点的文化差异，本节选择社会学和心理学家吉尔特·霍夫斯泰德（Geert Hofstede）提出的国家文化六维模型（the 6-D model）来定量描述文化差异。在 20 世纪 60～70 年代，霍夫斯泰德教授最初分析了 IBM 员工价值取向的数据库。在这份数据中，来自 70 多个国家的研究对象为其价值取向打分。在这之后，霍夫斯泰德教授又将更广范围的人群纳入其研究中。在这些数据的基础上，他总结归纳出用六个维度文化去描述某个国家的文化特点，并利用这些数据，为每个国家对应的特点量化。截至 2010 年，霍夫斯泰德教授为 76 个国家的文化特点进行了量化。

具体而言，霍夫斯泰德的文化六维模型用以下六个方向来描述国家文化的特点：权利距离指数、个人主义与集体主义、男性化与女性化、不确定性规避指数、长期导向与短期导向以及放任与约束。

权力距离指数（power distance index）是指在某些组织或机构中处于较为弱势地位的群体是如何看待权力没有被公平分配这样一个事实。在权利距离指数较高的国家，已有的社会分层对于人们来说是容易接受且不需要辩驳的。然而，在权利距离指数较低的国家，人们更倾向于追求平权，且需要社会为权力的不平等分配提供解释。

个人主义与集体主义（individualism & collectivism）指某个社会中人与人之间相互依赖的程度。在更强调个人主义的社会中，人们更倾向于仅仅去关心自己和他们的至亲；然而在集体主义社会中人们忠诚于某些团体或组织以换取庇护。他们以绝对的忠诚所换来的集体的维护可能来源于某个社会团体的成员，也可能是他们的家庭。与偏向个人主义的社会不同，这里的家庭是指拓展家庭，而非仅仅指包含父母与子女的核心家庭。在集体主义社会中，人们更倾向于以"我们"来认知自我；与此相对的是，更偏向个人主义的社会中人们多以"我"来进行自我认知。

男性化与女性化（masculinity & femininity）是以某文化更具有男性特色还是女性特色来区分这种文化。这里并非在对立不同性别人群的社会地位差异，而是仅针对某些与性别对应的特点对文化进行的归纳式命名。一个相对来说更加男性化的社会更强调功利，例如对成功的物质回报、成就感、英雄主义、自信等。人们自小接受的教育乃至成年后在组织生活中都相对更注重竞争和成就。因此，在偏向男性化特点的社会中竞争也更加激烈。与此同时，一个更具女性化的社会则更为强调对生活品质的追求、谦逊、扶弱以及合作。

　　不确定性规避指数（uncertainty avoidance index）描述了一个社会针对未来即将发生的不确定性持何种态度。在拥有高不确定性规避指数的社会中，人们选择对这种不确定性持顺其自然的态度，他们相对于既定的社会准则更相信实践；然而处于低不确定性规避指数国家的人们则倾向于尽可能地去控制这种不确定性，例如去创立一系列较为严格的对信仰以及行为的规范和准则。在这些国家，新鲜事物以及不同寻常的观点更难被人们接受和认可。

　　长期导向与短期导向（long term orientation & short term orientation）是指某个社会是以何种方式看待过去和未来的关系。任何社会都需要在同过去的联系与处理当前和未来的挑战之间做出平衡和取舍。一个相对更加长期导向的社会是以未来为导向的，在教育中倾向于强调勤俭节约和个人奋斗的重要性，以便为现在和未来做打算。孩子们从小被教导为了有一个更光明的未来而付出当下的努力是一件值得的事情。与之不同的是，短期导向的社会更加重视传统习俗和规范，并且倾向于以一种怀疑的眼光看待社会变革。

　　放任与约束（indulgence & restraint）作为第六个维度，主要描述人们在成长过程中以何种程度学着控制他们的欲望与冲动。放任型文化被用来描述那些对孩子在社会化过程中做出相对较轻松的控制的文化。在较为放任的社会中，相对自由地去满足基本且自然的人类欲望与享乐是被允许的。与此相对，那些对孩子的欲望与冲动控制较强的文化则被称为约束型文化。

3. 文化语境与文化六维模型的对应关系

　　根据上述文化语境的定义和霍夫斯泰德文化六维模型的定义，二者之间的联系可大致如图 3 - 1 所示。对于相对较低语境的文化来说，其权力距离指数较低，说明人们更不能接受权力的不平等，其社会的权利更加分散；低语境文化的不确定性规避指数相对较高，说明人们更易接受风险，也更容易接受新鲜事物；其个人主义指数较高，说明其更注重个人主义，以个人和至亲的发展为优先；其男性化指数较低，说明其更偏向于女性化社会，整个社会更注重合作；在时间导向方面，低语境文化国家还偏向于短期导向，即长期导向指数较低，说明其更注重当下，更愿意"及时行乐"；低语境文化也更偏向于放纵欲望和享乐主义，即放纵指数较高。

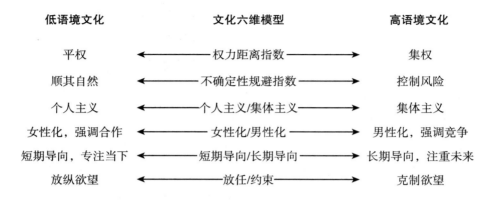

低语境文化	文化六维模型	高语境文化
平权	◄——— 权力距离指数 ———►	集权
顺其自然	◄——— 不确定性规避指数 ———►	控制风险
个人主义	◄——— 个人主义/集体主义 ———►	集体主义
女性化，强调合作	◄——— 女性化/男性化 ———►	男性化，强调竞争
短期导向，专注当下	◄——— 短期导向/长期导向 ———►	长期导向，注重未来
放纵欲望	◄——— 放任/约束 ———►	克制欲望

图 3 - 1   高低语境文化和六维模型的对应关系

与此相反，高语境国家的权力距离指数较高，说明其社会中权力的分配更加集中于少数人，阶层固化，且人们对此习以为常；高语境国家的不确定性规避指数较高，他们更抗拒风险，更不容易接受新鲜事物；其更偏向于集体主义，强调"我们"胜过强调"我"，人们愿意以绝对的忠诚换取集体的庇护，因此其个人主义指数较低；高语境国家也更加男性化，即男性化指数较高，人们追求事业等方面的成就，且社会竞争压力较大；另外，其长期导向指数较高，在文化中倡导以当前的努力来换取未来和长期的收获；高语境国家的放纵指数较低，说明其更偏好于在孩子的成长过程中去教育他们克制自己的欲望。由此可归纳出表 3 - 1 的对应关系。

表 3 - 1   高低语境文化对应的文化六维模型数值比较

文化六维模型	低语境文化	高语境文化
权力距离指数	低	高
个人主义指数	高	低
男性化指数	低	高
不确定性规避指数	低	高
长期导向指数	低	高
放任指数	高	低

3.1.3　基于拓展文化变量的引力模型的实证研究

1. 研究对象的选择

基于当前贸易全球化的深度与广度，本节将研究对象选定为全球经济体量排名前 30 位的国家，将研究时间跨度选定为 2004～2018 年的 15 年时间（见表 3 - 2）。

表 3 - 2　　　　部分国家的霍夫斯泰德文化六维模型对应数值

国家	权力距离指数	个人主义/集体主义	男性化/女性化	不确定性规避指数	长期导向/短期导向	放任/约束
阿根廷	49	46	56	86	20	62
澳大利亚	38	90	61	51	21	71
奥地利	11	55	79	70	60	63
比利时	65	75	54	94	82	57
巴西	69	38	49	76	44	59
加拿大	39	80	52	48	36	68
中国	80	20	66	30	87	24
法国	69	71	43	86	63	48
德国	35	67	66	65	83	40
印度	77	48	56	40	51	26
印度尼西亚	78	14	46	48	62	38
爱尔兰	28	70	68	35	24	65
意大利	50	76	70	75	61	30
日本	54	46	95	92	88	42
韩国	60	18	39	85	100	29
墨西哥	81	30	69	82	24	97
荷兰	38	80	14	53	67	68
尼日利亚	80	30	60	55	13	84

续表

国家	权力距离指数	个人主义/集体主义	男性化/女性化	不确定性规避指数	长期导向/短期导向	放任/约束
挪威	31	69	8	50	35	55
波兰	68	60	64	93	38	29
俄罗斯	93	39	36	95	81	20
沙特阿拉伯	95	25	60	80	36	52
西班牙	57	51	42	86	48	44
瑞典	31	71	5	29	53	78
瑞士	34	68	70	58	74	66
泰国	64	20	34	64	32	45
土耳其	66	37	45	85	46	49
阿联酋	90	25	50	80	—	—
英国	35	89	66	35	51	69
美国	40	91	62	46	26	58

2. 模型的建立及相关变量解释

本节选用贸易引力模型为基础的研究模型，该模型最初由美国经济学家沃尔特·艾萨德（Walter Isard）于 1954 年提出。由于其与牛顿万有引力模型的形式相似，但却用于国际贸易的实证研究，故被命名为贸易引力模型。式（3.1）即为该模型的基础形式。其中，i 和 j 表示 i 国和 j 国，X_{ij} 表示 i 国与 j 国之间的贸易总量，C 为常数，GDP_i 和 GDP_j 分别表示 i 国和 j 国的 GDP 总量，$Distance_{ij}$ 表示 i 国与 j 国之间的距离。

$$X_{ij} = C \frac{GDP_i \, GDP_j}{Distance_{ij}} \tag{3.1}$$

为了方便计算，将式（3.1）两边同时取自然对数，得到式（3.2）。其中，c 为常数项，b_1、b_2 和 b_3 为回归系数，e_{ij} 为误差项。

$$\ln X_{ij} = c + b_1 \ln GDP_i + b_2 \ln GDP_j + b_3 \ln Distance_{ij} + e_{ij} \tag{3.2}$$

根据霍夫斯泰德的文化六维模型，本章将引入 6 个与六大文化维度相对应的变量来衡量。如式（3.3）所示，T_{ijt} 表示在 t 时间点 i 国和 j 国的进出口总额，GDP_{it} 和 GDP_{jt} 分别表示 t 时间点 i 国和 j 国的 GDP 总量，$Dist_{ij}$ 表示 i 国和 j 国的距离，Pow_j 表示 j 国的权力距离指数，$Indi_j$ 表示 j 国的个人主义指数，$Masc_j$ 表示 j 国的男性化指数，$Uncert_j$ 表示 j 国的不确定性规避指数，$Long_j$ 表示 j 国的长期导向指数，$Indulg_j$ 表示 j 国的放任指数，e_{ijt} 表示误差项。

$$\ln T_{ijt} = c + b_1 \ln GDP_{it} + b_2 \ln GDP_{jt} + b_3 \ln Dist_{ij} + b_4 \ln Pow_j + b_5 \ln Indi_j$$
$$+ b_6 \ln Masc_j + b_7 \ln Uncert_j + b_8 \ln Long_j + b_9 \ln Indulg_j + e_{ijt} \tag{3.3}$$

关于上述文化相关变量的回归系数符号，可以参考文化六维模型的定义进行合理推测。由于高语境文化的权力距离指数较高，社会阶层固化，权力较为集中，预测高权力距离会对两国的双边贸易额产生消极影响。对于偏向集体主义的国家来说，可以推测员工愿意以其忠诚换取组织的庇护，因此预测个人主义指数高会对贸易产生正向影响。由于男性化较高的国家中国民更追求事业上的成功，推测其会对贸易额产生积极影响。由于不确定性规避指数高的国家对风险更加厌恶，因此贸易谈判难度可能较大，由此推测其对贸易额有负向影响。由于长期导向指数高的社会更专注于勤奋和努力，推测其对贸易额有正向影响。由于放任指数高的社会中人们更重视享乐，推测其对贸易额有负向影响。具体数据来源和解释变量的回归系数的符号预测如表 3-3 所示。正如本节前面提到的"高墙""矮墙"，探讨高低文化语境对国际贸易的影响必须考虑贸易双方各自的特点。因此，极有可能的是，不同的文化维度对高语境文化和低语境文化会产生不同的影响。针对这种推测，本节在高语境国家和低语境国家中分别选择了一个典型，即日本与美国，分别作为代表性 i 国来讨论不同文化维度对国际贸易的实证影响。

表 3-3　　　　　　　解释变量预期与数据来源

解释变量	预期符号	变量及理论说明	数据来源
$\ln GDP_{it}$ $\ln GDP_{jt}$	+	t 时间点 i 国和 j 国的 GDP 总量（基于当前美元）	世界银行数据库（单位：亿美元）

解释变量	预期符号	变量及理论说明	数据来源
$\ln Dist_{ij}$	–	i 国和 j 国的地理距离	GeoDatos. net DistanceFromTo. net （单位：千米）
$\ln Pow_j$	–	j 国的权力距离指数：j 国文化语境越高，$\ln Pow_j$ 越高	Hofstede-insights. com
$\ln Indi_j$	+	j 国的个人主义指数：j 国文化语境越高，$\ln Indi_j$ 越低	Hofstede-insights. com
$\ln Masc_j$	+	j 国的男性化指数：j 国文化语境越高，$\ln Masc_j$ 越高	Hofstede-insights. com
$\ln Uncert_j$	–	j 国的不确定性规避指数：j 国文化语境越高，$\ln Uncert_j$ 越高	Hofstede-insights. com
$\ln Long_j$	+	j 国的长期导向指数：j 国文化语境越高，$\ln Long_j$ 越高	Hofstede-insights. com

3. 回归结果与结论分析

基于上述假设，本节利用 STATA/SE 13.0 分析了来自 30 个国家从 2004 年到 2018 年的数据，并分别对其进行了混合最小二乘回归和固定效应回归。回归结果如表 3 - 4 和表 3 - 5 所示。

表 3 - 4　　　　　　　针对低语境国家的拓展引力模型回归结果

变量	（1）混合最小二乘估计 $\ln T_{ijt}$	（2）固定效应估计 $\ln T_{ijt}$	符号预测
$\ln GDP_{jt}$	0.834 *** (0.124)	0.541 *** (0.122)	+
$\ln GDP_{it}$	0.273 * (0.145)	0.459 (3.214)	+
$\ln Dist_{ij}$	− 1.314 *** (0.354)	− 4.462 *** (0.393)	−
$\ln Pow_j$	0.442 (0.326)	− 6.211 *** (0.291)	−

续表

变量	（1） 混合最小二乘估计 $\ln T_{ijt}$	（2） 固定效应估计 $\ln T_{ijt}$	符号预测
$\ln Indi_j$	-0.163 （0.316）	0.718 （0.637）	＋
$\ln Masc_j$	0.325^{*} （0.161）	0.422^{***} （0.014）	＋
$\ln Uncert_j$	-0.522 （0.348）	1.874^{***} （0.161）	－
$\ln Long_j$	0.181 （0.330）	-2.151^{***} （0.217）	＋
$\ln Indulg_j$	1.023^{***} （0.368）	-3.739^{***} （0.071）	－
常数项	1.163 （4.379）	80.173^{**} （33.585）	——
R^2	0.7477	0.983	
F	52.07	—	
F 检验	Prob > F = 0.0000，固定效应估计优于混合最小二乘估计		

注：括号内数字为标准差；***、**、*分别表示在1%、5%、10%的水平上显著。

在回归结果中，列（1）和列（2）为以低语境国家美国为 i 国进行回归的结果。由表 3 - 4 可知，大部分回归系数都较为显著且 R^2 较高，说明该模型可以较好地预测 i、j 两国 GDP、距离和文化特点对其进出口总额的影响。另外，由于固定效应回归的 F 值远低于混合最小二乘估计的 F 值，说明采用固定效应估计得出的结果相对混合最小二乘估计更准确，因此此处采用固定效应回归得出的系数，回归结果为式（3.4）。

$$\ln T_{ijt} = 0.54 \ln GDP_{it} - 0.46 \ln GDP_{jt} - 4.46 \ln Dist_{ij} - 6.2 \ln Pow_j$$
$$+ 0.72 \ln Indi_j + 0.422 \ln Masc_j + 1.874 \ln Uncert_j$$
$$- 2.151 \ln Long_j - 3.739 \ln Indulg_j + 80.173 \qquad (3.4)$$

在回归系数的符号方面，首先，对于两国 GDP 和距离对双边贸易额的影响与预测的符号方向相一致，这同时也再一次证明了基础贸易引力模型中双边贸易额同两国经济体量成正比、同两国距离成反比。针对拓展的六维文化变量，权利距离指数、个人主义指数、男性化指数以及放任指数这四个变量系数的符号与预测相一致，且其中除了个人主义指数以外，其他变量的回归系数都非常显著。然而针对不确定性规避指数和长期导向指数的回归系数的符号在较为显著的情况下却与预测的符号相反。

表 3 - 5　　　　　　针对高语境国家的拓展引力模型回归结果

变量	(3) 混合最小二乘估计 $\ln T_{ijt}$	(4) 固定效应估计 $\ln T_{ijt}$	符号预测
$\ln GDP_{jt}$	0. 698 ** (0. 266)	3. 839 ** (1. 486)	+
$\ln GDP_{it}$	0. 559 *** (0. 117)	1. 131 *** (0. 289)	+
$\ln Dist_{ij}$	- 0. 415 * (0. 211)	- 0. 188 (0. 194)	-
$\ln Pow_j$	0. 234 (0. 314)	2. 084 *** (0. 005)	-
$\ln Indi_j$	0. 545 *** (0. 187)	4. 846 *** (0. 999)	+
$\ln Masc_j$	0. 021 (0. 164)	0. 046 (0. 218)	+
$\ln Uncert_j$	0. 100 (0. 323)	- 1. 189 ** (0. 515)	-
$\ln Long_j$	0. 276 (0. 342)	- 0. 571 *** (0. 143)	+
$\ln Indulg_j$	- 0. 516 (0. 384)	- 4. 267 *** (0. 312)	-
常数项	- 8. 922 (5. 881)	- 43. 464 *** (15. 264)	—
R^2	0. 716	0. 965	
F	25. 13	—	
F 检验	Prob > F = 0.0000，固定效应估计优于混合最小二乘估计		

注：括号内数字为标准差；*** 、** 、* 分别表示在 1% 、5% 、10% 的水平上显著。

表 3 - 5 为以典型高语境国家日本作为 i 国得出的回归结果。同表 3 - 4 类似，大部分固定效应回归得到的系数都较为显著，且其 R^2 接近 1，说明此模型可以较好地解释 i、j 两国 GDP、距离和不同文化特点对双边贸易总额的影响。并且，由于此处固定效应回归的 F 小于混合最小二乘回归的 F 值，我们亦采用固定效应回归得出的系数作为回归结果，得到式（3.5）。

$$\ln T_{ijt} = 3.84 \ln GDP_{it} + 1.13 \ln GDP_{jt} + 0.19 \ln Dist_{ij} + 2.08 \ln Pow_j$$
$$+ 4.85 \ln Indi_j + 0.05 \ln Masc_j - 1.19 \ln Uncert_j$$
$$- 0.57 \ln Long_j - 4.27 \ln Indulg_j - 43.47 \qquad (3.5)$$

在回归系数的符号方面，同表 3 - 5 中针对 i 国为低语境国家的情况类似，首先，针对基础贸易引力模型中的两国 GDP 和距离，列（4）中回归的结果与预测以及基础模型中的符号一致：同高语境国家的双边贸易额与两国经济体量成正比，与两国间距离成反比。同表 3 - 4 中针对低语境国家回归的结果类似，表 3 - 5 中针对高语境国家的拓展变量中也有 4 个变量的回归系数的符号同预测一致，分别为个人主义指数、男性化指数、不确定性规避指数和放任指数，其中仅有男性化指数的回归系数未达到显著。另外，尽管针对权力距离指数和长期导向型指数的回归系数都非常显著，它们的符号却与预测相反。

3.1.4　分析与结论

1. 贸易伙伴文化差异对国际贸易的影响

对比式（3.4）和式（3.5），无论是对典型的低语境国家美国还是高语境国家日本而言，个人主义指数的增高对双边贸易额有正向影响，这说明无论针对哪种文化语境的国家，我们在国际商务谈判中都应该更加注重集体主义和团队合作，弱化谈判者个人追求对谈判方式和结果的影响；男性化指数的增高对双边贸易额有正向影响，这说明注重功利和成就的社会环境会促使人们更多地进行对外贸易。长期导向指数的增加对双边贸易额有负向影响，说明国际贸易不仅需要关注当前的利益，而且强调双方未来的发展和长期的合作对促进双边贸易额的增长大有裨益；放任指数的增加对双边贸易额有负向影响，这一点实证研究的结果也与直觉符合。很显然，无论是企业还是员工，过分地注重享乐和放纵必然会分散注意力，对双边贸易产生消极的影响。

2. 贸易伙伴文化特点对高低文化语境国家双边贸易的影响差异

对低语境国家美国而言，权力距离指数的增高对双边贸易额有负向影响，推测这与美国的权力距离指数较低有关。在权力分配较为集中的国家，与国际贸易相关的政策干预较多，这可能是造成较高的权利距离指数对双边贸易消极影响的主要原因。另外比较特别的是，低语境国家美国的贸易伙伴不确定性规避指数的增加对双边贸易有正面影响。这一结论可以通过不确定性规避指数的定义来理解：贸易伙伴越倾向于规避不确定性，也就越倾向于对未来的风险做出更多评估，以制定相关的规则和策略，用来规避风险。这种严谨的风险管理对促进双边贸易的增长无疑也是多有帮助的。

然而，对高语境国家日本而言，贸易伙伴权力距离指数的增加对双边贸易额有正面影响，这可能与高语境国家权力分配较为不平等相关。从权力距离的角度，同为高语境国家对双边贸易的增长是有利的。合理的推测是，同为权力距离指数较高的国家，双方都对国家政策的管控拥有较强的适应性和心理预设，这无形中降低了国际贸易谈判的成本，从而对双边贸易具有促进作用。与此同时，对高语境国家日本而言，贸易伙伴不确定规避指数的增加对双边贸易有负向影响。这可能是因为高语境文化本身的不确定性规避指数较高，对风险较为厌恶，对谈判也颇为谨慎。因此，若同为不确定性规避指数高的国家，二者很有可能因为彼此都不愿意承担风险而造成国际贸易谈判的进程缓慢或失败。

3.2　文化差异对中拉贸易的影响

由于历史文化背景的不同，中国与拉丁美洲国家间文化呈现较大差异。那么，中国与拉丁美洲国家间的文化差异是否会影响双边贸易的发展呢？本节基于 1992～2013 年中国与拉丁美洲国家的产品贸易数据，以文化差异为视角，对中国与拉丁美洲国家间贸易发展进行了实证研究。研究发现，中国与拉丁美洲国家间文化差异增加，将促进中国对拉丁美洲国家的产品出口。在不同文化维度方面，个人主义维度差异和权力维度差异在中国对拉丁美洲国家出口中起到了推动作用。最后，由于文化差异与贸易间可能存在的非线性关系，文化差异对中国向拉丁美洲国家出口的影响呈倒"U"型，即当文化距离小于 3.098 时，文化差异将促进中国对拉丁美洲国家的产品出口；当文化距离大于 3.098 时，文化差异将阻碍中国对拉丁美洲国家的产品出口。

3.2.1　引言

拉丁美洲是中国重要的经贸合作地区之一，是中国融入国际社会、开展全球经贸合作的重要舞台。自 1960 年 9 月 28 日中国与古巴建立外交关系起，中国与拉丁美洲国家间的贸易取得了显著增长。根据联合国商品贸易数据库（UN Comtrade）的统计，2001 年中国与拉丁美洲国家间产品贸易水平为 147.37亿美元，而 2014 年中国与拉丁美洲国家间产品贸易水平已达到 2606.96 亿美元，增长了 17 倍之多。尽管如此，随着中拉经贸的迅速发展与不断深入，中国与拉丁美洲国家间贸易摩擦也变得日益频繁。特别地，以巴西、墨西哥和智利为主的拉丁美洲国家对中国出口产品发起的反倾销案件日益增多，反倾销力度不断增强。中国与拉丁美洲国家间贸易摩擦的增多，看似是一种不同国家间的经济利益矛盾，实则反映了中国与拉丁美洲国家间相互对立和相互排斥的文化冲突。

中国是世界四大文明古国之一，受到传统的儒家和道家文化的影响，中国文化表现出较强的包容性。而拉丁美洲拥有玛雅、阿兹特克和印加三大古文明，拉丁美洲文化更具有开放性和独创性。[①] 同时，受到天主教伦理道德的影响，拉丁美洲人安于现状、顺从贫穷、缺少时间观念，劳作不被认

---

　　① 　徐世澄：《中拉文化的特点、历史联系和相互影响》，载于《拉丁美洲研究》2006 年第 5 期。

为是一种积极的价值观。① 上述文化价值观均与中国传统文化形成了强烈反差。可见，不同的历史和文化背景使得中国与拉丁美洲文化存在着巨大差异。

近些年，随着全球经济一体化的深入与信息化步伐的加快，文化在全球经贸中的作用越来越突出。国家间的贸易往来不仅取决于贸易商已有的经验、交易知识和市场环境，同时也受到不同民族和国家间文化习惯、文化背景和文化价值观等因素的影响。因而，文化差异在全球经贸中的作用得到了越来越多学者的关注。早期文献中对于影响国家间贸易往来的文化差异，主要采用具体的代理指标来衡量文化差异。梅力兹（Melitz，2008）研究了国家间语言距离对贸易的影响，认为语言交流和翻译网络将会促进国家间贸易往来。基索等（Guiso et al.，2005）采用双边信任水平衡量了国家间文化差异，认为较低的信用水平将会阻碍国家间贸易往来。威戈纳（Wagner，2002）研究了移民变量对国家间贸易的影响，认为移民数量的增加会缩小国家间文化差异，因而推动国家间贸易的往来。蒂西堤尔等（Disidier et al.，2010）采用垄断竞争贸易模型，考察了共同语言、殖民关系和宗教信仰等因素对电影进口比率的影响，发现国家间文化差异越大，对电影进口的抑制作用就越显著。然而，上述研究均采用某一单一指标或设定虚拟变量的方式来衡量文化差异，并未对国家间文化差异给予全面、准确地测度。

为此，近些年部分学者通过构造国家间文化距离来反映国家间的文化差异，主要有以下三种方式。第一，基于霍夫斯泰德（2001）所提出的权力、个人与集体主义、男性气质、长期取向等六个文化维度所构造的文化距离。怀特和泰德斯（White & Tadasse，2008）基于伊格尔哈特和贝克（Inglehart & Baker，2002）的研究，认为文化距离对国家间贸易具有抑制作用。刘杨和曲如晓等（2013）认为在考虑了内生性问题下，文化距离的增加将阻碍国家间文化产品贸易的往来。第二，基于全球价值观（World Value Survey，WVS）和欧洲

① 全毅、魏然：《文化因素与经济发展：来自东亚和拉美的实证分析》，载《福建论坛（人文社会科学版）》2010 年第 4 期。

价值观（European Value Survey，EVS）数据库所构建的文化距离。怀特和泰德斯（White & Tadasse，2010）利用上述数据库构建了国家间文化距离，认为国家间文化距离对国家间文化产品贸易发展具有负相关性。许和连和郑川（2014）等学者得到了相同的结果。第三，基于卡瓦里－斯福尔扎等（Cavalli-Sforza et al.，1994）测算的民族间遗传距离构造的文化距离。黄新飞等（2013）基于斯波劳雷和瓦克齐亚格（Spolaore & Wacziarg，2010）构造了中国与主要国家间的遗传距离，发现遗传距离的增加对国家间贸易往来具有阻碍作用。

此外，还有部分学者从消费者倾向于体验多元文化的角度出发，认为文化差异对于国家间贸易发展具有正向促进作用。吉索等（Guiso et al.，2005）从企业层面分析了文化差异对贸易的影响，发现文化差异越大，企业间贸易量越多。林德等（Linders et al.，2005）研究了1999年92个国家间文化差异对双边贸易的影响，发现由于厂商更倾向于满足进口国消费者不同的文化需求，因此文化差异对于双边贸易具有促进作用。曲如晓和韩丽丽（2010）研究发现，文化距离的增加将促进中国对主要文化贸易伙伴国的文化产品出口。

在中国与拉丁美洲的文化方面，徐世澄（2006）认为中国与拉丁美洲文化各有特点，也有一定的相似处，并相互联系与影响。全毅和魏然（2010）研究东亚和拉美文化对经济的影响，认为儒家文化在市场经济条件下更容易吸收先进文化，促进所在国经济发展。而拉丁美洲文化将对其经济产生消极作用。倪建平（2010）认为推动中国文化传播、塑造国家形象，将有助于推动中国与拉丁美洲地区的经贸合作。根据上面的分析我们发现，有关文化差异与中拉贸易的研究主要停留在理论分析层面，很少有学者从定量角度就二者关系进行实证分析。那么，中国与拉丁美洲间的文化差异将如何影响双边贸易发展呢？是促进了还是抑制了双边贸易呢？为此，本书将基于1992～2013年中国与20个主要拉丁美洲国家间的面板数据，就"文化差异对中拉贸易的影响"展开实证分析。同时，考虑到文化差异与贸易间可能存在的非线性关系，本书借鉴阚大学和罗良文（2011）、王洪涛（2014）等的研究，在模型中加入文化距离的平方项，进一步考察文化差异对中拉贸易的非线性影响。

3.2.2 模型设定与变量选取

1. 修正的双边贸易引力模型：基于文化差异的视角

廷伯根（Tinbergen，1962）最早将引力模型应用到国际贸易研究中，他认为国家间贸易流量与国家间经济规模成正比，与国家间地理距离成反比，一般的线性对数形式为：

$$\ln X_{ij} = \alpha_0 + \alpha_1 \ln gdp_i + \alpha_2 \ln gdp_j + \alpha_3 \ln dis_{ij} + \varepsilon_{ij} \qquad (3.6)$$

式（3.6）中 X_{ij} 为 i 国对 j 国的出口额，gdp_i 和 gdp_j 为 i 国和 j 国的经济总量，dis_{ij} 为 i 国和 j 国的地理距离，α_0 和 ε_{ij} 为常数项和误差项。我们认为影响双边贸易流量的因素，除了地理距离外，还有衡量国家间文化差异的文化距离。为此，本节将文化距离变量引入式（3.6）中。同时，考虑到地理距离和文化距离间可能存在的替代或互补效应，将二者交互项加入式（3.7）中：

$$\ln X_{ij} = \alpha_0 + \alpha_1 \ln gdp_i + \alpha_2 \ln gdp_j + \alpha_3 \ln dis_{ij} + \alpha_4 \ln cd_{ij}$$
$$+ \alpha_5 \ln cd_{ij} \times dis_{ij} + \alpha_6 \ln pgdp_{ij} + f + \varepsilon_{ij} \qquad (3.7)$$

2. 变量说明与统计性描述

（1）出口额（X_{ij}）。本节采用 1992 ~ 2013 年中国对 20 个主要拉丁美洲国家[①]产品贸易出口额，数据来源于联合国商品贸易数据库（UN Comtrade）。

（2）文化距离（cd_{ij}）。本节采用霍夫斯泰德（2001）提出的四个指标维度，包括权力距离、个人主义、男子气概、不确定性与规避[②]，并借鉴科格特和辛格（Kogut & Singh，1998）研究构造文化距离的复合指数来衡量中国与拉丁美洲国家间的文化差异。具体计算方法如下：$cd_{ij} = 1/4 \sum\limits_{k=1}^{4} \dfrac{(I_{ik} - I_{jk})^2}{V_k}$，

---

① 考虑到文化距离指标选取并非涵盖所有拉丁美洲国家，故本章选择文化距离所涵盖国家为研究对象，这些国家为阿根廷、巴西、智利、哥伦比亚、哥斯达黎加、多米尼亚、厄瓜多尔、萨尔瓦多、危地马拉、洪都拉斯、牙买加、墨西哥、巴拿马、秘鲁、苏里南、特立尼达和多巴哥、乌拉圭和委内瑞拉。

② 之所以选择四个维度而非六个维度是因为样本国家中有很多国家的得分仅有以上四个维度。

其中，I_{ik} 和 I_{jk} 为 i 国和 j 国在第 k 个文化维度上的得分，V_k 为所有样本 k 个维度指标的方差。

（3）经济规模（gdp_i 和 gdp_j）。本节采用各国以当期美元计价的国内生产总值来衡量各国经济规模，数据来源于联合国统计署数据库。

（4）地理距离（dis_{ij}）。本节采用中国与主要拉丁美洲国家首都间距离来衡量贸易过程中的地理距离，数据来源于 CEPII BACI 数据库。

（5）控制变量。一方面，根据需求重叠理论，国家间经济发展水平越相似，产品需求重叠程度越高，越能促进国家间相似产品的出口。为此，本节引入反映国家间收入水平差异的变量 $\ln dpgdp_{ij}$，即国家间人均收入水平之差的对数，来对式（3.7）回归加以控制。另一方面，考虑到面板数据中不同个体间相关性可能对回归结果的稳健性产生影响。为此，本节将加入国家个体效应来对式（3.7）加以控制。

所有变量的统计性描述如表 3 - 6 所示。

表 3 - 6　　　　　　　　　变量的统计性描述

变量	观测值	均值	标准差	最小值	最大值
$\ln X_{ij}$	396	19.521	2.015	14.864	24.303
$\ln dis_{ij}$	396	9.621	0.133	9.430	9.867
$\ln cd_{ij}$	396	0.642	0.627	-0.785	1.681
$\ln gdp_i$	396	28.285	0.889	26.937	29.848
$\ln gdp_j$	396	24.436	1.678	20.478	28.537
$\ln dpgdp$	396	7.652	1.022	3.204	9.701

3.2.3　实证分析

在本节，首先对式（3.6）进行回归，考察文化差异对中拉贸易的影响。为了保证实证结果的稳健性，本节分别将商品分为文化产品和非文化产品两类，来进一步检验文化差异对中拉贸易的影响。同时，为了避免解释变量与残差项之间的相关性，采用解释变量的滞后一期进行检验。考虑到文化差异与贸易间的非线性关系，我们在式（3.7）中引入文化距离的平方项来分析文化差异对中拉贸易的非线性影响。最后，从四个文化维度将文化距离进行分解，分别考察不同文化维度下文化差异对中拉贸易的影响。

1. 基本回归结果

表3-7报告了式（3.7）的基本回归结果。除了文化距离、经济规模和地理距离外，本节还在模型中加入一系列控制变量，来更准确地检验文化差异对中拉贸易的影响。在方法上，首先采用混合OLS对式（3.6）进行回归，如回归1所示，文化距离前系数为0.465，且在10%水平上显著，说明文化差异的增加会促进中国对拉丁美洲国家产品的出口。考虑到国家间无法观测的异质性可能与因变量产生相关性，从而造成模型估计不一致，本节加入国家个体效应，采用LSDV对式（3.7）进行回归。如回归2所示，文化距离前系数为0.477，且在1%水平上显著，较回归1有了显著提高，进一步证明了回归1的结论。

考虑到本节选用的面板数据时间跨度较长，个体扰动项间可能存在组内自相关，故对式（3.7）进行组内自相关检验，检验结果拒绝了原假设，说明存在组内一阶自相关。为此，本节将采用考虑组内自相关的FGLS进行估计。首先，在式（3.7）的基础上加入国家个体效应，如回归3所示，文化距离前系数为0.447，且在1%水平上显著，与回归1和回归2结果总体保持一致。在回归4中，进一步加入国家间收入水平差异变量，文化距离前系数为0.427，且在1%水平上显著，同样与回归1和回归2结果总体保持一致。同时，考虑到文化距离和地理距离可能存在替代或互补效应。为此，本节将进一步引入文化距离和地理距离之间的交互项，如回归5所示，地理距离和文化距离间交互项前系数为-0.392，且在1%水平上显著，明显大于回归3中地理距离前系数，小于回归3中文化距离前系数，说明地理距离和文化距离之间存在替代效应。

在其他变量方面，地理距离前系数始终在1%水平上显著为负，符合模型的理论预期。同时，国内和国外经济规模前系数均在1%水平上显著为正，符合模型的理论预期。此外，国家间收入水平差异变量前系数为负，但在统计上不显著，与模型理论预期相悖，这可能是由于加入国家个体效应后，解释变量间多重共线性所致。

表 3 – 7　　　　　　　　　　　基本回归结果

变量	OLS 回归	LSDV 回归	FGLS 回归		
	回归 1	回归 2	回归 3	回归 4	回归 5
$\ln dis_{ij}$	-3.048^{***} (0.193)	-3.466^{***} (0.215)	-3.201^{***} (0.386)	-3.781^{***} (0.314)	
$\ln cd_{ij}$	0.465^{*} (0.227)	0.477^{***} (0.030)	0.447^{***} (0.097)	0.427^{***} (0.097)	
$\ln gdp_i$	1.023^{***} (0.097)	1.212^{***} (0.112)	1.030^{***} (0.122)	1.017^{***} (0.123)	1.017^{***} (0.123)
$\ln gdp_j$	0.802^{***} (0.089)	0.760^{***} (0.155)	0.850^{***} (0.042)	1.087^{***} (0.157)	1.087^{***} (0.157)
$\ln dpgdp$				-0.014 (0.032)	-0.014 (0.032)
$\ln dis_{ij} \times cd_{ij}$				-0.392^{***} (0.246)	-3.292^{***} (0.274)
国家效应	No	Yes	Yes	Yes	Yes
R^2	0.997	0.996	0.994	0.998	0.998
obs	396	396	396	396	396

注：括号内数字为标准差；***、**、*分别表示在1%、5%、10%的水平上显著。

2. 稳健性检验

为了保证估计结果的稳健性，本节从以下两个方面对式（3.7）进行检验。

（1）按产品贸易类别进行回归。首先将研究产品贸易进一步划分为文化产品贸易和非文化产品贸易，并分别对其进行回归。之所以这么做，是因为文化产品不仅具有产品的经济属性，而且反映了某个国家或民族的文化习俗、信仰、人文价值观等核心文化价值，是一种社会意识形态的产物。因而，与非文化产品相比，文化产品贸易更容易受到国家间文化差异的影响。为此，根据《1994—2003 年文化商品和文化服务的国际流动》中核心文化产品 SITC3 编码，本节将中国对主要拉丁美洲国家产品出口分为核心文化产品出口和普通产品出口进行检验。

在核心文化产品方面，首先采用 LSDV 进行估计。如表 3 - 8 中检验 1 所示，文化距离前系数为 1.294，且在 1% 水平上显著为正。此外，考虑到中国对主要拉丁美洲国家核心文化产品出口中存在较多零贸易和可能存在的詹森不等式，本节在检验 2 中采用泊松回归进行检验。同时，为了使不同检验方法的系数具有可比性，在检验 3 中报告了泊松回归的边际效应。如检验 3 所示，文化距离前系数为 0.690，且在 5% 水平上显著。通过比较检验 1 和检验 3 的结果，发现在采用泊松回归后，文化距离前系数总体保持一致。在非文化产品方面，文化距离前系数为 0.426，且在 1% 水平上显著。值得注意的是，与非文化产品贸易相比，核心文化产品贸易中文化距离前系数要显著高于非核心文化产品贸易，说明文化差异对中国向拉丁美洲国家核心文化产品出口方面的作用更加显著。

表 3 - 8　　　　　　　　　　　稳健性检验

变量	核心文化产品			非文化产品	滞后一期
	检验 1	检验 2	检验 3	检验 4	检验 5
$\ln dis_{ij}$	- 6.113 *** (0.516)	- 0.171 *** (0.051)	- 2.113 *** (0.629)	- 3.779 *** (0.314)	- 2.699 *** (0.408)
$\ln cd_{ij}$	1.294 *** (0.211)	0.055 ** (0.027)	0.690 ** (0.340)	0.426 *** (0.097)	0.524 *** (0.105)
$\ln gdp_i$	1.015 *** (0.207)	0.070 *** (0.015)	0.869 *** (0.192)	1.017 *** (0.123)	1.315 *** (0.151)
$\ln gdp_j$	1.681 *** (0.379)	0.078 *** (0.011)	0.977 *** (0.132)	1.087 *** (0.157)	0.398 *** (0.208)

续表

变量	核心文化产品			非文化产品	滞后一期
	检验 1	检验 2	检验 3	检验 4	检验 5
$\ln dpgdp$	-0.001 (0.109)	0.017 (0.170)	0.284 (0.210)	-0.014 (0.033)	-0.074 (0.039)
国家效应	Yes	No	No	Yes	Yes
wald		27905.91 [0.000]	27905.91 [0.000]		
R^2	0.986			0.998	0.998
obs	344	396	396	396	378

注：括号内数字为标准差；＊＊＊、＊＊、＊分别表示在 1%、5%、10% 的水平上显著。

（2）解释变量的滞后一期。由于解释变量的滞后一期与当期值具有高度相关性，本节选用解释变量的滞后一期替代当期值对模型进行回归，从而克服模型中潜在的内生性问题。如检验 5 所示，文化距离前系数为 0.524，且在 1% 水平上显著，进一步验证了文化差异促进中拉贸易发展这一主要结论。

3. 文化差异对中拉贸易的非线性影响

考虑到文化差异与贸易间可能存在的非线性关系，本节借鉴阙大学等（2011）和王洪涛（2014）的研究，将文化距离的平方项式（3.7）中，并采用考虑组内自相关的 FGLS 方法对其进行回归。如表 3 - 9 中的回归 1 所示，文化距离前系数为 0.818，且在 1% 水平上显著，文化距离平方项前系数为 -0.132，且在 1% 水平上显著。

为了进一步分析文化差异与中拉贸易间非线性关系，本节忽略式（3.7）中其他变量，根据回归 1 结果将其简化为：$\ln X_{ij} = 0.818cd_{ij} - 0.132cd_{ij}^2$，并对上式求一阶导数。结果发现：文化距离对中国向拉美国家出口的影响主要呈倒 "U" 型，即在文化距离小于 3.098 时，文化距离增加将促进中国对拉美国家的出口；在文化距离大于 3.098 时，文化距离增加将抑制中国对拉美国家的出口，与林德等（Linder et al., 2004）结论相同。

表 3 - 9 非线性关系与文化距离分解检验

变量	非线性关系	四种文化维度			
	回归 1	回归 2	回归 3	回归 4	回归 5
$\ln dis_{ij}$	-3.855^{***} (0.317)	-3.825^{***} (0.319)	-3.887^{***} (0.354)	-3.826^{***} (0.296)	-3.769^{***} (0.303)
$\ln cd_{ij}$	0.818^{***} (0.172)	0.187^{***} (0.041)	0.379^{***} (0.171)	0.261 (0.315)	-0.017 (0.191)
$\ln gdp_i$	1.017^{***} (0.122)	1.031^{***} (0.125)	1.031^{***} (0.125)	1.017^{***} (0.122)	1.017^{***} (0.123)
$\ln gdp_j$	1.087^{***} (0.157)	1.081^{***} (0.161)	1.081^{***} (0.161)	1.087^{***} (0.157)	1.087^{***} (0.157)
$\ln dpgdp$	-0.014 (0.032)	-0.002 (0.037)	-0.002 (0.037)	-0.014 (0.032)	-0.014 (0.032)
cd_{ij}^2	-0.132^{***} (0.030)	—	—	—	—
国家效应	Yes	Yes	Yes	Yes	Yes
R^2	0.998	0.968	0.998	0.998	0.998
obs	396	374	396	396	396

注：括号内数字为标准差；***、**、*分别表示在 1%、5%、10% 的水平上显著。

4. 四种文化维度差异对中拉贸易的影响

根据霍夫斯塔德所提出的四个文化维度，本节将国家间文化差异进一步分解为下述四个文化距离：权力维度距离，即反映国家间个体对权力不平等的接受程度差异（回归 2）；个人主义维度距离，即反映国家间个体对个体主义取向程度差异（回归 3）；男子气概维度差异，即反映国家间男性对社会影响程度差异（回归 4）；不确定性和规避维度差异，即反映国家间个体对不确定情况的接受程度差异（回归 5），并继续采用考虑组内自相关的 FGLS 方法对式（3.7）进行估计。从表 3 - 9 中回归 2 至回归 5 的结果来看，权力维度距离和个人主义维度距离前系数分别为 0.187 和 0.379，且均在 1% 水平上显著。然而，男子气概维度距离、不确定性与规避维度距离前系数为 0.261 和 −0.017，且统计上不显著。上述估计结果说明：不同文化维度对中国向拉丁美洲国家的出口作用截然不同。具体而言，权力维度和个人主义维度上差异越大越能促进中国对拉丁美洲国家的出口，而男子气概维度差异和不确定性与规避维度差异并未产生显著影响。

5. 实证结果评价

整体来讲，中国与拉丁美洲国家间文化差异越大，中国对拉丁美洲国家的出口越多。说明由于中国与拉丁美洲国家间的文化差异，产品的设计、销售和用途等将受到进口国文化偏好的影响。为此，中国出口商将根据进口国居民的文化偏好，生产出符合进口国文化需求的产品，从而获得文化差异所带来的差异化产品优势，即文化差异的"外来优势"，促进中国对拉丁美洲国家的出口。

同时，考虑到文化差异与贸易间的非线性关系，文化差异对中国向拉丁美洲国家出口的影响呈倒 "U" 型，即当中拉文化距离小于 3.098 时，文化差异将促进中国对拉丁美洲国家的出口；当中拉文化距离大于 3.098 时，文化差异将阻碍中国对拉丁美洲国家的出口。说明当中国与拉丁美洲国家文化差异不大时，文化差异将使得中国出口企业获得文化差异的"外来优势"，从而促进中国对拉丁美洲的出口；但当文化差异较大时，文化差异将增加中国与拉丁美洲国家间沟通与协调等的信息成本，从而阻碍中国对拉丁美洲的出口。

3.2.4 结论与建议

本节基于扩展的贸易引力模型，以 1992～2013 年中国与 20 个主要拉丁美洲国家的面板数据为基础，以文化差异为视角，对中国与拉丁美洲国家间产品贸易发展进行了实证分析。结果发现，中国与拉丁美洲国家间文化差异越大，中国对拉丁美洲国家的出口越多。在具体产品方面，中国对拉丁美洲国家的核心文化产品出口更容易受到文化差异的影响。在四种文化维度方面，权力维度差异和个人主义维度差异在中国对拉丁美洲出口中起到了重要的推动作用，而男子气概维度差异和不确定性与规避维度差异并未对其产生显著影响。最后，考虑到文化差异与贸易间的非线性关系，本节将文化距离的平方项引入计量方程，发现文化差异对中国向拉丁美洲国家出口的影响呈倒"U"型。即当文化距离小于3.098时，文化差异将促进中国对拉丁美洲的出口；当文化距离大于3.098时，文化差异将阻碍中国对拉丁美洲的出口。

结合目前中国与拉丁美洲国家的贸易现状，上述结论对中拉贸易发展具有重大启示。第一，扩大同拉丁美洲国家间的文化交流，加深相互了解与沟通。文化交流是促进双边贸易发展的有效途径。未来中国应加强与拉丁美洲国家间的文化交流，树立正面的国家形象，化解文化分歧，增进双方对各自生活习俗、文化价值观等方面的深入了解，促进多元文化的和谐发展，实现双方在政治、经济和文化等多领域的共赢。第二，提高本国企业的产品创新性，满足国外文化需求。中国与拉丁美洲国家间文化差异使得拉丁美洲国家消费者对中国出口产品需求具有多样化特征。如何根据消费者多样化文化偏好，生产出符合拉丁美洲国家消费者需求的产品，成为未来推动中拉贸易发展的关键。创新是企业保持竞争力的关键，是满足市场多样化需求的核心要素之一。因此，未来中国企业应注重对进口国消费者需求的捕捉，加大产品生产中的技术投入，提升产品的创新性，以此来满足拉丁美洲国家消费者的多样化文化需求，获得文化差异的"外来优势"。

3.3 文化商品贸易的光环效应

文化商品贸易的光环效应是指消费者通过消费文化商品而逐步认同和偏好一国的文化价值观念，进而更加偏好从该国进口其他消费品。本节以中国市场为例，选取1996～2015年美、日、德以及世界其他国家对中国文化商品和消费品的出口数据，建立源差异化近似理想的需求行为模型（source differentiated almost ideal demand system，SDAIDS）分析文化商品贸易所产生的光环效应。结果表明：在中国市场上文化商品贸易存在着光环效应，且在电子类和奢侈品类产品上文化商品的光环效应较强，而在家具类和时尚类产品上文化商品的光环效应相对较弱。同时，在文化商品光环效应的影响之下，美、日、德等国在中国消费品进口市场上体现出了不同的竞争关系。由此可见，大力发展文化商品贸易，推动文化商品的出口具有重要意义。

3.3.1　引言

光环效应（halo effect）又称晕轮效应、光圈效应等，指在人际知觉中所形成的以点概面的主观印象。该概念最早是由美国著名心理学家爱德华·桑戴克（Thorndike）于 20 世纪 20 年代提出的。具体是指一个人的某种品质或一个物品的某种特性一旦给人以非常好的印象，那么在这种印象的影响下，人们对这个人的其他品质或这个物品的其他特性也会给予较好的评价。这种强烈知觉就像月晕的光环一样，向周围弥漫、扩散，所以人们形象地称这一心理效应为光环效应[①]。之后学者们将其运用到心理学、经济学以及组织行为学等各个领域。

能够产生光环效应的事物一般具有一定的特殊性质，能够对认知者的心理和偏好产生一定的影响，而文化商品就具有这样的属性。文化商品是一种特殊的商品，兼具商品和文化的双重性质（曲如晓和韩丽丽，2010）。一方面，文化商品的消费具有成瘾性的特点（刘杨和曲如晓，2013），如消费者对音乐、电影以及各类艺术品等的消费存在一定的持续性，不断地消费他们所熟悉的音乐、电影，会逐步偏好该类产品所传达出的文化观念。另一方面，通过对文化商品的消费，会减弱国家之间由于文化差异所带来的文化折扣[②]。因此，文化

[①]　与光环效应相反的是恶魔效应（devil effect），即对人的某一品质或对物品的某一特性有坏的印象，会使人对这个人的其他品质或这一物品的其他特性的评价偏低。

[②]　文化折扣最早由塞尔默·埃格伯特（Seelmann-Eggebert）提出，指由于文化背景差异，国际市场中的文化产品不被其他地区的受众认同或理解，而导致其效用价值的减低。

商品的光环效应可以定义为消费者由于对某国文化商品的消费，而逐步偏好从该国进口各类消费品。也就是说，通过消费一国的文化商品，使消费者认同该国的文化，进而影响消费者的消费观念和偏好，消费者则更加偏好与所熟悉和认同的文化有相同来源的各类消费品。

那么在中国进口商品市场上，文化商品进口会在多大程度上影响中国消费者的需求和偏好，从而带动其他消费品的进口贸易呢？同时，文化商品的这种光环效应是否会因消费品种类的不同而不同呢？本书将通过建立源差异化近似理想的需求行为模型（SDAIDS），根据马歇尔弹性系数的测算值对各国出口到中国市场的文化商品的光环效应进行验证，同时探讨在文化商品光环效应的影响之下，中国市场上各类进口消费品的竞争程度。

对光环效应的理论分析及实证检验最早始于来源国的光环效应。20世纪80年代，比尔基和内斯（Bilkey & Nes，1982）就从理论的角度分析了来源国的信息会对需求市场中的消费者及消费行为产生很大的影响，指出观念对消费者选择途径的影响与商品视觉效果所带来的影响不同；埃里克森等（Erickson et al.，1984）、约翰逊等（Johansson et al.，1985）和韩（Han，1989）通过选择信仰、态度等代理变量建立联立方程组对来源国的光环效应进行验证，发现来源国光环效应通过信仰来发挥作用，来源国的光环效应会影响消费者对产品的选择与评估。

进入20世纪90年代，人们开始关注品牌的光环效应，不同的学者分别运用不同的研究方法对商品品牌的光环效应进行了验证与量化分析。如鲁塞瑟等（Leuthesser et al.，1995）选取消费者对家居类商品的评价等级排名作为指标，对品牌的光环效应进行测算；吴等（Wu et al.，2000）将品牌的光环效应与消费市场联系起来，通过建立消费者选择模型，指出商品品牌的光环效应因网络信息的影响而具有一定的不确定性。此外，布雷斯特和施罗德（Brester & Schroeder，1995）、金努坎等（Kinnucan et al.，1997）学者研究了广告宣传和商品信息的传播对消费者的商品选择行为所产生的光环效应。

而对文化商品光环效应的探讨则相对较晚。其中，汤姆林森（Tomlinson，1993）最早关注文化商品的光环效应，他从理论的角度提出外国文化商品的消费会对本国消费者的偏好和消费行为产生影响。之后,玛利亚(Maria,2000)指出,早在 20 世纪 90 年代印度广大消费者就将消费进口的文化商品看作一种时尚,且进口的文化商品在很大程度上影响了居民的消费观念和偏好。而关于文化商品光环效应实证方面的研究有:海琼(Hae-Joang,2005)以亚洲国家对韩国文化商品的进口为例,研究发现对韩国文化商品的进口会促使亚洲国家的居民模仿韩国的饮食习惯,进而影响国内居民的时尚观念和消费方式等;迪斯迪耶等(Disdier et al.,2010)以法国为例,研究发现对国外文化商品的进口,特别是影视媒介类产品的进口,如电影、电视、歌曲等,会对国内婴儿名字的选择产生影响,父母更加倾向于选择在视听媒介类产品上曝光较多的名字;黄(Huang,2011)也是以韩国为例,研究发现韩国文化商品在亚洲各国的出口大大促进了各国对韩国商品的进口需求;李等(Lee et al.,2014)将文化商品与日本的进口需求结合,分析了文化商品对消费品市场产生的影响,结果发现对于某些与文化商品有相同来源国的消费品,文化商品的进口会对其产生较强的光环效应。由此可见,一国文化商品可以对进口国居民的消费偏好、消费方式以及生活习惯等各个方面产生影响。

综上所述,目前关于文化商品光环效应的研究主要集中在理论层面的阐述以及对国外个别国家的经验分析,以联立方程或结构方程的回归分析以及变量间相关性检验为主,而基于消费行为模型进行实证检验的较少。因此,本节通过借鉴国内外学者的研究成果,以中国的进口市场为例,选择源差异化近似理想的需求行为模型(SDAIDS),尝试将中国进口的文化商品与各类消费品放入同一个需求体系,对文化商品贸易的光环效应进行验证。

3.3.2　模型构建与数据

1. 模型的构建

为了对文化商品贸易的光环效应进行量化分析,将文化商品与各类消费品放入同一个需求体系,建立能够体现进口差异化的源差异化近似理想的需求行为模型（SDAIDS）。模型基于杨和古（Yang & Koo，1994）的研究，假设理性消费者的偏好符合价格独立的一般化对数形式（price independent generalizes log，PIGLOG），将进口商的支出效用函数设为：

$$\ln[E(p,u)] = (1-u) \cdot \ln[a(p)] + u \cdot \ln[b(p)] \tag{3.8}$$

其中：

$$\ln[a(p)] = \alpha_0 + \sum_i \sum_h \ln(p_{i_h}) + \frac{1}{2} \sum_i \sum_j \sum_h \sum_k \gamma^*_{i_j k} \ln(p_{i_h}) \ln(p_{j_k}) \tag{3.9}$$

$$\ln[b(p)] = \ln[a(p)] + \beta_0 \prod_i \prod_h p_{i_h}^{\beta_{i_h}} \tag{3.10}$$

以上各式中，α、β 和 γ^* 表示待估系数，u 表示效用，p 表示价格，i 和 j 表示进口的商品（$i, j = 1, 2, \cdots, N$），h 和 k 表示不同的进口来源国。根据式（3.9）、式（3.10）可得：

$$\ln[E(p,u)] = \alpha_0 + \sum_i \sum_h \alpha_{i_h} \ln(p_{i_h}) + \frac{1}{2} \sum_i \sum_j \sum_h \sum_k \gamma^*_{i_j k} \ln(p_{i_h}) \ln(p_{j_k})$$
$$+ \beta_0 u \prod_i \prod_h p_{i_h}^{\beta_{i_h}} \tag{3.11}$$

进而由谢泼德引理得：

$$\omega_{i_h} = a_{i_h} + \sum_j \sum_k \gamma_{i_j k} \ln(p_{j_k}) + \beta_{i_h} u \beta_0 \prod_i \prod_h p_{i_h}^{\beta_{i_h}} \tag{3.12}$$

将式（3.11）与式（3.12）联立可以得到 SDAIDS 模型：

$$\omega_{i_h} = a_{i_h} + \sum_j \sum_k \gamma_{i_j k} \ln(p_{j_k}) + \beta_{i_h} \ln\left(\frac{E}{P^*}\right) \tag{3.13}$$

其中，ω_{i_h} 表示商品 i 从 h 国的进口支出份额，p_{j_k} 表示 j 商品从 k 国进口的价格，E 表示总支出，P^* 表示商品的价格总指数。为了估计的方便，借鉴德顿和穆尔鲍尔（Deaton & Muellbauer，1980）的处理方式，将价格指数近似估计为线性形式，具体如下：

$$\ln(P^*) = \sum_i \sum_h \omega_{i_h} \ln(p_{i_h}) \tag{3.14}$$

在具体估计过程中，为了避免 ω_{i_h} 的同步性问题，将采取滞后一期作为权重。同时将文化商品贸易 c_k 这个变量引入模型中，最终模型可化为：

$$\omega_{i_h} = a_{i_h0} + \sum_k \theta_{i_h} \ln(c_k) + \sum_k \gamma_{i_{hh}} \ln(p_{i_h}) + \sum_{i \neq i} \gamma_{i,j} \ln(p_j) + \beta_{i_h} \ln\left(\frac{E}{P^*}\right)$$

$$(3.15)$$

结合需求体系的一般性限制条件。

加总性：

$$\sum_i \sum_h \alpha_{i_h} = 1 \quad \sum_i \sum_k \theta_{i_h} = 1 \quad \sum_h \gamma_{i_{hh}} = 0 \quad \sum_i \sum_h \gamma_{i,j} = 0 \quad \sum_i \sum_h \beta_{i_h} = 0$$

$$(3.16)$$

同质性：

$$\sum_k \gamma_{i_{hh}} + \sum_{i \neq i} \gamma_{i,j} = 0$$

$$(3.17)$$

参考李等（Lee et al.，2014）的研究结论可得马歇尔价格弹性、支出弹性以及文化商品进口支出弹性计算公式：

$$\varepsilon_{i_h i_h} = \frac{\gamma_{i_{hh}}}{\omega_{i_h}} - \beta_{i_h} - 1 \quad \varepsilon_{i_h i_k} = \frac{\gamma_{i_{hh}}}{\bar{\omega}_{i_h}} - \beta_{i_h}\left(\frac{\bar{\omega}_{i_k}}{\bar{\omega}_{i_h}}\right) \quad \varepsilon_{i,j} = \frac{\gamma_{i,j}}{\bar{\omega}_{i_h}} - \beta_{i_h}\left(\frac{\bar{\omega}_j}{\bar{\omega}_{i_h}}\right)$$

$$\eta_{i_k} = \frac{\beta_{i_h}}{\bar{\omega}_{i_h}} + 1 \quad \varphi_{i_{hh}} = \frac{\theta_{i_h}}{\bar{\omega}_{i_h}} \quad \varphi_{i_{hh}} = \frac{\theta_{ik}}{\bar{\omega}_{i_h}}$$

$$(3.18)$$

其中，$\varepsilon_{i_h i_h}$表示商品 i 自身价格弹性；$\varepsilon_{i_h i_k}$表示不同国家的交叉价格弹性；$\varepsilon_{i,j}$表示不同类别商品之间的交叉价格弹性；η_{i_k}表示支出弹性；φ 则是文化商品进口的弹性，具体表示文化商品进口变化 1% 所带来的消费品进口支出份额的变化量。

2. 数据来源

由于中国文化商品进口国主要是美国、德国和日本，本节选取了 1996 ~ 2015 年美国、德国、日本以及世界其他国家（Row）出口到中国的文化商品以及各类消费品的数据，该数据来源于联合国商品贸易数据库（United Nations Comtrade Database）。其中，文化商品的分类借鉴曲如晓和韩丽丽（2010）的研究结论，消费品则根据全球商业知识（global EDGE，2012）将其分为四类：电子类、家居类、时尚类和奢侈品类。对于商品价格数据是根据联合国商品贸易数据库加权平均计算得到。主要变量的描述性统计如表 3 – 10 所示。

表 3 – 10   主要变量的描述统计结果

变量名	均值	标准差	最小值	最大值
$\ln C_U$	18.910	0.646	17.510	19.870
$\ln C_J$	17.800	0.503	16.770	18.530
$\ln C_G$	16.330	0.877	14.720	17.480
ω_{hu}	0.061	0.012	0.036	0.075
ω_{eu}	0.003	0.001	0.002	0.004
ω_{fu}	0.007	0.003	0.003	0.013
ω_{lu}	0.013	0.008	0.006	0.044
$\ln p_{hu}$	1.862	0.321	1.173	2.328
$\ln p_{eu}$	2.760	0.977	1.257	5.045
$\ln p_{fu}$	3.728	0.642	2.814	4.922
$\ln p_{lu}$	2.524	0.619	0.523	3.384
$\ln E$	26.210	2.441	22.090	28.300
$\ln P$	0.895	0.283	0.560	1.675

3.3.3 模型的估计与检验

根据建立的源差异化近似理想的需求行为模型（SDAIDS），本节的具体估计方程为：

$$\omega_{i_h} = a_{i_h 0} + \sum_k \theta_{i_h} \ln(c_k) + \sum_k \gamma_{i_{hk}} \ln(p_{i_k}) + \sum_{i \neq i} \gamma_{i_{hj}} \ln(p_j)$$
$$+ \beta_{i_h} \ln\left(\frac{E}{P^*}\right) + \rho_{ih} + \varepsilon_{i_h} \tag{3.19}$$

其中，ρ_{ih} 表示 h 国出口的 i 类产品在国际市场的占有率指数，用来衡量一国各类出口产品的国际竞争力；ε_{i_h} 表示影响 k 国消费品 i 出口的其他干扰因素。对于模型的估计，由于多个消费支出方程中可能存在一些不可观测的因素使得方程的扰动项之间相关，为了提高估计结果的有效性，本节选择似无关回归方

法。在回归过程中，为了避免系数矩阵的奇异性，将世界其他国家（Row）的
奢侈品类产品份额所对应的等式剔除（见表 3 – 11）。

表 3 – 11　　　　　中国文化商品和各类消费品进口的模型估计结果

变量	电子类				家居类			
	美国	日本	德国	其他国家	美国	日本	德国	其他国家
$\ln C_U$	0.0005 *	– 0.0029 **	0.0001	– 0.0019	0.0035	– 0.0066 **	0.0078 ***	– 0.0044
$\ln C_J$	– 0.0006 ***	0.0017 *	– 0.0003 **	0.0040	– 0.0009	– 0.0028	– 0.0058 ***	0.0142 **
$\ln C_G$	– 0.0001	0.0019 **	0.0004 ***	0.0009	– 0.0008	0.0121 ***	0.0007	– 0.0078 **
$\ln p_{eu}$	0.0005 **	– 0.0005	– 0.0001	– 0.0020 **				
$\ln p_{ej}$	– 0.0004 ***	– 0.0010 **	– 0.0010 ***	0.0009				
$\ln p_{eg}$	– 0.0004	– 0.0060 ***	0.0039 ***	– 0.0101 ***				
$\ln p_{hu}$					0.0382 **	– 0.0273 **	0.0066	0.0739 **
$\ln p_{hj}$					– 0.0255 ***	0.0423 ***	– 0.0108 ***	– 0.0664 ***
$\ln p_{hg}$					0.0354 ***	– 0.0276 **	0.0430 ***	0.0465 **
R-squared	0.755	0.972	0.973	0.944	0.941	0.990	0.986	0.940

变量	时尚类				奢侈品类			
	美国	日本	德国	其他国家	美国	日本	德国	
$\ln C_U$	0.0002	– 0.0139 ***	0.0005 **	0.0313 **	– 0.0044	– 0.0002	0.0004	
$\ln C_J$	0.0006	0.0042	0.0002	– 0.0293 ***	– 0.0059 ***	– 0.0036	– 0.0049 **	
$\ln C_G$	– 0.0011 **	– 0.0039 *	0.0002 *	0.0098	– 0.0061 ***	– 0.0022 **	0.0021 *	
$\ln p_{fu}$	0.0063 ***	0.0008	0.0006 ***	– 0.0266 ***				
$\ln p_{fj}$	– 0.0025 ***	0.0270 ***	– 0.0002	0.0200 *				
$\ln p_{fg}$	– 0.0008	– 0.0150 ***	0.0006 ***	0.0480 ***				
$\ln p_{lu}$					0.0054 ***	0.0021 *	0.0029 **	
$\ln p_{lj}$					0.0060 **	– 0.0065 ***	– 0.0048 **	
$\ln p_{lg}$					– 0.0032	0.0011	0.0054 **	
R-squared	0.897	0.992	0.934	0.981	0.895	0.916	0.807	

注：*** 、** 、* 分别表示在 1% 、5% 、10% 的水平上显著。

从表 3 – 11 可以看出，美、日、德出口到中国市场的文化商品对电子类、
家居类、时尚类和奢侈品类商品份额均有一定的促进作用，表明文化商品光环
效应的存在。例如，美、日、德出口到中国的文化商品对各自出口到中国的电
子类商品份额的影响系数分别为 0.0005、0.0017、0.0004，在 10% 水平之内都

显著。同时这几个国家对中国时尚类和奢侈品类商品的出口份额也明显受到了文化商品出口的影响，均体现了文化商品光环效应的存在。而文化商品光环效应对各类消费品进口影响的具体强弱程度则需要进一步测算和估计。在测算之前，借鉴亨尼伯利（Henneberry，2007）的方法，需要对模型的有效性以及变量的内生性问题进行检验，具体检验过程如下。

1. 产品加总性检验

为了验证模型的有效性，借鉴海耶斯等（Hayes et al.，1990）的方法，对模型进行产品加总性检验。检验结果如表 3 - 12 所示，在 1% 的显著水平上拒绝产品不区分来源国的原假设，这意味不同来源国的各类消费品之间不完全替代，进而体现了原模型的有效性。

表 3 - 12　　　　　　　产品加总性的 Wald 检验结果

原假设	P 值	结论
H0：产品不区分来源国	< 0.0001	拒绝原假设

2. 局部可分性检验

为了进一步检验源差异化近似理想的需求行为模型（SDAIDS）中消费者对各类商品的需求份额是否受到其他商品价格的影响，参考杨和古（Yang & Koo，1994）的方法，对模型进行局部可分性检验。检验结果如表 3 - 13 所示，在 1% 的显著水平上各类商品均拒绝局部可分的原假设，因此原模型构建合理。

表 3 - 13　　　　　　　局部可分性的 Wald 检验结果

原假设	P 值	结论
H0：电子类产品局部可分于其他产品	< 0.0001	拒绝原假设
H0：家居类产品局部可分于其他产品	= 0.0001	拒绝原假设
H0：时尚类产品局部可分于其他产品	= 0.0083	拒绝原假设
H0：奢侈品类产品局部可分于其他产品	= 0.0001	拒绝原假设

3. 变量的内生性检验

为了检验模型中各类商品在中国市场上的出口价格和中国总进口支出等变量的内生性问题，本节采用杜宾－吴－豪斯曼的检验方法，检验结果如表 3 – 14 所示，所有变量在 10% 的显著水平上接受原假设，说明模型中的各变量不存在内生性的问题，模型的构建和回归方法的选择较合理。

表 3 – 14　　　　　　　　　主要变量内生性检验结果

变量		F 值
支出	$\ln E$	0.2676
电子类	$\ln p_{eu}$	0.1105
	$\ln p_{ej}$	0.1463
	$\ln p_{eg}$	0.1493
家居类	$\ln p_{hu}$	0.0863
	$\ln p_{hj}$	0.1444
	$\ln p_{hg}$	0.1440
时尚类	$\ln p_{fu}$	0.1970
	$\ln p_{fj}$	0.1985
	$\ln p_{fg}$	0.1991
奢侈品类	$\ln p_{lu}$	0.1977
	$\ln p_{lj}$	0.1972
	$\ln p_{lg}$	0.1973

3.3.4　文化商品光环效应估计及对消费品竞争关系的影响

1. 中国文化商品光环效应的强弱程度估计

文化商品的光环效应强弱程度用文化商品进口对各类消费品的马歇尔支出弹性 φ 来衡量，该弹性表示中国从国外进口的文化商品每变化 1% 对中国的各类消费品进口份额百分比变动的影响，文化商品的光环效应计算结果如

表 3 – 15 所示。

表 3 – 15　　　　　　　　文化商品进口的光环效应估计结果

产品	国家	C_U	C_J	C_G
电子类	美国	0.192 *	– 0.226 **	– 0.019 *
	日本	– 0.031 *	0.175 **	0.199
	德国	0.032	– 0.067 **	0.085 ***
	其他国家	– 0.078 ***	– 0.134 *	0.035
家居类	美国	0.057	– 0.015 *	– 0.013
	日本	– 0.049 *	0.175 **	0.089
	德国	0.183	– 0.135 ***	0.015 *
	其他国家	– 0.018 *	0.060	– 0.033 **
时尚类	美国	0.033 *	0.085	– 0.156 **
	日本	– 0.275 ***	0.083 **	– 0.077 *
	德国	– 0.184 *	– 0.076	0.071
	其他国家	0.139 *	– 0.034	– 0.043 **
奢侈品类	美国	0.354 *	– 0.469 **	– 0.489 ***
	日本	– 0.007 **	– 0.132	– 0.081 *
	德国	– 0.003	0.027	0.037 **

注：①C_U、C_J、C_G 分别表示美、日、德出口到中国的文化商品总额；② *** 、 ** 、 * 分别表示在 1% 、5% 、10% 的水平上显著。

从整体上看，中国从美国、日本和德国进口的文化商品对同一来源国的各类消费品进口弹性大部分显著为正，说明文化商品的光环效应对同一来源国的消费品影响比较显著；对于非同一来源国而言，中国从各国进口的文化商品进口支出弹性大部分显著为负，有的出现不显著的情况，所以文化商品对非同一来源国的消费品影响较弱，不存在显著的光环效应。

（1）电子类商品。文化商品的光环效应对该类商品的影响比较明显，其中美国、日本出口到中国的电子类商品受到文化商品光环效应的影响较大。根据估计结果，中国从美国、日本进口的文化商品每增加 1% ，从该国进口的电子类消费品的份额会分别增加约 0.19% 和 0.18% 。同样对德国的影响也比较明显。由于中国对电子类商品的进口依赖程度较高，且美、日、德三国在中国的电子类进口市场上相互之间竞争激烈，因此进口的电子类产品更容易受文化等制度因素的影响，文化商品的光环效应比较明显。

（2）家居类商品。文化商品的光环效应对该类商品出口影响相对较小。估计结果显示，对于同一来源国，美国和德国出口到中国市场上的家居类商品受光环效应影响的估计值分别为 0.057 和 0.015（均小于 0.1），对于非同一来源国的负向影响系数也较小，可见，家居类产品受文化商品的光环效应影响整体相对较弱。究其原因，中国国内的家居类产品生产率普遍较高，且该类产品是中国主要的出口消费品之一，国际竞争力比较强，美、日、德等国的家居类商品所占市场份额较小，受到文化商品光环效应的影响也较小。

（3）时尚类商品。文化商品的光环效应对时尚类商品的影响也较小，且主要表现在同一来源国的促进作用上。美、日、德出口到中国的时尚类商品受文化商品光环效应影响的系数值分别为 0.033、0.083、0.071，其中美国和日本分别在 10% 和 5% 的水平上显著。由于中国从德国进口的时尚类产品份额只占中国时尚类消费品进口总额的 0.9%，与其他国家相比差距较大，因此文化商品对德国时尚类产品的光环效应也会相对较小。

（4）奢侈品类商品。文化商品的光环效应在奢侈品类上较明显。其中，美国出口到中国的奢侈品类商品受文化商品光环效应影响最大，光环效应系数值约为 0.354，其次是德国、日本，这也与中国对各国奢侈品的消费支出占比相一致。对于非同一来源国而言，根据估计结果，日本、德国出口到中国的文化商品对美国奢侈品的光环效应值约为 -0.469 和 -0.489（系数绝对值均大于 1）。

2. 文化商品的光环效应对消费品进口市场竞争关系的影响

基于以上模型的回归结果以及光环效应的估计值，估计了中国各类消费品的马歇尔进口价格弹性系数、进口交叉价格弹性系数等（见表 3 - 16）[①]。

---

① 由于篇幅限制，仅报告主要变量的回归结果。

表 3 –16　　　　　　　　　马歇尔弹性估计结果

变量	电子类				家居类			
	美国	日本	德国	其他国家	美国	日本	德国	其他国家
p_{eu}	− 0. 822 ***	0. 053	− 0. 019	− 0. 083 **				
p_{ej}	− 0. 165 ***	− 1. 108 ***	− 0. 221 ***	0. 038				
p_{eg}	− 0. 139 *	− 0. 642 ***	− 0. 157 **	− 0. 414 ***				
p_{hu}					− 0. 375 ***	− 0. 201 **	0. 153	0. 313 **
p_{hj}					− 0. 419 ***	− 0. 689 ***	− 0. 260 ***	− 0. 274 ***
p_{hg}					0. 579 **	− 0. 203 **	− 0. 011 **	0. 197 ***
E	1. 021 **	0. 904 ***	0. 998 ***	0. 954 ***	1. 008 **	1. 003 ***	1. 043 **	0. 963 ***

变量	时尚类				奢侈品类		
	美国	日本	德国	其他国家	美国	日本	德国
p_{fu}	− 0. 126 ***	− 0. 017	0. 401	− 0. 118 **			
p_{fj}	− 0. 344 ***	− 0. 458 ***	− 0. 085	0. 085			
p_{fg}	− 0. 102	− 0. 297	− 0. 766 ***	0. 213 ***			
p_{lu}					− 0. 570 ***	0. 078 *	− 0. 201 *
p_{lj}					− 0. 478 **	− 1. 235 **	− 0. 345 **
p_{lg}					− 0. 259	0. 040	− 0. 623 ***
E	0. 837 ***	0. 887 ***	0. 981 **	1. 075 ***	− 0. 958 **	1. 048 ***	1. 226 ***

注：①P 表示价格，E 表示总进口支出；② *** 、** 、* 分别表示在 1% 、5% 、10% 的水平上显著。

如果不同国家对同一类商品出口的交叉价格弹性系数为正，则这两个国家的该类商品在出口市场中表现出了一定的互补性，竞争程度较弱；反之，则呈现出一定的竞争性和替代性。在文化商品光环效应影响下各国出口到中国的消费品竞争关系分析如下。

第一，电子类商品，美、日、德在中国市场上存在着较强的竞争性。在光环效应影响下，美国与日本、德国在电子类产品上进口交叉价格弹性系数约为 − 0.165 和 − 0.139，而日本与德国的交叉价格弹性系数约为 − 0.642，均显著为负，说明这三个国家的电子类产品出口到中国市场上后呈现出一定的竞争性和替代性，其中日本与德国之间竞争性较强。由于中国文化商品对日本电子类产品有着显著的光环效应，而中国又是德国电子类产品的主要出口国，对其电子类产品进口逐年增多，这加强了双方的竞争性。

第二，家居类商品上，日本与美国、德国之间存在着较强的竞争性，而美国与德国之间表现出了互补性。虽然文化商品的光环效应对该类商品的影响相对较小，但是各国之间还是表现出了不同的竞争关系。日本与美国以及日本与德国之间均存在着较强的竞争关系，弹性系数值分别为 -0.419 和 -0.260，在1%的水平上均显著为负。这与日本的家居类产品具有较强的国际竞争力，以及其在中国市场上的出口额相比其他国家较高有关。

第三，时尚类商品上，德国与美、日之间不存在明显的竞争关系。文化商品的光环效应对该类商品整体而言影响较弱，同时德国出口的时尚类商品在中国该类商品进口总额中占比非常小，这使得德国在中国的时尚类进口市场中相对其他国家竞争力较弱。

第四，奢侈品类商品上，德、美、日互相之间均存在较强的竞争性，特别是美国与德国，在中国进口市场上该类商品的替代性较强。由于文化商品的光环效应在该类商品上对于各国均比较明显，且各国在奢侈品的生产、研发、销售以及对外贸易等方面发展较快，拥有自己的国际知名品牌，在国际市场上竞争激烈，这使得各国出口到中国市场的奢侈品类商品之间存在着较强的竞争性和替代性。

3.3.5　结论与启示

本节利用 1996～2015 年美、日、德以及世界其他国家出口到中国的文化商品以及各类消费品的数据，建立源差异化近似理想的需求行为模型（SDAIDS）估计文化商品贸易的光环效应以及在光环效应影响之下各国在中国进口市场的竞争程度。具体结论如下。第一，中国文化商品的进口对于同一来源国的各类消费品存在显著的光环效应。其中，对美、日的电子类商品和美、德的奢侈品类商品光环效应较强。第二，文化商品的进口对于非同一来源国的各类消费品的光环效应为负向或者无显著影响。第三，在文化商品光环效应的影响之下，美、日、德三国的电子类商品在中国市场上表现出较强的竞争性和替代性；家居类商品上，日本与美国、德国之间存在着较强的竞争性，美国与德国之间却体现出一定的互补性；对于时尚类商品，德国与美国、日本不存在明显的竞争关系；而在奢侈品市场上，美、日、德出口到中国的该类商品均表现出较强的替代性和竞争性。

本节的研究为中国文化商品贸易的发展提供了新的视角，充分利用文化商品贸易所带来的光环效应，大力推动中国文化商品的出口，将中国的文化信息和文化元素传递到世界各国的同时，也将带动中国各类消费品的出口。在"一带一路"总体规划下，这个结论显得极具现实意义。中国应抓住这个文化贸易的战略机遇期，将中国文化在更广泛的区域内传播，更好地培育和提升中国软实力和国家形象，同时带动其他领域的出口与合作。

3.4 中国戏曲文化对外传播中的问题及对策研究

3.4.1 引言

戏曲艺术经过了数千年的积淀，是中华优秀传统文化的精粹，蕴藏着中华民族独特的风土民情、价值观念与审美品格，又在演出过程中将其潜移默化地渗透到人民群众中，从而形成了斑斓璀璨的华夏文明。作为极具代表性的中华传统文化，中国戏曲因其悠扬的旋律、精美的妆容、深厚的价值等闻名中外，为世界讲述了一个个美轮美奂的中国故事。其中的昆曲与京剧分别在 2001 年与 2010 年被列入联合国教科文组织的世界人类非物质文化遗产代表作项目清单。但在戏曲文化长达几个世纪的对外传播中，由于各国之间在政治、经济、文化等方面存在较大的不同，各国观众很难对中国戏曲达到一致的认同。其中，京剧艺术经过一代又一代艺术家们不断赴外进行的倾力演绎与耐心讲解，以及国家京剧院对于京剧剧目的宣传、翻译与讲解的创新及改进之下，逐步被海外观众所接受与喜爱。而昆曲艺术经过民国时期的大师们以及改革开放后重建的北方昆曲剧院的多次赴外演出，也收获了一部分观众与叫好声，但由于其独特的高雅性，受众面较窄，观众主要集中于东亚及南亚，且大多为华人或文人。而以川剧为代表的其他剧种，在对外传播的过程中，更是遇到更多更复杂的问题。在此背景下，本节将会通过实例探究中国戏曲文化在对外传播的过程中出现的种种问题，并对现阶段遇到的困难提出应对之策。

戏曲文化是中华民族优秀传统文化的综合体现，蕴藏着中华优秀传统文化中的文学、服饰、舞蹈、音乐、绘画、武术等，能够传递中华民族丰富的文化信息。通过观赏戏曲，外国观众不仅可以了解泱泱中华厚重的历史，同时还可以感受到中华民族的价值观、伦理观以及审美趣味等。若能及时发现中国戏曲文化对外传播中的问题并将其解决，将会吸引更多的外国观众前来了解、观看进而欣赏中国戏曲文化，从而提高中国传统文化在世界上的地位，为增强国家文化软实力贡献一份力量。

中国的传统文化有精彩绝伦的一面，戏曲文化正是其中重要的一部分。若我们能推动中国戏曲文化"走出去"得更远更深，将使国人对中华民族的传统文化多份坚守、认同与信心，从而增强国人的民族自豪感，提升中国文化的凝聚力。

纵观现有的相关研究，大多集中于研究中国戏曲传播的跨文化障碍，却鲜有具体的对策，且大多只分析其现状或个别剧种的案例。因此，在方法上，本节将会采用对比分析法，从国外戏剧的传播经验中提取对中国戏曲文化对外传播的启示；在内容上，本节将会整合各剧种在对外传播中遇到的问题，并为中国戏曲文化对外传播提出一些切实可行的对策建议。

中国戏曲文化的发展源远流长，关于其发展历史、艺术特色、服饰脸谱等方面的基础知识，都有丰富的书籍文献进行系统而清晰的介绍。但是针对于中国戏曲文化对外传播的研究却并不多，具体赴外演出信息方面主要集中在分大洲、分国家对于新中国对外戏曲艺术交流的情况的介绍，以及对于福建戏曲的海外传播情况的整理。关于中国戏曲文化对外传播中所遇到的问题与障碍，学界内主要认为来自文化的差异、语言的障碍、传播媒介的单一、人才的缺失以及市场开拓的困难。如董康（2019）提到了中国戏曲在对外传播过程中主要的跨文化障碍为文化差异的影响、市场开拓的困难等问题。庞庆（2017）提出了中国戏曲在法国传播过程中的文化障碍主要来自文化差异、语言理解障碍、传播内容有待完善与传播媒介单一等问题。关于中国戏曲文化对外传播的途径及策略，大部分研究者认为戏曲工作者应重视文本的整理与翻译，加强媒体宣传，培养优秀的艺术家。如孙萍（2015）提出中国戏曲的对外研究应综合整理文本、重视文本翻译。值得注意的是，李萍（2016）通过对莎士比亚戏剧成功原因的探究，提出川剧剧本应反映人生哲理，重视翻译渠道，同时创新外宣文化产品。

纵观这些文献，有些分析了中国戏曲文化对外传播中的障碍和问题，有些为中国戏曲文化的对外传播提出了针对性的建议。但是，有些建议存在一定的宽泛性，有些只是从单一剧种出发，并不具有广泛性。因此本节将在这些文献的基础上进行归纳整理，并提出更具针对性的对策建议。

3.4.2　中国戏曲文化的发展历史及艺术特色

1. 中国戏曲发展简史

（1）起源与雏形。早期的中国戏曲由民间说唱、原始歌舞以及滑稽戏三种艺术形式构成，经由秦、汉、魏晋的不断融合，唐代的戏曲已经齐聚故事情节和人物、歌舞念白、音乐伴奏以及帮腔等多种表现形式，此外，服化、道具与舞台布景也有了很大的发展，中国戏曲的雏形基本形成。

（2）发展阶段。北宋时期，"勾栏"和"瓦舍"在城市中出现，艺人们有了施展歌喉与舞技的固定场所，他们可以长期在此表演，这不仅利于职业艺人的诞生，也为不同剧种演员之间的交流和学习提供了方便。之后金兵入侵，宋室南渡，之前在浙、闽一带形成的南戏吸收了杂剧中的故事，成为南宋都城临安附近的主要戏种。同时，杂剧和院本分别在南北方形成了可观的表演规模。

（3）大繁荣时期。元朝时期，许多汉人都不得朝廷重用．受当时的环境影响，杂剧表现出了更多的斗争性。不过，由于人员流动性较大，杂剧在角色分工、词曲舞蹈等方面都发展得更为完善，不仅重视利用念白来介绍人物，而且还吸收了北方院本中科诨的表演，在各种表演程式上根据角色的性格身份进行了区分。这一时期，在戏曲文学的创作方面也出现了大繁荣的景象，涌现出许多不朽的传世之作，例如《墙头马上》《汉宫秋》，而最负盛名的"郑关白马"四位元代戏曲作家被人们尊称为"元曲四大家"。

明清时期，昆腔诞生，并因为其考究的用词与优美的腔调而备受文人喜爱，称为"雅部"；而各地方戏，如秦腔、梆子、皮簧等，由于其台词质朴、花样繁多而深受百姓的喜爱，被称为"花部"。二者之间的竞争即被称为"花雅之争"。此间，徽班进京，与北方多剧种进行了融合，逐渐形成了风格独特的京剧。自此，戏曲舞台上呈现出百家争鸣的大繁荣景象。

（4）衰败与重建。清朝末年，受多次战争影响，百姓生活品质受到了极大的影响，戏曲舞台也逐渐被硝烟淹没。直至改革开放后，全国才恢复重建戏曲队伍与剧院，历史剧与现代戏也开始登上舞台。

2. 中国戏曲文化的艺术特色

（1）综合性。中国戏曲集合了音乐、文学、舞蹈、杂技等多个艺术门类之美，更融合了唱、念、做、打等多种表现形式，从中达到和谐与统一，是一种异常凝练的民族艺术。

（2）虚拟性。戏曲的表演并不需要在剧本所写的真实的环境当中，而是演员利用自己的动作、神态、语言等对环境进行描绘，再借以道具、布景的辅助，对生活中的场景进行提炼、夸张与艺术改造，使观众有身临其境的感觉，同时又可以感受到艺术的美。

（3）程式性。程式性是中国戏曲专有的艺术特点，是将生活中各种动作按照规范的标准表演，例如生活中的关门、上马等动作，在戏曲表演中皆需按照固定的格式进行表演，这种格式来自艺术家们对于生活的提炼与美化。

3.4.3 中国戏曲文化对外传播的现状分析

由于中国戏曲剧种繁多，不同种类的戏曲受众以及赴外演出的时间都不同，故而笔者选取了三种比较有代表性的中国戏曲——京剧、昆曲、川剧，对这三个剧种的对外传播状况进行探究。

1. 京剧文化对外传播的现状分析

京剧在近现代中国传统文化的对外传播中属于"领头羊"，从清朝光绪年间张桂轩的赴日演出，到民国时期梅兰芳与程砚秋的访美和访欧活动，京剧在一代代艺术家的努力下，被海外的观众所熟知、所感动，也在潜移默化中提高了中国传统文化的国际地位。新中国成立后，中国国家京剧院便挑起了传播中国戏曲文化的大梁，先后在50多个国家和地区进行表演，使京剧在国际上声名大振（见图3-2）。

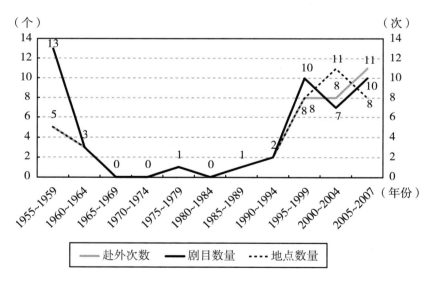

图3-2 1955~2007年中国国家京剧院赴外演出数据统计

根据图3-2可知，中国国家京剧院在新中国成立之初与改革开放后都走访过许多国家，演出了许多剧目，而在"文化大革命"到改革开放前夕几乎并没有赴外活动。

　　而近年来，中国国家京剧院也在京剧的宣传、翻译和讲解下了不少功夫。演出前，会在当地举办讲座，为观众介绍京剧的发展历史及艺术特色，还会邀请艺术家对经典选段进行现场表演；开始入场后，会向每位观众发放一本双语的小册子用以引导观众欣赏接下来的剧目，剧情简介、主要演员、演出亮点等一览无余，对剧情的提前了解将使观众更容易在演出中与演员产生共情；演出时，随着剧情的推进，两边的屏幕上还会显示台词译文。另外，除了传统的纸媒宣传方式，国家京剧院还举办了有关服饰和乐器的展览，并在展览外播放宣传影片，海外观众在多种方式的欣赏与讲解之下，将会对京剧产生更大的兴趣和热情。由此可见，京剧的对外传播一直做得比较优秀，以致京剧在外国观众中广受好评，近几年来国家京剧院对宣传、讲解方式的改进也使更多的观众了解到中国国粹之美。

2. 昆曲文化对外传播的现状分析

　　明清时期昆曲并没有走出国门，直到民国时期，梅兰芳和韩世昌的外访演出让海外观众直观地感受到中国古典戏曲的艺术之美。此外，由于昆曲一直受到文人雅士的喜爱，其在文人圈里被广泛流传。北京大学的德国教授洪涛生受到北大昆曲课程的熏陶，特意组织了演出团到欧洲用德语演唱昆曲；苏州才女张充和到美国定居后，一直为昆曲的传播与研究而努力着，在她的影响下，她的许多美国学生都深深爱上了昆曲，甚至走上了研究昆曲的道路。"文化大革命"时期，文学艺术遭受重创。改革开放后，重建的北方昆曲剧院的对外演出愈加频繁，其中受邀赴日演出次数最多，现日本已经形成了固定的昆曲观众群，昆曲文化也深受日本人民的喜爱。2011 年，北方昆曲剧院创作排演的《红楼梦》尽显中国传统美学的意境，在法国、英国及中国台湾的演出都大获成功，于是，现场表演被刻录成电影，在摩纳哥国际电影节斩获三项大奖，获得了国际友人的一致好评。昆曲文化对外传播的另一代表是白先勇团队的青春版《牡丹亭》，该剧将一些现代元素融入传统的表演方式当中，并出访了多个国家进行演出，获得了媒体的多轮报道，观众的一致好评，以及优异的票房成绩。

2014～2017 年北方昆曲剧院赴外演出情况如表 3 - 17 所示。

表 3 - 17 北方昆曲剧院 2014～2017 年赴外演出一览

时间	地点	剧目
2014 年 5 月	日本大使馆	《游园》
2014 年 7 月	美国	芭蕾昆曲《牡丹亭》
2014 年 9 月	日本	《牡丹亭》《续琵琶》
2015 年 6 月	俄罗斯雅库斯克	《游园》
2015 年 12 月	印度	《牡丹亭》
2017 年 2 月	越南、中国台湾	——

资料来源：北方昆曲剧院官网。

由此可见，昆曲的对外传播比较成功，在文人圈内流传甚广，也深得媒体和观众的喜爱，不过也显现出一些问题。首先，其外出演出的国家和场次并不像京剧那么多，这说明昆曲文化急需拓展海外市场。其次，昆曲的受众圈较窄，由于其独特的腔调与古典的文辞，导致很多海外观众认为其既吐字不清又晦涩难懂，观众大多数只在文人圈和海外华人之内，鲜有外国观众。因此，昆曲表演团队应在不改变其韵味的情况下稍微改进曲调与台词，并加强对剧情、表演方式与剧作中心思想的讲解、翻译与宣传。

3. 川剧文化对外传播的现状分析

新中国成立初期，川剧首次走出国门，历时五个月进行了 69 场演出，深得各国观众的好评。改革开放后，川剧进行了新的探索，创作了大量适合自身发展的剧目，并举行了多次成功的海外商演。此外，许多国家和地区都举办过川剧讲座与学术交流会，越来越多的文艺人士对川剧产生了浓厚的兴趣。

不过，固有文化的生涩、人才素质的不足、文本翻译的不当等原因也成为川剧对外传播的阻碍。首先，川剧使用的是四川当地的方言，其使用人数非常有限，许多中国人都很难听懂，对于外国观众来说更是难上加难，而且川剧所选用的服装道具、化妆方式都极具地方特色，也很难被外国观众所接受。据很多观众反馈，观看完一场川剧演出之后，根本看不懂剧情及人物关系，更不用说剧中所表达的内涵与复杂的情感了。其次，川剧的从业人员总数少，年龄大，缺乏新鲜的血液，教学方式也很落后，许多精彩的绝活都面临着失传的风险，人员的缺乏也严重阻碍了川剧的对外传播。最后，川剧的方言特性也决定了川剧翻译的难度，导致从业于川剧翻译的人才严重匮乏，对于许多幽默诙谐的语言并没有适当的外文翻译，而这些翻译的不当直接导致剧本意思的扭曲，也阻碍了外国观众对于川剧艺术美的欣赏与理解。因此，川剧工作者亟须创新表演方式，培养高素质人才，并加强文本及海报的翻译，举办展览或讲座加强对当地文化的宣传与讲解。

3.4.4　中国戏曲文化对外传播中存在的问题

中国戏曲文化在对外传播的过程中，由于各种因素的影响，显现出了许多问题，遇到了很多困难，本节将从中国戏曲文化在对外传播的早期与现阶段两个不同的时间段入手，举例探究不同时期所呈现出来的各种问题。

1. 中国戏曲文化对外传播中的早期问题

（1）文化的差异。在中国戏曲文化早期传播的过程中，东西方文化的差异造成了外国友人对中国戏曲的不认同感。从中国人的审美出发，戏曲的韵味可谓戏眼，是不可或缺的，这就要求戏曲的演唱必须按照特定的发声位置、音高与节奏来进行；而为了达到规范的艺术效果，许多动作也必须按严格的规定来做。但是，在崇尚自由的西方人眼中，这种"呆板"的表现方式让剧情的发展显得很不协调，而且他们认为如此复杂的词调既吐字不清，又晦涩难懂，因此在中国戏曲对外传播的最早期，国际上对中国的戏曲存在着很多的负面评价。

（2）世界经济形势的不确定。民国时期，经过梅兰芳和程砚秋先生的几次赴外演出，中国戏曲很受美国民众的喜爱，尤其是在旧金山的演出，几乎每次都是座无虚席，而且反响非常好。但是在"大萧条"时期，美国经济一片低迷，社会也很混乱，人们终日都需要为衣食担忧，使得对中国戏曲的关注度下降。在那段时期，中国的戏曲文化在美国的传播就变得极其艰难。诸如此类，世界上曾多次发生经济危机，且各国之间的经济存在着很大的复杂性与不确定性，这些都对中国戏曲文化的对外传播造成了不小的阻碍。

（3）国民对民族文化的不自信。20世纪上半叶，战争不断，许多国人对曾经引以为傲的民族文化产生了质疑，所以在梅兰芳先生将外国友人请到中国的胡同和庭院中，以便促进东西方的文化交流时，当地的百姓并不愿意主动去介绍中国的传统文化，因此这些曾经对中国传统文化产生兴趣的外国友人并不能准确地了解东方文化的魅力，这在很大程度上阻碍了中国戏曲的对外传播。

2. 现阶段中国戏曲文化对外传播中的问题

（1）剧目针对性不强。中国戏曲在国外的演出，主要都是经典剧目，而这些剧目大多数都源于中国的历史、神话传说或是其他文学作品，这些对于不懂中国历史的海外朋友来说是很难看懂的。因此戏曲工作者应当针对不同的文化背景，依据当地观众的审美习惯来选择不同的剧目，或对剧情进行适当的改编或创新，这就要求中国戏曲传播者在传播作品前做大量的调研工作与改编计划。

（2）市场开拓度不足。虽然目前中国戏曲文化对外传播的效果还不错，但是大部分海外观众对于中国戏曲只是抱着看热闹的心态，并没有兴趣深入地了解与欣赏中国戏曲，有些地方的表演更是只有华人捧场，而且大多数地方戏种并没有足够的海外市场，赴外演出基本只集中在东亚及南亚这些与中国文化类似的国家。若想让更多的外国观众发自内心地爱上中国戏曲，戏曲工作者还需创新体验形式与讲解方式，尽可能让前来观看演出的外国友人对中国的戏曲文化具有更深入的了解；同时还需开辟新的国际市场，扩大中国戏曲文化的影响范围。

（3）翻译不精准。由于文化差异的存在，同样一个意思可能有很多种表达方式，但是若放到具体的情境当中，具体的每一种说法所表达的实际内涵也许会有很大的区别。更有些翻译，在翻译过后减少了原剧本里的很多韵味，例如《失空斩》被翻译成"an absentee staff"，直译出来的意思是"一个缺席的员工"，剧名的误翻，导致剧目失去内涵，也同时失去了很多的美感（于晓华，2018）。因此，对于剧名和台词的翻译，还需要反复推敲，以达到翻译的信达雅，展现出中国戏曲该有的魅力。

3.4.5　外国戏剧文化对外传播的经验借鉴

外国的戏剧有很多都深入全世界人民的内心，尤其是西方的歌剧文化在世界流传甚广，近年来国内甚至多次举办深受歌剧影响的音乐剧艺人的比赛节目，故而本书选取了意大利歌剧文化、美国百老汇戏剧文化、英国莎士比亚戏剧文化这三种在世界声誉较盛的戏剧文化，试图从它们在世界传播的成功经验中获取一些中国戏曲文化对外传播的启发。

1. 意大利歌剧文化对外传播的启示

意大利是歌剧的起源地，虽然在歌剧刚兴起时，意大利的政治混乱，经济也很落后，但是在艺术方面却很强。经过分析与整理，笔者发现意大利歌剧文化得以盛行的原因主要有三点：（1）在文艺复兴过后，意大利的普通民众开始追求艺术与创造，音乐在全体国民心中的地位很重要；（2）意大利注重声乐教学，培养出许多音乐方面的人才，创作出许多不朽的旋律；（3）意大利音乐的发展受到了国家和资本家的支持，有了经济和政治上的双重保障，意大利的音乐发展毫无后顾之忧，完全可以呈现出高歌猛进的态势。因此，意大利的歌剧文化得以在西欧迅速传播，而后在世界广泛流传。

从意大利歌剧文化对外传播的成功经验中，中国戏曲文化传播者可以提炼出以下两点启示：第一，戏曲工作者应加强对声乐人才的培养；第二，戏曲工作者应从周边文化类似的国家开始演出宣传，逐步扩大对世界的影响。

2. 美国百老汇戏剧文化对外传播的启示

美国的百老汇可谓是美国戏剧殿堂级别的存在，许多人慕名而来观看演出，更有许多人意图闯一番事业，也有人因不满意百老汇高昂的制作费用而到外百老汇区域出演非营利性的实验性剧目。经过对文献的分析,笔者发现百老汇的成功主要有以下几点原因。(1)百老汇的剧场呈现集群化分布,剧目涉猎范围广,自然可以吸引更多喜好不同的观众前来观看演出。(2)百老汇的资源配置高度专业化。一场戏剧的诞生从创意、策划再到演出、宣传,所有工序形成一个产业链,中间会有很多公司进行不同的工作,而且这些公司还会和其他的公司进行合作去参与其他戏剧的制作或演出,他们之间形成了非常细致的分工。而因为竞争的激烈,这些精益求精的分工导致每一部分的工作都完成得很出色,而这些出色的细小的部分进行组合,成就了百老汇出品必属精品。(3)百老汇的巡回演出与衍生产品多样。每当一部剧赢得了票房与口碑双丰收的时候,剧院就会开始计划巡回演出,这不仅可以为剧院带来更大的经济收益,而且还可以扩大他们的国际知名度。而且百老汇除了进行演出外,还推出了一系列的衍生品,这可以让前来观看演出的观众更加了解剧本内容,也可以为剧院创造经济效益,而且购买过衍生品的观众有极大的可能会向身边人推荐百老汇的剧目或是带着他们一起来看,这也间接提高了百老汇剧目的知名度。

从中,中国戏曲文化的对外传播也可以借鉴到如下几点:(1)将剧院集群化分布,并与旅游相结合,像百老汇一样,创立品牌效益,利用游客创收与扩大影响;(2)形成专业化的资源产业链,将一部戏曲的制作并不单单交由一所剧院完成,而是细化分工,交由多家公司合作完成;(3)设计制作衍生产品,并将票房高、反响好的剧作到不同的剧院进行巡回演出。

3. 英国莎士比亚戏剧文化对外传播的启示

莎士比亚戏剧经过了四百多年的风霜雨雪,其艺术魅力依然只增不减。究其原因主要有三点:人文主义思想浓郁;对人生的反思和探讨丰富;诗化台词。从莎翁的作品中,观众可以了解到英国的封建制度是如何衰落的,以及资本主义兴起时社会的主要矛盾是什么。他的作品深刻地反映出资产阶级的某些恶习,而且其中的反封建思想对于世界上大多数国家都非常有意义,观众既可以了解封建社会与资本原始积累时英国的社会样貌,也能通过戏剧中的剧情反思本地的社会制度与社会问题。

而结合中国戏曲文化对外传播的现状，中国戏曲文化的对外传播可以从莎士比亚戏剧对外传播的道路中获得如下启示：（1）深度挖掘剧作中的人文内涵和人生哲理，让观众观看演出后不仅可以了解中国的传统文化，更可以得到启发，感悟人生；（2）重视翻译的信达雅，尽量让翻译过后的台词也可以体现出中国戏曲文化的韵味所在。

3.4.6　中国戏曲文化对外传播的对策建议

针对中国戏曲文化对外传播中存在的问题，并结合外国戏剧对外传播的成功经验，本节将对中国戏曲的对外传播提出具体、可行的对策建议。

1. 针对不同演出地点策划多样的营销策略

不一样的演出场地具有不同的文化背景与审美水平，若是在不同的文化背景下的观众面前用相同的表演内容去表演相同的剧目，则必将导致剧作内涵传达的不准确。戏曲传播者可将剧作内容与当地的文化结合，对剧本、唱腔或布景进行适当的改编或创新，或者设计与当地文化相关的文创产品进行精准营销，以求尽量贴合当地观众的喜好与审美。例如，在戏曲表演中融入西方的乐器、唱腔、舞蹈，将东西方的文化进行深度融合。

2. 突破语言障碍，精准翻译文本

在剧目演出之前，剧本翻译工作者应将剧本、台词、字幕、海报、节目单的翻译进行多次检查，对于易产生歧义或不能准确表达剧本韵味的翻译进行反复推敲，对于不同情境的台词运用不同的方法来翻译。例如，将日常生活的交流翻译成生活化的词句，将饱含深情的对白翻译成艺术化的词句，对于逗趣的方言也要保持它原本的幽默性。尽量追求翻译的信达雅，即翻译内容的准确性、通顺性、文学性，这样才能让海外的观众深度理解剧目想要表达的实际内涵与中国戏曲的艺术魅力。

3. 利用多元化平台扩展传播渠道

（1）利用现代传播媒体。戏曲虽然是一门追求现场演出的艺术，但是若能通过互联网或电视台等现代媒体引起更多观众的兴趣，也不失为一种好办法。戏曲表演团队可以与视频网站合作，让观众可以在网上选择免费或付费观看不同的戏曲，同时呼吁观众到剧院来看现场演出，以获得更佳的观看体验。还可以在各大搜索引擎引入与戏曲有关的网页，这样，暂时无法去当地表演的国家的住民也可以通过网络了解中国戏曲文化的魅力，这就扩大了中国戏曲文化的影响范围。当然，随着技术的不断更新，各种新媒体不断出现，戏曲工作者更可以利用跨媒体、多媒体的方式对戏曲文化进行传播。

（2）坚持多元化传播路径。戏曲文化的对外传播可以与多种元素相结合。在海外举办中国"文化节""艺术节"等文化交流活动，是中华文化对外传播的重要途径，若能在活动中举办中国戏曲的展演活动与讲座活动，则可以以"表演＋讲解"的形式吸引更多的海外观众。戏曲文化的对外传播还可以与教育结合。在孔子学院或海外高校开办与中国戏曲有关的课程，是一种直接而有效的传播方式。戏曲文化的对外传播还可以与旅游相结合。在历史底蕴浓厚的旅游城市建造剧院，利用旅游资源吸引观众，又可以以观众带来的经济效益为旅游创收。

4. 注重优质声乐教学，培养复合人才

中国戏曲文化博大精深，唱腔颇为复杂，若想成为一名合格的中国戏曲表演者，不仅需要天资过硬——拥有一副好嗓子，更需勤加苦练，才能培养出悠扬的腔调与优美的嗓音。而且，若入门时采用了不当的练习角度或练习方法，那么后期再多的练习也都是无用功。因此，声乐教学尤为重要。除此之外，戏曲表演者还需精通戏曲表演的基本功——唱、念、做、打，这就要求演员不仅具备唱功，还需要过硬的身体素质与足够的耐心和毅力来支撑对于高难度动作的练习。需知，一场表演若想要得到更多观众的喜爱，首先应该做的就是力求将表演的各个方面做到最出色，戏曲表演也不例外。对于戏曲文化更广泛的传

播，优质的表演是必不可少的。因此，戏曲工作者应注重对于复合型表演人才的培养，尤其是优质的声乐教学。

5. 培育品牌人物，打造品牌形象

在当今世界，各个国家都对创造品牌效应高度重视，尤其是扩大品牌人物的知名度与品牌作品的声誉。中国戏曲文化也不例外，戏曲工作者应该重点培养一批真正面向全球的、具有高质量的表演水平与优秀的个人品质的中国戏曲艺术家，让他们经常参与赴外演出，在交流会上发表演讲或评论，在各种公众活动中推广中国戏曲文化，与此同时维护好他们的个人形象，以扩大他们的影响力，从而达到更好的宣传效果，让更多的外国友人从艺术家入手，逐步了解中国的戏曲文化。

3.5 信任对中国与西亚贸易的影响

3.5.1 引言

西亚作为丝绸之路经济带的重要组成部分，与我国一直保持着友好的贸易往来关系。如今，习近平主席提出了建设丝绸之路经济带和打造 21 世纪海上丝绸之路的倡议，为中国与处于"一带一路"交汇处的西亚 18 国间的全面合作、发展提供了新前景，创造了更多互利共赢的新机遇。再者，我国与西亚大部分国家都有着相似的社会背景，不仅同为发展中国家，走着改革发展的道路，而且面临的社会问题存在着一定的相似性，这为双方开展全方位合作包括经贸合作奠定了基础。近年来，我国与西亚各国的贸易往来有了进一步发展，双方贸易互补性不断增强，合作的领域和空间逐步扩大。在 2014 年，我国与西亚 18 国的贸易总量达到了 3190 亿美元，进出口贸易总额逐年增加，增长率增加至 11.33%。

在社会生活中，制度因素包括正式制度和非正式制度，其中正式制度因素是一种成文的规定，如政治制度、法律制度等，具有广泛的适用性。而非正式制度因素是人们在长期交往中形成的，它具有持久的生命力，并且构成了代代相传的文化的一部分，主要包括价值信念、伦理规范、道德观念、风俗习惯、意识形态等因素（陆铭，2008）；而社会资本不仅仅包括了非正式制度因素，也涵盖了组织形态（如社会关系网络）和成员的偏好表达（如信任）等维度。其中，信任对经济行为的影响一直是国内外学者所关注的焦点，例如，亚当·斯密曾在《道德情操论》中提出了信任与人类经济行为的关系。

近年来，越来越多的学者将信任引入经济领域，包括金融、国际贸易领域等。研究信任对各个国家居民的收入状况、福利状况以及进出口贸易等各个方面的影响。那么，信任对于中国与西亚各国之间的贸易有什么样的影响？对出口和进口的影响程度相同吗？对于发达国家和发展中国家而言，信任对其贸易的影响有什么样的区别？针对这些问题，本节将结合国内外学者的研究成果，将进一步分析研究。

目前，有关社会资本的基本研究，主要集中于理论层面对基本概念的界定以及实证角度对社会资本意义的实证研究。在理论层面上，帕特南等（Putnam et al.，1993）从社会资本的功能角度进行分析，提出了社会资本是能够通过协调的行动来提高经济效率的网络、信任和规范，具有协调行动的功能。科尔曼（Coleman，1988）、克里希纳（Krishna，2000）等学者则从社会资本的分类构成以及结构层次的角度对其进行定义。陆铭等（2008）从社会资本与非正式制度之间的关系角度提出了社会资本的本质含义，即在社会互动中形成的一种非匿名的资本，它的主要形式是一定社会空间内部的关系网络、信任和行为规范。在实证方面的研究成果主要有两个方向。（1）从社会资本与家庭收入福利关系方面，纳拉扬和普里切特（Narayan & Pritchett，1997）以坦桑尼亚农村地区为例，研究发现社会资本在提高家庭收入上的巨大作用；格鲁泰尔特（Grootaert，1999）从社会资本与家庭福利的相关关系角度出发，提出了社会资本与家庭福利之间存在着正向的相关关系。格鲁泰尔特（2001，2002）提出社会资本对家庭福利方面的影响对于穷人而言更加明显，福利的增加更加显著。（2）关于社会资本具体不同类别对经济影响的研究主要集中在社会政企关系、社会网络关系和信任等方面。菲斯曼（Fisman，2001）分析了政企关系对企业所产生的消极影响。在积极方面，当企业高层与政治联系较紧密时，企业会得到增值（Faccio，2006）。当同种族商业网络能够降低信息成本，对贸易也有一定的促进作用（Rauch & Trindade，2002）。赵剑治和陆铭（2008）分析了社会网络与收入的关系，提出了市场化程度较高的地区，社会网络对收入的提高有促进作用。

有关信任的文献回顾主要集中在信任的基本概念和测度、信任对经济贸易的影响以及信任与文化的关系三个方面。首先，对于信任的概念不同学者提法各异，卢梭（Rousseau，1998）明确提出信任是对他人善意和宽仁的一种期望。维塞尔奎斯特（Wieselquist，1999）、里格蒂和芬克诺伊斯（Righetti & Finkenauer，2011）等的研究将信任定义为一种信念和行为意愿。约翰（John，2014）阐述了社会信任是一种代代相传的社会文化规范，通过对各国的移民进行问卷调查获得了各个国家的信任指数。国内学者张维迎等（2002）提出在重复博弈模型中，人们追求长期利益会导致信任的结论。而对于信任水平的测定方面，圭索等（Guiso et al.，2005）在研究文化差异性对经贸投资的影响过程中，提出通过对欧盟各国进行问卷调查（Eurobarometer & European Commission）的方式获得各国内部的信任水平。约翰（2014）对世界各个国家的移民人口进行问卷调查，获得了世界130多个国家的社会信任指数。在国内，张维迎（2002）在验证重复博弈会产生社会信任的结论时，用到了由中国企业家调查系统对我国15000家企业进行问卷调查而获得的中国各个省（区、市）的信任水平。郭晓凌和张银龙（2013）根据世界价值观调查数据库中的调查结果获得了36个国家的信任数据。而本节的研究将采用约翰（2014）关于欧盟的调查数据，从130个国家中选取中亚18个国家的信任指数。

其次，关于信任对经济贸易的影响方面，阿罗（Arrow，1972）提出国家之间经济往来的失败可以尝试用信任的缺乏来解释，进而引发了经济学界对信任和经济行为关系的研究。奈克和奈菲尔（Knack & Kneefer，1996）发现一国的总体信任水平和国家经济增长率高度相关。弗兰克（Frank，2003）从理论层面阐述了信任通过降低贸易成本促进双边贸易的发展，也解释了现实贸易量大于理论贸易量的原因。巴特和莫什（Butter & Mosch，2003）采用 25 个国家 1996 年的信任调查数据进行研究，发现正式信任和非正式信任都对双边贸易量有显著影响；圭索等（2005）提出信任缺失会阻碍双边贸易和投资；圭索等（2004）也发现，欧洲不同国家间信任水平的差异对国际贸易会产生重要的影响。牛顿（Newton，2007）同时从理论和实证的角度对信任与开放之间的关系进行了研究，得出了信任与开放贸易之间存在正向的关系。在国内，赵家章（2011）运用中国的省际信任数据，从贸易成本的角度分析信任对贸易所产生的影响，提出了信任能够降低交易成本，与贸易有着正向的相关性。还有学者通过实证研究分析了信任与比较优势的关系，利用世界上 63 个国家 222 个行业的数据进行实证研究，得出了社会信任度高的国家在契约密集型产品上具有比较优势的结论（王永进等，2010）。

最后，还有不少学者集中于信任与文化方面的研究，对于各个国家社会信任的比较结论也各异。英格尔哈特等（Inglehart et al.，1998）通过世界价值观调查，也发现来自中国、日本和韩国的被试比美国被试的信任程度高；胡夫和凯利（Huff & Kelley，2003）比较了全球 8 个国家的企业组织外部信任感，发现美国显著高于亚洲；波姆霍夫和古（Bomhoff & Gu，2012）比较了 11 个西方国家和 8 个东亚国家的信任水平，发现东亚人对于陌生人的信任程度低于西方人。从文化价值观层面来看，特里安迪斯（Triandis，1988）研究表明，在集体主义社会，人们区别对待"组内"和"组外"成员，对与自身关系不甚密切的"组外"成员持不信任和怀疑态度，这会降低社会的信任水平；施瓦茨（Schwartz，2004）的研究认为，个体主义社会赞成个人自治和平等主义等价值观，可以提升社会信任水平。在国内，郭晓凌和张银龙（2013）通过采用世界价值观调查数据库中的 36 个国家的信任数据及霍夫斯塔德文化价值观中的个体主义数据分别从国家和个人层面实证检验了个体主义与集体主义文化导向与一般信任的关系。

有关遗传距离的研究，桑格维（Sanghvi，1953）将遗传距离应用于民族进化的研究，并将其作为群体间血缘关系近亲程度的度量指标。在此基础之上，不同的学者先后提出了不同的方法去测量遗传距离。对遗传距离的测量主要有四种方法：奈氏遗传距离法（Nei，1972）、FST 法（Cavalli-Sforza et al.，1994）、固定指数法（Reynolds et al.，1983）和 RWC 法，具体的计算公式如表 3 - 18 所示。在经济学分析中，最常用的是前两种分析方法，前两种方法主要根据卡瓦利·斯福尔扎等（1994）所计算出来的 FST 遗传距离值以及奈氏遗传距离值而进行计算。具体而言，卡瓦利·斯福尔扎等（1994）提出了用于测算种族之间经济文化交流的遗传距离的计算方法，即用于计算遗传距离的基因是由遗传漂变导致的"中性基因"，通过大量中性基因片段的差别来测算的遗传距离可以反映两个群体追溯到其共同祖先的时间长短，进而考察民族间垂直差异的大小。而雷诺兹等（Reynolds et al.，1983）提出的遗传距离计算方法则主要适用于在较短进化时期之内，人口数量较小时候的研究。

表 3 - 18　　　　　　　　　　　　遗传距离测算方法

计算方法	计算公式
奈氏遗传距离法	$$Nei_{i,j} = \sum_i \sum_j s_{i,p} \cdot s_{j,p} \cdot d_{pq}$$ $$d_{(x_1,x_2)} = \sqrt{2 \cdot \left[1 - \left(\sum_{j=1}^{p} x_{ij} x_{2j} \right) \Big/ \sqrt{\sum_{j=1}^{p} x_{ij}^2 \sum_{j=1}^{p} x_{2j}^2} \right]}$$
FST 值计算法	$$WFst_{i,j} = \sum_i \sum_j s_{i,p} \cdot s_{j,p} \cdot d_{p\bullet}$$ $$RWFst_{i,j} = [WFst_{i,J} - WFst_{j,J}]$$ $$d_{(x_1,x_2)} = \sqrt{2 \cdot \left[1 - \left(\sum_{j=1}^{p} x_{ij} x_{2j} \right) \Big/ \sqrt{\sum_{j=1}^{p} x_{ij}^2 \sum_{j=1}^{p} x_{2j}^2} \right]}$$
固定指数法	$$\theta = 1 - \left(1 - \frac{1}{2N} \right)^t$$ $$\Theta = -\ln (1 - \theta)$$

注：P 为测定遗传距离的两个群体共有的全部等位基因数，d 为民族之间的遗传距离。

3.5.2　中国与西亚贸易现状分析

根据联合国商品贸易数据库统计，2014 年中国总体进出口总额达到 26.43 万亿元人民币，比 2013 年增长约 2.3%，尽管没有达到预期的增长幅度，但是我国已经是世界第一大出口和第二大进口国，中国在世界贸易中的比重从4.3%提高到10.4%，已经成为世界经济稳定增长的重要力量。我国与西亚各国之间的进出口贸易量也在逐年增加，贸易总额达到了3190亿美元，具体的变化趋势如图3-3所示。

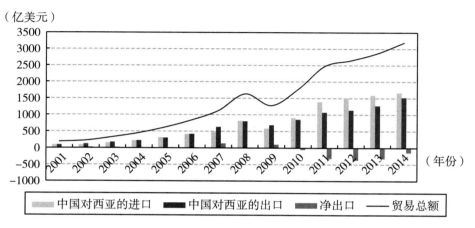

图3-3　2001~2014年中国与西亚各国总贸易发展趋势
资料来源：联合国商品贸易数据库（UN Comtrade）。

从图3-3可以看出，自2001年中国加入世界贸易组织以来，中国对西亚各国的进出口总额逐年增加，从2001年的189.74亿美元逐步增加到2008年的1629.59亿美元。在2008年由于受到全球金融危机的影响，总贸易额发生了下降。在2009~2014年，总贸易额又开始逐年上升，一直增加到2014年的3190亿美元。对于进口和出口而言，变化趋势与总贸易额趋势相同，进口额和出口额分别从2001年的95.32亿美元、94.42亿美元增加到2008年的824.57亿美元和805.01亿美元，都同时在2009年发生了下降。之后同时从2009年开始逐步增加，一直到2014年分别达到了1664.92亿美元和1525.58亿美元。总体来看，中国自2001年以来对西亚各国的进出口主要呈现贸易逆差。自2001年以来，贸易逆差额逐年扩大，在2012年贸易逆差额达到了最大值364.22亿美元。在2012年之后，随着"一带一路"倡议的提出和实施，中国与西亚各国的贸易逆差额又开始逐年减少，在2014年总贸易逆差额约为139.34亿美元。

对于贸易增长率而言，自2001年以来，从总体上来看中国与西亚各国的进出口贸易增长率都呈现稳定的发展趋势。具体来看，我国对西亚的出口增长率从2002年到2008年都比较稳定，保持在25%左右。由于2008年全球金融危机的影响，2009年的出口增长率骤减，下降到了-16.39%。如图3-4所示，之后几年逐步回升，在2011年又增长到一个高峰且达到了20.18%。进口增长率和总贸易增长率的变化趋势与出口的趋势基本一致，在2009年之前保持着稳定的增长速度，在2008年同时达到了最大值，分别为39.89%和30.77%。在2009年同时出现了急速下降，分别减少到了-39.95%和-27.23%。不管进口、出口还是总贸易额增长率，在2009年之后又逐年增加，到2011年都达到了一个小高峰。随着"一带一路"倡议的实施以及我国与西亚各国贸易合作的大力开展，同时我国政府大力鼓励企业"走出去"，重视出口贸易的发展，使得最近几年我国对西亚各国出口的增长率高于进口的增长率，贸易逆差额逐渐减小。

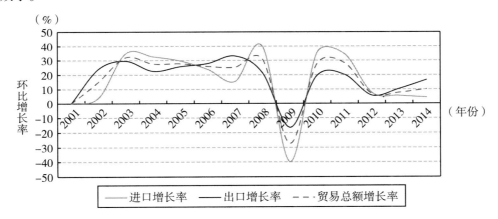

图3-4 2001～2014年中国对西亚各国的贸易增长趋势

资料来源：联合国商品贸易数据库（UN Comtrade）。

3.5.3 实证研究

1. 指标和数据

本节实证分析过程中所涉及的变量和指标主要有信任指标、信息类变量，以及文化、经济类变量。信任指标：本节所涉及的信任属于社会资本的范畴，与约翰（2014）所阐述的概念相同，是能够表达个人偏好的一种非正式制度因素。所用的我国以及中亚 18 个国家的信任指标数据来自盖洛普世界民意调查（Gallup World Poll）。该问卷调查在 160 多个国家（地区）展开，分不同批次从 2005 年开始一直持续到 2012 年，其中信任的调查数据符合本节关于信任的定义。问卷中的问题为："总体说来，您认为大多数是可以信任的或者在与人交往时您认为应当十分谨慎吗？"答案为 A：大多数人可以信任；B：应当谨慎。最终利用所有受访者回答"大多数人是可以信任"的比例作为各国信任水平的指标（Knack，2001）。

信息类指标主要包括地理距离、共同边界和共同语言，这三个指标数据来自法国 CEPII BACI 数据和 WVS 数据库。

文化差异性指标主要包括共同的宗教信仰、遗传距离和共同法律体系，其中宗教信仰和共同法律体系的数据来源于 WVS 数据库。遗传距离本书基于全球 42 个民族的 FST 和 Nei 遗传距离值，运用了经济学中最常用的两种测算遗传距离的方法来测算（Cavalli-Sforza et al.，1994）。

经济类指标主要包括中国与西亚 18 国的进出口贸易额以及各个国家的人均 GDP。具体各个变量的描述性统计情况如表 3 – 19 所示。

表 3 – 19　　　　　　　　　变量的描述性统计

变量	均值	标准差	最小值	最大值	观察值
exp	6.452	21.30	0	390.3	3501
$trust$	0.200	0.130	0.0670	0.585	3808
$distw$	2078	1864	114.6	7924	4284
$border$	0.157	0.364	0	1	4284
$comlang$	0.451	0.498	0	1	4284
law	0.542	0.498	0	1	4284
$gene$	24.77	52.87	0	182	4284
$religious$	0.608	0.488	0	1	4284
gdp_i	17644	18297	538.3	96732	4097
gdp_j	17644	18297	538.3	96732	4097

2. 基本模型

引力模型源自牛顿的万有引力模型，20 世纪 40 年代，詹姆斯·斯图尔特最早将其应用到了社会科学领域。之后，廷伯根（Tinbergen，1962）将经典的引力模型应用到国际贸易领域，用其研究两个国家的双边贸易与这两个国家的经济规模以及国家距离之间的关系。而本节的实证分析同样也是基于经典引力模型进行的，基本模型如下：

$$T_{ij} = A \cdot [(Y_i Y_j) / D_{ij}] \tag{3.20}$$

对应的标准展开式如下：

$$\ln T_{ij} = \beta_0 + \beta_1 \ln GDP_i + \beta_2 \ln GDP_j + \beta_3 \ln D_{ij} + \varepsilon_i \tag{3.21}$$

其中，T 表示 i 国与 j 国之间的贸易量，GDP 表示国家的经济规模，D 表示两个国家首都城市之间的距离。

3. 回归方程的构建

本节在基础引力模型的基础之上，结合各个方面的影响因素建立如下的回归方程：

$$\ln exp_{ij} = \beta_0 + \beta_1 \ln GDP_i + \beta_2 \ln GDP_j + \beta_3 \ln distw_{ij} + \beta_4 trust_j + X + \varepsilon_{ij}$$

$$\tag{3.22}$$

其中，$\ln exp_{ij}$ 表示 i 国对 j 国的出口额；$\ln GDP_i$ 表示 i 国的人均 GDP，$\ln GDP_j$ 表示 j 国的人均 GDP；$\ln distw_{ij}$ 表示 i 国与 j 国之间的地理距离；$trust_j$ 表示出口目的国的信任指数；X 包含一系列的控制变量 $border_{ij}$、$comlang_j$、law_{ij}、$gene_{ij}$、$religious_{ij}$。其中，$border_{ij}$、$comlang_{ij}$、law_{ij} 和 $religious_{ij}$ 分别表示两国之间是否有共同边界、共同语言、共同法律体系和宗教，$gene_{ij}$ 表示两个国家之间的遗传距离指标。

4. 结果分析

首先，选择 2001～2014 年中国与西亚 18 国之间出口额的对数为被解释变量，各个国家的信任指数、地理距离、各国的人均 GDP、共同边界和共同语言为解释变量，用 OLS 最小二乘估计方法对各个解释变量对被解释变量所产生的影响进行估计。为了研究信任对贸易的影响，本节采取逐步加入控制变量以及控制国家固定效应的方法，具体估计结果如表 3 - 20 所示。

表 3 - 20　　　　　　　　　　OLS 回归结果

lnexp	(1)	(2)	(3)	(4)	(5)
trust	3. 538 *** (0. 28)	6. 767 *** (0. 30)	6. 760 *** (0. 30)	6. 234 *** (0. 30)	6. 234 *** (0. 30)
lndistw		− 1. 068 *** (0. 05)	− 1. 011 *** (0. 05)	− 0. 717 *** (0. 06)	− 0. 716 *** (0. 06)
lngdp_i		1. 619 *** (0. 10)	1. 619 *** (0. 10)	1. 593 *** (0. 09)	1. 593 *** (0. 09)
lngdp_j		− 0. 0240 (0. 03)	− 0. 0220 (0. 03)	0. 0170 (0. 03)	0. 0170 (0. 03)
law			0. 414 *** (0. 08)		0. 00800 (0. 09)
border				0. 852 *** (0. 12)	0. 852 *** (0. 12)
comlang				1. 011 *** (0. 09)	1. 007 *** (0. 10)
cons	− 3. 918 *** (0. 23)	− 5. 743 *** (0. 80)	− 6. 422 *** (0. 81)	− 9. 220 *** (0. 83)	− 9. 223 *** (0. 83)
固定效应	YES	YES	YES	YES	YES
N	3102	2881	2881	2881	2881
R^2	0. 370	0. 497	0. 502	0. 525	0. 525
$A - R^2$	0. 367	0. 493	0. 498	0. 522	0. 521
F	100. 7	134. 6	131. 0	137. 5	131. 7

注：括号内数字为标准差；***、**、* 分别表示在1%、5%、10%的水平上显著。

表 3 - 20 中，第（1）列只加入固定效应没有其他控制变量的情况下研究

信任对贸易的影响，系数显著为正，体现了其对国家出口有正向的促进作用。第（2）列根据经典引力模型加入了各个国家的经济规模以及地理距离，此时信任指数系数变大，但同样在 1% 的显著水平上为正；地理距离指标的系数显著为负，表示两个国家的地理距离越远，两者之间的贸易量会越小。这样的结论与引力模型的基本原理一致，也与之前各位学者的研究成果相同。同时出口国的国内人均 GDP 会促进两国之间贸易的发生，而进口国的人均 GDP 同样也对贸易有积极的影响，但是系数不显著。第（3）列加入了共同法律体系的虚拟变量，估计结果显著为正。在没有控制其他虚拟控制变量的前提下，如果两个国家有共同的法律体系，则会对这两个国家之间的贸易额产生正的影响。第（4）列加入了共同边界和共同语言的控制变量，此时信任和 i 国的人均 GDP 同样显著为正，地理距离显著为负。对于共同边界和共同语言系数都显著为正，说明两个国家如果有共同的边界和共同的语言，都会促进出口。在第（5）列加入了全部的控制变量。其中，信任系数为 6.234 且显著为正，根据已有的研究成果，从成本的角度，由于两个国家的信任指数越高，双方的贸易成本会下降，这会进一步促进双方贸易额的增加。而双方的地理距离越远，双方发生贸易时的成本会增加，尤其是运输成本，这会对贸易额产生负面影响。经济规模对贸易有正向的影响，人均 GDP 越高，国内市场潜力会越大，需求也会越旺盛，对进出口贸易有更大的促进作用。此外，当同时加入了共同边界、共同语言以及法律的控制变量时，共同边界和共同语言会对贸易产生促进作用，但是此时共同法律系数却不显著，这与之前学者的研究成果是一致的（Zingales，2004）。

　　以上分析在选择控制变量时主要集中在信息类变量上，尽管模型估计的各个系数普遍显著，但是仍需要考虑内生性问题，因为各个国家文化的差异性也会对贸易产生一定的影响，使得以上的模型估计可能存在遗漏解释变量的误差。接下来本节分别选择遗传距离和共同宗教信仰作为工具变量进行 IV 估计。由于以上的实证分析中已经控制了地理距离、共同语言和共同边界，则此时共同的宗教信仰不会直接对贸易额产生影响（Zingales，2004）。斯波劳雷和瓦克齐亚格（Spolaore & Wacziarg，2009）也将公元 1500 年民族间遗传距离作为工具变量，同时这一方法也得到了其他学者的认可和使用（Ashraf & Galor，2013）。所以，本节也采取这种通用的处理方法，具体的估计结果如表 3 - 21 所示。

表 3 - 21   IV 估计结果

lnexp	（1）	（2）	（3）	（4）	（5）
$trust$	3.236 ***	9.441 ***	9.401 ***	8.972 ***	8.989 ***
	（0.41）	（0.49）	（0.48）	（0.51）	（0.50）
ln$distw$		- 1.293 ***	- 1.234 ***	- 0.994 ***	- 0.995 ***
		（0.06）	（0.06）	（0.06）	（0.06）
lngdp_i		1.586 ***	1.587 ***	1.564 ***	1.564 ***
		（0.09）	（0.09）	（0.09）	（0.09）
lngdp_j		0.00700	0.00800	0.042 *	0.042 *
		（0.03）	（0.03）	（0.03）	（0.03）
law			0.411 ***		0.00200
			（0.08）		（0.10）
$border$				0.566 ***	0.564 ***
				（0.12）	（0.12）
$comlang$				1.014 ***	1.013 ***
				（0.10）	（0.12）
cons	- 1.171 ***	- 5.815 ***	- 6.530 ***	- 8.206 ***	- 8.198 ***
	（0.21）	（0.84）	（0.84）	（0.82）	（0.83）
固定效应	YES	YES	YES	YES	YES
N	3102	2881	2881	2881	2881
R^2	0.370	0.483	0.489	0.512	0.512
A - R^2	0.366	0.479	0.485	0.508	0.508
F					

注：括号内数字为标准差；*** 、** 、* 分别表示在 1%、5%、10% 的水平上显著。

根据表 3 - 21 中的估计结果，信任的系数仍然显著为正，而且系数比 OLS 回归大。可见，出口国的信任指数越大，对该国的出口额也会越大。地理距离同样对贸易产生负向影响，经济规模的增加会促进双方贸易的开展，共同的边界和语言也会起到一定的促进作用。以上估计同样控制了固定效应，并且采用稳健标准差估计法，第（5）列调整后的 R^2 高达 0.508，模型整体的估计效果较好。

5. 稳健性检验

为了对回归结果的稳健性进行检验，本节采取了两种方法。首先，将 i 国对 j 国的出口替换为 i 国对 j 国的进口，然后分别用 OLS 最小二乘回归方法和 IV 估计法逐步加入控制变量进行稳健性检验，具体估计结果如表 3 – 22 所示。

表 3 – 22   稳健性检验结果

变量	（1） OLS	（2） IV	（3） OLS	（4） IV
trust	9.245 *** （0.37）	14.591 *** （0.47）	9.050 *** （0.39）	13.392 *** （0.48）
ln*distw*	− 0.662 *** （0.07）	− 1.123 *** （0.08）	− 0.592 *** （0.08）	− 1.042 *** （0.08）
ln*gdp$_i$*	1.223 *** （0.12）	1.146 *** （0.12）	1.218 *** （0.12）	1.166 *** （0.12）
ln*gdp$_j$*	0.281 *** （0.03）	0.346 *** （0.04）	0.286 *** （0.03）	0.329 *** （0.04）
law		− 0.00400 （0.11）		− 0.0120 （0.13）
border		0.278 * （0.15）		− 0.192 （0.16）
comlang		0.0400 （0.13）		0.0670 （0.15）
cons	− 13.737 *** （1.36）	− 7.719 *** （1.04）	− 14.264 *** （1.40）	− 8.068 *** （1.05）
N	2882	2882	2882	2882
R^2	0.339	0.292	0.340	0.311
A − R^2	0.334	0.287	0.334	0.305
F	73.34	63.93		

注：括号内数字为标准差；*** 、** 、* 分别表示在 1% 、5% 、10% 的水平上显著。

根据以上的检验结果，将被解释变量换成中国与西亚各国的进口额之后，同样采用逐步加入控制变量的方法，可以看出信任的系数仍然显著为正，而且系数值比对进口的影响普遍要大。所以，信任对于中国与西亚各国的进出口都有明显的促进作用，而且对进口的促进作用更大。其他解释变量对贸易额的影响情况与表 3 – 20 和表 3 – 21 中的结果相似。

3.5.4　结论

信任对中国和西亚 18 国的进出口贸易有正面的影响作用，一个国家的信任指数越大，其他国家对该国的进出口贸易都会越大。当一国信任指数越大，其他国家与该国进行贸易的成本越低，进而会促进其他国家与该国进行进出口贸易。两国之间的地理距离对贸易有负向的影响，两国之间的地理距离越远，贸易的运输成本等会越大，会对进出口贸易有减弱的作用。而国家的经济规模、共同语言和共同边界等会对贸易有正面的促进作用。

信任对进口的促进效应大于出口，一国的信任指数越高，其他国家对该国的进出口都会增多，且增加的幅度进口大于出口。根据前面的实证分析结果，信任指数每增加 0.01，进口会增加约 13.39%，而出口增加约 8.99%。一国的人均 GDP 同样对双方的贸易有正向的促进作用，但是一国的人均 GDP 对该国出口的影响系数显著，而对该国进口的影响虽然为也正，但是系数却不显著。

信任对发达国家出口贸易的影响大于发展中国家，对于发达国家来说，一国信任指数越大，则对该国的出口也越多。而对于发展中国家而言，信任指数对出口的促进作用会小于发达国家。信任指数每增加 0.01，发达国家对其的出口额会增加约 10.49%，而发展中国家对其的出口额只增加约 8.7%。

第 4 章

文化认同对贸易的影响

4.1　文化认同对中国文化产品贸易的影响

作为文化认同的载体，国家间文化产品的输出不仅受到市场机制的影响，并且受到国家间文化认同的影响。随着中国文化海外传播步伐的加快，越来越多的外国人开始了解和认同中国文化。那么，外国对中国文化的认同能否促进中国文化产品贸易发展呢？本章采用来华留学生数量作为文化认同的指标，从文化认同的角度，对中国文化产品贸易进行了实证分析。结果发现，文化认同的提高推动了中国文化产品的出口。在稳健性检验中，以来华旅游人数和图书版权输出量为代表的文化认同指标均推动了中国文化产品出口，而以外国人对中国正面评价比例人数为代表的文化认同指标对中国文化产品出口没有影响。

4.1.1　引言

自 20 世纪下半叶以来，文化"软实力"在全球综合国力竞争中的地位和作用得到了广泛关注。党的十八大报告将增强国家文化"软实力"作为中国文化治理的总要求,赋予了文化"软实力"更明确、更具体、更高的战略地位。作为文化传播的重要载体,大力发展对外文化贸易对于中国文化的对外传播和国家文化"软实力"的提升具有重要意义。

近年来中国文化产品贸易发展取得了显著成就。根据联合国贸易数据库统计,中国核心文化产品贸易总额从 1992 年的 2.70 亿美元,增长到 2013 年的 149.08 亿美元,20 年间增长了约 43 倍。那么,是什么促进了中国文化产品贸易的蓬勃发展?传统的文献主要关注了供给层面和文化差异对于文化产品贸易的影响。事实上,作为商品属性和意识形态属性的统一体,一国文化产品的输出不仅取决于供给层面和国家间文化差异,更取决于进口国居民能否对出口国文化形成认同。近些年,随着中国文化对外传播步伐的加快,越来越多的外国人通过媒体、版权输出等多样化渠道了解和认识中国,并对中国的文化习俗、审美价值与宗教信仰等核心文化价值观产生认同,即文化认同。在此背景下,外国对中国文化认同的不断提高是否促进了中国文化产品贸易的发展呢?本章以文化认同为视角,对中国文化产品贸易进行实证分析并回答上述问题。

塞缪尔·亨廷顿(2002)认为不同民族的人群常以对他们来说最有意义的事物来回答"我们是谁",即用"祖先、宗教、语言、历史、价值、习俗和体制来界定自己",并以某种象征物作为标志来表示自己的文化认同。郑晓云(1992)指出,文化认同是人类对文化倾向性的认可与共识。崔新建(2004)指出文化认同是个体之间或个体与群体之间的共同文化确认。人们之间相同的文化问题,表现在双方相同的文化背景、文化氛围或对对方文化的承认与接受。沃德和肯尼迪(Ward & Kennedy,1994)以文化融入为视角,将文化认同具体分为主族文化的认同,即对当地文化的认知与认同;客族文化的认同,即对本土文化的认知与认同。根据本章研究的内容,我们所说的文化认同是一种主族文化的认同,具体是进口国居民对出口国文化的认知与认同。一般而言,进口国居民对出口国文化认同度越高,越容易接纳出口国文化。

传统文献关于文化认同的研究主要集中在对其起源、概念、构建及其在文化学、政治学和国际关系学等领域的应用。然而，随着经济全球化和信息化进程的加快，全球贸易开放度的提升不仅推动了国家间文化的交流，而且促进了贸易伙伴国居民对双方生活方式、文化观念以及文化审美方式等方面的认同。文化认同与贸易的关系受到越来越多经济学学者的关注，主要包括两个方面。

第一，贸易对文化的影响。考恩（Cowen，2002）从文化维度的角度研究了经济全球化与文化认同的问题，指出贸易开放将会促进贸易伙伴国居民对对方文化的认同。雅内巴（Janeba，2004）认为国家间的贸易往来不仅会改变国家间消费者的消费模式，同时还会改变消费者对本国文化的认同。奥利维尔等（Olivier et al.，2008）通过建立一个文化认同动态的内生性模型，研究了文化认同动态性与全球化的关系。结果表明，贸易的全球化将国家间文化呈现"分散"状态，即在一段时间内国家间文化将呈现多样化。但从长期来看，封闭状态下，贸易的全球化将会降低个体对地区文化的认同。该结论与马伊达和罗德里克（Mayda & Rodrick，2005）的研究结果相同。

第二，文化对贸易的影响。塔德塞和怀特（Tadesse & White，2010）通过对不同国家间文化距离进行测度验证了文化距离对国家间文化产品贸易的影响。结果表明，文化距离越大，国家间文化产品贸易总量越小。刘杨和曲如晓等（2013）基于 11 个 OECD 国家 2001～2010 年的文化产品出口数据，研究了地理距离、文化距离、语言距离等可变贸易成本对 OECD 国家间文化产品出口的影响。结果表明，文化距离在文化产品出口中起到了主要作用，而传统的地理距离、语言距离不具备显著的解释能力。

目前，中国文化产品贸易研究的出发点主要是从文化差异和供给层面进行的。然而，中国文化产品的贸易既取决于供给方，更取决于需求方。从经济学角度看，文化产品的消费最终取决于消费者的选择。然而，作为一种特殊的产品，本国文化产品能否顺利出口还取决于进口国居民对于本国文化的认同。从文化认同角度来探讨中国文化产品贸易，不仅有助于推动中国文化产品贸易的发展，而且有利于政府有针对性地制定文化"走出去"战略和中国"软实力"的提升。

4.1.2 文化认同对文化产品贸易的影响机制

1. 文化产品是文化认同的载体

文化产品是指传播思想、符号和生活方式的消费品，它能够提供信息和娱乐，进而形成群体认同并影响文化行为（李小牧和李嘉珊，2007）。文化产品不仅表现出普通商品的经济特征，同时也反映了一个国家或民族的审美价值、艺术价值、宗教信仰、生活习俗等文化价值观，是社会意识形态的产物。文化产品通过生动、形象的文化内容向消费者展现着一个国家或民族的核心文化价值观，满足着消费者某种精神文化需求。与普通产品不同，只有当文化产品所传达的文化价值观获得所在地区或国家主导价值体系的认同，满足当地居民的某种精神文化需求时，方可以文化产品的形式存在。因此，从本质上讲，文化产品是文化认同的载体。

2. 文化认同决定文化产品贸易，文化产品贸易发展促进文化认同的形成

文化产品在不同国家间的输入与输出形成了文化产品贸易。作为经济属性和意识形态的统一体，文化产品贸易的发展既受到市场机制的制约，又受到国家间文化认同的影响。一方面，与普通产品相同，文化产品通过劳动力、资本、生产技术等要素禀赋来实现其经济价值。因而，文化产品贸易的发展要受到文化产品价格、出口国文化产品供给与进口国文化消费需求等市场机制的制约。另一方面，作为文化认同的载体，文化产品主要满足消费者的精神文化需求。消费者选择什么样的文化产品取决于他们能否认同文化产品所传达的文化价值观。因此，文化产品贸易的发展还要受到国家间文化认同的影响，即取决于进口国文化消费者能否接受与认同出口国文化产品中所蕴含的文化价值观。例如，美国好莱坞电影、日本动漫、韩剧在中国之所以能获得规模如此之大的受众群体，其背后反映出中国消费者对于文化产品中所传达文化价值观的认同。

同样，国家间文化产品的往来对于传播一国文化、提升外国消费者对本国文化认知与认同起到了积极的作用。外国消费者通过消费文化产品来不断建构文化产品的传播形式，使得文化产品所传达的文化价值观留在了外国消费者的认知结构中，进而不断加深外国消费者对本国文化价值观的理解，促进其对本国文化的认同，推动本国文化的对外传播。此外，文化产品的大规模输出可能对进口国文化价值观产生冲击，逐渐改变进口国居民的生活方式、文化观念等，降低他们对本土文化的认同，导致文化趋同。

4.1.3　实证分析

1. 计量模型的设定

本节将基于廷伯根（1962）的引力模型，结合本节所研究的实际问题，构建如下模型：

$$\ln X_{ij} = \alpha_0 + \alpha_1 \ln acp_{ij} + \alpha_2 \ln gdp_i + \alpha_3 \ln gdp_j + \alpha_4 \ln dis_{ij} + Z_{ij} + fe + \varepsilon_{it}$$

$$(4.1)$$

其中，X_{ij} 为 i 国对 j 国文化产品的出口量，acp_{ij} 为 j 国对 i 国文化的认同程度，gdp_i 和 gdp_j 分别为 i 国和 j 国的 GDP，dis_{ij} 表示 i 国和 j 国之间的地理距离，Z_{ij} 表示可能影响中国文化产品出口的因素，fe 表示国家效应，用于反映国家个体间差异对于文化产品出口的影响，ε_{it} 为误差项。

2. 变量的选取与说明

（1）文化认同（acp_{ij}）。目前，大部分研究主要采用调查问卷的形式来获取外国人对中国文化的认同度。但是，由于人文价值概念的抽象性，使得文化认同难以得到精确的量化。尽管如此，我们仍然可以选择某些代表性指标来反映文化认同。

来华留学生教育是中国对外文化交流的重要组成部分，是提高世界对中国文化认同、扩大中国文化影响力的重要途径。随着中国经济实力的提升、对外开放的进一步扩大，汉语成为中国与世界各国经济与文化交流的重要媒介，全球对汉语学习的需求持续上升。作为汉语学习的重要主体，中国来华留学生的规模持续扩大，1991 年来华留学生数量仅为 1848 人，而 2018 年来华留学生数量已达到 49.2 万人。越多的外国人来华留学，那么他们越能更广泛地学习和了解中国文化，进而加深其对中国文化的理解，促进其对中国文化的认同。

一方面，语言与文化历来不可分割。文化赋予了语言精神内涵，语言也反映了一个国家或民族的历史与文化，如习俗、信仰、文化价值等（叶文婷，2008）。根据二语习得的相关理论，在语言学习过程中，第二语言学习者的母语群体与目的语间的文化差异越小，对目的语文化认同度越高，越容易学好目的语（Schumann，1978）。语言的学习不仅包括对词汇、句型与语法的学习，还包括对目的语所属人文价值观的认同（William，1994）。因此，语言的学习必须基于对目的语文化的理解，即对其所依附的国家或民族文化价值观的认同。对于来华留学生而言，汉语不仅是一种交流工具，更是中国文化传播的载体。通过学习汉语，来华留学生能够不断地了解汉语言文化，从而对中国文化产生认同。

另一方面，根据文化融入理论，随着个体在某种文化群体中时间的增加，个体将会受到群体中主流文化的影响，从而逐渐适应和认同主流文化（Berry，2005）。大量的研究表明，随着居住时间的增加，外来个体将会逐渐地认同与融入当地主流文化中（Gordon，1964；郑雪，2010）。在留学过程中，来华留学生通过社会交往、旅游观光、生活起居更深入地体验和感受当地文化，并随着居住时间的增加，逐渐接受和认同中国文化。张国良等（2011）研究发现，来华留学生对中国文化认同度较高，在"学习汉语""中国菜"等方面存在着较高的文化认同度。

从上面的分析我们不难发现，来华留学生通过在中国的学习与生活、了解和体验当地文化，逐渐认同中国文化。可见，来华留学生与文化认同之间存在着某种必然的联系。基于张国良等（2011）已有文献研究，本节将来华留学生的数量作为衡量中国文化认同的指标，以 1996~2012 年美国、日本、韩国、印度尼西亚、越南、法国、德国、俄罗斯和泰国的来华留学生数量作为研究对象，数据来源于历年《中国教育年鉴》。

（2）文化产品的出口（X_{ij}）。本节所研究的文化产品是指可以体现一国文化内涵，反映一国文化价值观的核心文化产品。因此，本节将根据联合国教科文组织发布的《1994～2003 年文化产品和文化服务流动》中所界定的核心文化产品 SITC3 编码，采用 1996～2012 年中国对法国、日本、韩国、印度尼西亚、越南、德国、俄罗斯、美国和泰国的核心文化产品出口额进行研究。

（3）地理距离（dis_{ij}）。地理距离主要用于考察国家间的贸易成本，传统的文献主要采用国家之间不变的最短航运距离来表示。本节采用国家间不变的距离与每年国际油价平均值的乘积来代表距离成本。其中，国家间距离来自 CEPII BACI 的国际贸易数据库，国际石油价格来自国际货币基金组织数据库。

（4）经济规模（gdp）。很多文献采用本国 GDP 来衡量本国经济规模。一般而言，经济规模越大的国家，其潜在的供给能力或市场需求也就越大，经济规模与国家间文化产品出口成正比。考虑到 GDP 主要衡量一国总的生产供给能力，而文化产品的生产属于第三产业，故单纯采用一国 GDP 来代表文化产品的生产能力过于粗糙，因此本节选择中国第三产业的增加值（ser）来代表文化产品的生产能力，并采用进口国 GDP 来代表进口国的文化需求水平。数据分别来源于世界银行数据库。

（5）控制变量（Z_{ij}）。为了避免遗漏变量对模型估计的影响，本节通过加入控制变量对模型加以控制。第一，居民收入水平变量。一般而言，两国居民收入水平越接近，两国的需求结构越相似，越容易发生贸易往来。为此，本节引入进出口国人均 GDP 水平差值来表示，即 $\ln dpgdp = \ln |pgdp_i - pgdp_j|$，其中，人均 GDP 的数据来源于世界银行数据库。第二，国家规模变量。通常，具有更大国家规模和市场规模的国家，该国的对外贸易水平较为活跃，更容易与他国进行文化、经贸方面的交流，进而促进国家间文化产品贸易的发展。因此，本节选择国家领土面积（$\ln area$）对国家规模进行控制。

（6）国家个体效应（fe）。考虑到不同国家个体之间的相关性可能对模型回归结果的稳健性造成影响，为此本节加入国家个体效应来对模型加以控制。

3. 回归结果分析

（1）基本回归结果。表 4 - 1 报告了式（4.1）的基本回归结果，除了考虑了文化认同、经济规模等变量对中国文化产品出口的影响外，本节还进一步对国家规模、个体效应进行控制来对本节研究的问题进行检验。本节首先采用了混合 OLS 方法对式（4.1）进行检验，在不加入任何控制变量的模型 1 中，文化认同系数为 1.409，且在 1% 水平上显著，说明文化认同的提高对中国文化产品出口起到了促进作用。模型 2 对国家规模进行了控制并加入相关控制变量，此时，文化认同系数降为 0.489，且在 5% 的水平上显著。模型 2 的拟合优度为 0.853，较模型 1 增加了 0.308，说明加入上述控制变量使得模型 2 解释程度提高了 30.8%。

由于本节所采用的数据属于长面板数据，即时间维度大、个体信息小，因此，可能会出现组内自相关和组间同期相关问题产生，造成回归结果偏误。鉴于此，本节将对式（4.1）进行同时处理组内自相关和组间同期相关的广义最小二乘法估计（FGLS）。同时，考虑到国家个体间不可观测的异质性与解释变量之间产生的相关性，从而造成估计结果的不一致，本节在模型 3 和模型 4 中加入反映国家个体效应的虚拟变量，对式（4.1）做进一步回归。从回归结果来看，模型 3 中文化认同系数为 1.046 且在 1% 水平上显著。此外，在加入一系列控制变量后，模型 4 中文化认同前系数 0.336，且在 1% 水平上显著。值得注意的是，模型 3 和模型 4 文化认同前系数均较之前回归有所降低，这说明在考虑了组内自相关和组间同期相关的情况下，尽管估计系数有所降低，但依然支持文化认同对中国文化产品出口的促进作用的结论。最后，考虑到引力贸易型中可能存在的零贸易或詹森不等式问题（Santos & Teyreyro，2006），本节采用泊松回归作为稳健性检验的一部分来对模型进行估计，其中，模型 6 在模型 5 泊松回归结果的基础上报告了其边际效应。从回归结果看，模型 5 和模型 6 与模型 4 回归结果所得结论一致。

表 4 - 1 　　　　　　　　　　　　　基本回归结果

解释变量	模型 1	模型 2	模型 3	模型 4	模型 5	模型 6
$\ln acp_{ij}$	1.409 *** （0.105）	0.489 ** （0.128）	1.046 *** （0.049）	0.336 *** （0.095）	0.027 *** （0.006）	0.459 *** （0.115）
$\ln ser$		0.553 *** （0.267）		0.611 *** （0.161）	0.036 *** （0.013）	0.602 ** （0.228）
$\ln gdp_j$		0.676 *** （0.271）		2.301 （2.430）	0.033 ** （0.014）	0.555 ** （0.236）
$\ln dpgdp$		0.898 *** （0.070）		0.356 *** （0.097）	0.055 *** （0.004）	0.919 *** （0.067）
$\ln area$		0.097 *** （0.029）		0.821 *** （0.204）	0.007 *** （0.002）	0.122 *** （0.031）
$\ln dis_{ij}$		0.301 （0.205）		0.243 *** （0.094）	0.001 （0.011）	0.002 （0.118）
国家效应	No	No	Yes	Yes	No	No
wald			989.51 [0.000]	2528.85 [0.000]		
R^2	0.545	0.853				
N	153	153	153	153	153	153

注：括号内数字为标准差；*** 、** 、* 分别表示在 1% 、5% 、10% 的水平上显著。

（2）内生性检验。国家间文化产品的往来对于传播一国文化、提升异国消费者对本国文化认知与接受起到了积极的作用。在文化产品的消费过程中，文化产品所蕴含的文化价值将留在消费者的认知结构中，不断地改变着消费者的文化传播内容与行为，进而使得消费者对出口国文化形成认同。同时，进口国居民对出口国文化的认同，又会进一步吸引越来越多的进口国居民来主要文化产品出口国进行学习、工作和生活，因而出现内生性问题。

因此，本节采用工具变量（Ⅳ）方法对模型的内生性问题进行处理。在工具变量的选取中，本节选取 1996~2012 年中国教育经费投入额（万元）当期值与滞后一期以及来华留学生数量的滞后两期值作为来华留学生的工具变量，其中，教育经费投入额来自国家统计局网站。这是因为在选取工具变量时，内生性变量的滞后期往往被用作工具变量。同时，根据以往文献研究，目的国教育水平往往是影响留学生规模的重要因素，政府教育经费投入的增多，教育资源环境、科研水平等的改善，将会吸引更多留学生来华学习（曲如晓和江诠，2012；魏浩和王宸等，2013），而政府教育经费投入与文化产品出口没有必然联系，故本节选取上述两个变量作为工具变量。

表4-2中检验1给出了工具变量估计结果，来华留学生规模前系数为0.329且在10%水平下显著。考虑到工具变量的有效性会直接影响模型估计的一致性，因此，本节又对工具变量进行了下述评判：为了检验工具变量与内生变量的相关性，对模型进行了识别不足检验，并在1%的水平上拒绝了原假设，证明工具变量与内生变量是高度相关的；考虑到可能存在的弱工具变量问题，本节给出了最小特征根统计量，其F值大于经验值10，拒绝了"弱工具变量"存在的原假设，本节选定的工具变量是外生且有效的。

考虑到本节所关注的核心解释变量（$\ln acp_{ij}$）和模型中其他变量可能与残差项具有相关性，从而产生模型内生性问题。因此，由于解释变量的滞后一期与当期值具有高度相关性，本节选用解释变量的滞后一期替代当期值对模型进行回归，从而克服模型中潜在的内生性问题。如表4-2中检验2所示，在考虑了内生性问题后，文化认同前系数在1%水平上依然显著为正，且系数大小与之前回归相差较小，与基本回归结果所得结论一致。

在考虑了内生性问题后，中国第三产业增加值和国家规模均对中国文化产品出口起到了促进作用，符合预期。同时，地理距离并未对中国文化产品出口产生影响，说明与传统货物贸易相比，地理距离在文化产品贸易中的作用显得不再那么重要（曲如晓和刘杨等，2013）。国家间人均GDP差异前系数为正，且统计上显著，说明人均GDP衡量了一个国家的经济发展水平。随着全球经济一体化程度的加深，经济较为发达的国家愿意通过购买发展中国家的文化产品来了解发展中国家的文化，进而更好地与他们进行经贸合作。此外，进口国国家GDP前系数为正，但统计上不显著。

（3）稳健性检验。为了保证模型回归结果的稳健性，本节从以下三个方面对模型进行稳健性检验。

第一，剔除异常样本点。本节将反映文化产品出口变量中低于 5% 和高于 95% 分位点的数值予以剔除，对模型进行重新估计。如表 4 – 2 检验 3 所示，模型的估计并未出现较大变化，本节所关注的核心变量系数为 0.331 且在 5% 水平上显著，与基本回归结果一致。

第二，加入控制变量。为了避免遗漏变量对模型估计的影响，本节加入时间效应对模型进行估计。之所以加入时间效应是因为作为文化认同的重要载体，留学生对当地文化认同度的提高会随着留学时间的增加而提高，如郑雪（2010）以居澳中国留学生为研究对象，发现居澳时间越长，对澳大利亚本土文化的认同程度就越高。检验 4 中文化认同前系数统计上显著，且系数值为 0.684，明显高于未考虑时间效应时的系数值。同时，时间效应检验的 P 值为 0.000，说明时间效果显著，也进一步验证了基本回归结果。

第三，替换文化认同指标。为了使论证过程更具有说服力，本节将采用来华旅游人数、图书版权出口额以及外国人对中国的正面评价比例作为文化认同的指标，来进一步考察文化认同对中国文化产品出口的影响。

首先，图书版权出口数量。版权的输出实际上是一种中国文化的输出，是中国文化传播的重要内容。版权输出数量越多，意味着进口国居民对出口国文化越感兴趣，更愿意接受与认同出口国的文化。因此，版权输出数量从一定程度上体现了进口国居民对输出国文化的认同程度。为此，本节选用中国图书版权出口数量作为文化认同的指标，数据来源于历年《中国版权统计年鉴》。本节采用 FGLS 对模型进行回归，如检验 6 所示，文化认同系数为 0.095，且在 5% 的水平上显著，支持了基本回归的结论。值得注意的是，与来华留学生数量相比，中国图书版权输出为代表的文化认同指标对中国文化产品出口促进作用较弱，这也充分表现出中国在版权输出中的文化弱势，即文化作品内容过于陈旧、专深，内容缺乏吸引力和创新。

其次，来华旅游人数。中国历史悠久、地域辽阔，拥有丰富的自然和人文旅游资源，吸引了一大批外国游客来华旅游。在参观历史遗迹、游览山水风光的过程中，外国游客不仅可以满足自身的休闲度假需求，同时，通过与当地人交谈、体验当地习俗，增加其对当地文化的了解，从而增进对中国文化的了解与认同。根据《麦肯锡全球员工调研》报告，风景名胜、古代建筑和民族人文风光成为最受海外人士欢迎的主题。基于张文（2001）、周国富等（2010）已有文献研究，本节采用来华旅游人数作为文化认同的指标，数据来源于国家统计局网站。本节采用了面板随机效应模型对模型进行回归，如检验 7 所示，文化认同系数为 0.466，且在 5% 的水平上显著，基本上支持了基本回归的结论。

表 4 - 2 内生性与稳健性检验

解释变量	检验 1	检验 2	检验 3	检验 4	检验 5	检验 6	检验 7	检验 8
$\ln acp_{ij}$	0.329 * (0.466)	0.274 *** (0.085)	0.331 ** (0.163)	0.684 *** (0.168)	- 0.492 (0.314)	0.095 ** (0.048)	0.466 ** (0.227)	0.103 ** (0.046)
$\ln ser$	0.831 *** (0.005)	0.993 *** (0.169)	0.717 ** (0.275)	2.495 *** (0.238)	0.361 (0.262)	1.087 *** (0.459)	0.686 *** (0.164)	0.560 *** (0.127)
$\ln gdp_j$	- 5.543 (0.104)	2.692 (2.107)	- 0.870 *** (0.290)	0.610 ** (0.282)	0.976 *** (0.270)	- 0.121 (1.994)	0.761 *** (0.184)	1.300 *** (0.195)
$\ln dpgdp$	0.530 *** (0.001)	0.348 *** (0.095)	0.508 *** (0.136)	0.744 *** (0.091)	0.185 (0.175)	0.813 (1.774)	0.081 (0.067)	- 0.094 (0.083)
$\ln area$		0.587 *** (0.100)	0.828 *** (0.258)	0.069 (0.048)	- 0.136 (0.235)	- 0.042 (2.324)	- 0.143 (0.095)	0.497 *** (0.055)
$\ln dis_{ij}$	0.326 (0.352)	- 0.056 (0.080)	0.245 (0.318)	- 0.042 (0.268)	0.649 *** (0.198)	0.320 (0.327)	0.110 (0.220)	- 1.571 *** (0.201)
其他控制 变量	Yes	Yes	Yes	Yes	Yes	Yes	Yes	Yes
国家效应	No	Yes	Yes	No	No	Yes	No	Yes
时间效应	No	No	No	Yes	No	No	No	No
R^2	0.944		0.998		0.532	0.899	0.658	0.923
N	135	144	149	153	120	119	340	280

注：括号内数字为标准差；*** 、** 、* 分别表示在 1%、5%、10% 的水平上显著。

4.1.4 结论与对策建议

本节采用来华留学生数量作为文化认同的指标，以 1996～2012 年中国与来华留学生人数最多的 9 个国家的面板数据为基础，从文化认同的角度，对中国文化产品出口进行了实证分析。结果表明，文化认同的提高对于中国文化产品出口具有正向的促进作用。同时，为了保证文章更具有说服力与实证结果的稳健性，本节同时采用外国人对中国的正面评价比例、来华旅游人数和图书版权出口数作为文化认同的指标。结果发现，以来华旅游人数和图书版权出口数为代表的文化认同指标对中国文化产品出口起到了促进作用，而以外国人对中国的正面评价比例并未对中国文化产品出口产生影响。

本节的研究对于未来推进中国文化产品出口具有重要意义。

第一，注重文化亲和力的塑造与提升。在文化传播过程中，一种亲和性的文化往往更容易吸引和打动受众者的心灵，使受众者对一国文化产生亲近感，实现对一国文化的认同。在文化传播过程中，亲和性的文化不仅可以在政治、经济和安全的作用下更好地展示一国文化形象，而且拉近该国与其他国家间的国际关系，获得更多国家民众的认同。为此，如何塑造和提升中国文化的亲和性成为未来中国文化传播的关键。未来中国应该以谦虚的态度、博大的胸怀主动融入全球文化进程中，反对文化霸权主义，将中国和全球的利益相结合，推动全球文化多样化发展。同时，面对多极化的世界，中国应针对不同国家采取差别化文化传播策略，形成有效的文化感染力和说服力。

第二，提高中国文化海外认同的深度。近些年，中国政府采用多样化的形式进行文化的对外交流，促进了中国文化在海外的传播力度，使得中国文化被更多的海外友人了解与认同。但从对中国文化的认同程度来看，很多西方人对于中国文化的认同仅仅停留在表面。未来中国政府应坚持传播以"和"为核心的中华传统文化，深化中华文化的海外影响力，提高全球对中国文化的认同。

第三，注重在文化产品创作过程中文化内容的创新。文化产品创新的核心是文化内容的创新。未来中国文化企业应努力打造符合外国人文化需求的文化作品，注重对文化思想与知识的创新。同时，应加强对展现中国现代文化内容作品的打造，特别是那些可以充分体现中国气派、中国风格、增进中华民族文化感召力和凝聚力的文化内容。

4.2 文化认同对来华留学生规模的影响

4.2.1 引言

随着经济全球化和文化多元化的发展，世界各国的经济呈现出相互依赖又相互竞争的发展趋势。2001 年中国加入世界贸易组织，承诺逐步开放中国的高等教育市场。来华留学事业一直受到政府的高度关注，教育部提出在保障来华留学生规模不断扩展的同时，优化学生结构和生源国，规范管理和保证教学质量。2010 年教育部制定了《留学中国计划》，提出到 2020 年外国留学人员达到 50 万人次，其中接受高等学历教育的留学生达到 15 万人。据教育部统计，1991 年来华留学生人数 1828 人，分布于 85 所高等院校，主要来自中国周边国家。至 2018 年，来华留学生人数达到 49.2 万人，接收留学生的高等院校 1004 所，学历生占 52.44%，享受政府奖学金人数占 12.81%。

那么，究竟是什么因素影响来华留学生规模的发展？现有文献主要关注经济因素和教育因素对来华留学生规模的影响，少有学者关注文化因素的影响。实际上，文化因素尤其是对中国文化的认同程度是吸引来华留学生的另一个重要因素。随着中国文化传播速度的加快，世界各国通过中国文化产品的进口、来华旅游、孔子学院等多种途径了解中国文化，并对中国的传统文化形成认同。作为文化认同的载体，中国核心文化产品贸易出口额从 1992 年的 1.4 亿美元增长到 2014 年的 83.4 亿美元。[①] 那么，外国对中国文化的认同程度是否以及

---

① 根据联合国商品贸易数据库（UN Comtrade）数据计算得出。

多大程度影响了来华留学生规模呢？本节将重点从文化认同的视角，研究来华留学生规模的影响因素。

对于来华留学生问题的研究最初起源于人才国际流动问题，麦克马洪（McMahon，1992）首次提出了关于人才国际流动动因的推拉理论。阿尔特巴赫（Altbach，1998）运用推拉理论概括了八种推力和七种拉力，包括经济水平、教育水平、国家政策等方面的因素。魏浩（2012）等定量研究了这些因素对国际人才流动的作用。具体到来华留学生问题上，大部分学者定性地分析了经济和教育因素的影响（郑向荣，2005；杨军红，2006），提出政治稳定和经济发展前景是吸引来华留学生的主要因素，文化历史因素是吸引日韩留学生的重要因素。曲如晓等（2011）采用 2002～2008 年省际面板数据验证了相比于中西部地区，东部地区对外开放度、师生比和人均 GDP 对来华留学生数量的影响更为显著。姚海棠等（2013）发现影响留学生选择中国作为目的国的主要因素包括经贸关系、人均 GDP 差距、教育经费，此外制度因素如签署自由贸易协定和高等教育学历认定协议等也起到了促进作用。宋华盛等（2014）基于引力模型的研究也实证检验了经济、科技和教育因素的影响。

文化认同的研究最初主要运用于文化、社会学、心理学等领域（Adler，1985；Yoshikawa、1987；崔新建，2004），随着世界经济一体化的发展，越来越多的学者将文化认同运用于经济学的研究领域中。乔治和瑞秋（George & Rachel，2000）首次将文化认同引入经济学的研究框架中，发现文化认同不仅可以影响自己的经济行为也可以影响他人的经济行为，并且一个社会的文化认同感能够影响个人的选择偏好。随后，文化认同在经济领域的研究从区域一体化、贸易等角度扩张开来。雅内巴（Janeba，2004）认为贸易自由化会降低一国居民对本土文化的认同，文化产品贸易的开展取决于一国居民对进口国的文化认同。张帆（2007）也认为文化产品是文化认同的载体，只有获得文化认同，文化产品才能被消费者接受。

随着中国综合国力的增强，以及中国传统文化在世界范围的传播，越来越多的外国人学习汉语以及来华留学。中国也通过在世界各国建立孔子学院和孔子课堂的方式传播中国文化。文化认同与教育的关系也越来越受到学者的关注。郑雪等（2005）通过对144名留学生的问卷调查，发现文化融入的过程可以提高留学生的文化认同感，并且让留学生在异国的生活中感受到幸福。申莉等（2011）认为汉语的国际推广能够帮助汉语学习者在学习的过程中克服文化差异，实现中国文化认同。此外，部分研究认为留学生选择来华学习的主要原因是对中国文化的认同和喜爱，尤其是华裔留学生，对华人身份和中国文化的认同是他们选择来华留学的根本动机。刘扬等（2013）通过对北京高校留学生的抽样调查发现对中国文化的兴趣以及在中国的发展前景是吸引来华留学生的最重要因素。在文化兴趣中，亚洲国家留学生具有与中国相近的文化背景，容易接受来华留学；而欧美国家留学生主要出于对东方文化的向往。

综上所述，国内外大部分学者从供给的层面进行研究，包括经济因素、教育因素等，而忽略了需求层面中文化因素的影响。实际上，外国人接触中国文化的过程中，通过文化感知、文化体验和文化理解的互动，最终形成的文化认同，必然会对外国留学生的留学选择行为产生影响。文化认同与中国高等教育国际化有着紧密的联系，文化认同是外国留学生选择来华留学的主要推动力之一，但目前还没有学者从定量的角度研究文化认同对于来华留学生选择的影响。本节将重点关注文化认同对来华留学生规模的影响。从需求的层面，探讨外国学生对中国文化的认同程度，在多大程度上会影响来华留学生的规模。

4.2.2 来华留学生发展现状

首先，规模不断扩大，接收留学生的高等院校数量不断增长。新中国成立以来，中国来华留学事业不断发展。1950年第一批来自东欧的留学生来到中国，开启了新中国的来华留学事业。1950~1956年来华留学生中约85%来自朝鲜和越南。1996年来华留学生人数为41211人，到2014年增长到377054人，19年间增长了近8.15倍，年增长率为13.75%。接收来华留学生的高等院校数量从1996年的289家增长到2013年的775家，是1996年的约2.7倍（见图4-1）。

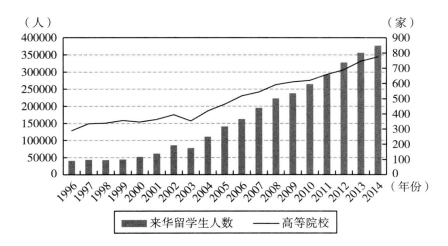

图 4 – 1　1996 ~ 2014 年来华留学生规模与接收高等院校数变化情况
资料来源：历年《中国教育年鉴》。

其次，学历和学科结构分布不均，以非学历生和文科生为主。2014 年学历生比例为 43.6%。在学历生中博士的比例最小，硕士其次，本科和专科比例最大。从学科结构看，人文科学占据了绝大部分的比例，占比达 60% ~ 70%；其次是医科，占比在 10% 左右；而理科和工科的占比最小。但是来华留学生的学科结构也在不断调整，文科学生比例有所下降、医科和理工科学生比例有所上升。

再其次，来源国相对集中。从留学生来源国结构看，亚洲占据了最大的比重。2014 年，亚洲占比 59.8%，欧洲 17.9%，美洲 11.05%，非洲 9.58%，大洋洲仅占 1.66%。1996 年以来来华留学生的国别结构变化不大，主要来自亚洲国家和欧美发达国家。2014 年来华留学生的生源国与 1996 年相比更加平衡，前十大来源国（韩国、美国、泰国、俄罗斯、日本等）学生人数占全部来华留学生人数的 54.05%（见图 4 – 2）。

最后，政府奖学金人数不断增长，但自费生增长幅度更大。新中国成立之初，以政治目的为导向，主要接收来自周边国家享受政府奖学金的学生。改革开放以来，随着中国综合国力的增强，中国文化得到广泛传播，国内教育水平显著提高，越来越多的自费留学生选择来华留学。1996 年自费生人数占比 80.42%，

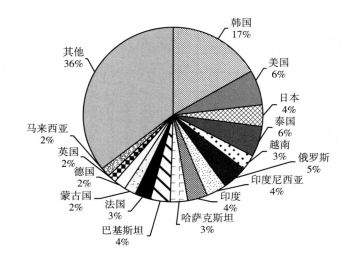

图4-2 2014年来华留学生国别结构

资料来源：历年《中国教育年鉴》。

政府奖学金学生占比19.58%。到2014年，政府奖学金学生人数达到36943人，是1996年的8.58倍；自费学生增长率更高，2014年自费生达到340111人，是1996年的19.22倍。

4.2.3 文化认同对来华留学生规模影响的理论机制

1. 文化认同的内涵与指标选取

文化是与人类生活和实践活动息息相关的，是人类认识自然、征服自然、改造自然的程度和水平，它标志着人类开始通过自身的努力解决与他人和环境的矛盾。文化认同包括政治、经济、宗教、语言等方面的认同，是个体或群体对于不同文化的"倾向性共识与认可"。在全球化时代的背景下，世界各国间的政治、经济、文化的联系越来越紧密。信息通信技术的发展和贸易的开展，使不同文化之间的交往变得频繁。本节所关注的文化认同就是在这种跨文化的交往过程中，个人或群体对于另一种文化的认识和接受。文化来源于人类的实践活动，而经济活动是最根本的实践活动。任何的经济活动都处于一定的文化背景之中，尤其是在经济全球化的时代背景下，多种文化之间的相互碰撞所带来的文化认同，将给一个民族的发展带来机遇和挑战。因此，对跨文化差异的克服是文化认同的前提，文化体验是文化认同得以实现的途径，人们对于外来文化的认同往往会通过行为表现出来。

由于文化认同是一种自我感知，在对文化认同进行定量研究时，我们通过文化认同所采取的行为来进行分析。本节所关注的文化认同主要是对中国文化的认同，主要表现形式包括选择中国的文化产品，如书籍、音乐、电影等，选择来中国旅游、学习汉语、参加汉语考试等。本节将选择以下两种指标来度量文化认同程度。

第一，文化产品贸易。文化产品是文化认同的载体，而核心文化产品是一国文化特质最直接的体现。实际上，文化产品的生产和消费都体现了一个民族的文化特质，文化产品中凝结了一个社会的文化价值，文化认同是文化产品贸易得以实现的条件。与普通商品贸易所不同的是，文化产品贸易是需要建立在贸易主体间对差异文化认同的基础上的。购买一国的文化产品，代表接受了该产品中承载的异国文化，即对一国文化的认同（Eckhard Janeba，2004；张帆；2007）。

第二，来华旅游人数。文化是旅游的内涵和灵魂，旅游是文化传播的载体。旅游消费，尤其是出国旅游消费实质上是一种文化消费。外国人在选择来华旅游时，主要选择浏览历史名胜古迹、关注中国的民俗习惯、欣赏中国的汉字与书法等。蕴藏在旅游中的文化是吸引外国游客来华旅游的主要因素。文化认同是开展旅游贸易的前提和动力，只有在他国游客对中国文化接受和认可时，他国游客才有选择来华旅游的动力。因此，选择来华旅游可以在一定程度上体现他国对中国的文化认可（张文，2001）。

因此，文化产品和旅游产品中都蕴含着中国的传统文化，是中国文化的载体。文化产品贸易和旅游贸易实质上都是中国文化的出口，外国人在选择进口文化产品、来华旅游以及学习汉语时，都需要建立在对中国文化认同的前提和条件下。因此，文化产品出口和来华旅游都能在一定程度上反映外国人对中国文化的认同程度。不同的是，文化产品出口是对中国文化的直接出口，而旅游产品是对中国文化的间接出口。

2. 文化认同对来华留学生的影响机制分析

（1）文化是高等教育的特征，文化认同是高等教育国际化的基础。联合国教科文组织下的国际大学生联合会认为高等教育国际化是把跨国界和跨文化的观点、氛围与大学的教学、科研和社会服务等主要功能相结合的过程。高等教育是一国生产、传播、创新知识的重要方式，高等教育国际化又被称为"多文化教育"。可以看出，文化是高等教育的特征，高等教育是一种文化事业，致力于文化的传承和创新。高等教育国际化的过程建立在文化认同的基础上，对一国文化的认同是留学生选择该国为目的国的主要动力。尤其是在经济全球化背景下的今天，通过文化产品、旅游、孔子学院等途径，外国人越来越多地接触、认识和了解中国文化，并在此基础上形成文化认同，成为外国留学生选择留学目的国时最主要的吸引力。

（2）文化认同减小贸易成本，促进高等教育服务贸易的开展。文化差异产生的文化距离是一种贸易成本，根据贸易引力模型，文化差异将抑制两国间高等教育服务贸易的开展。来华留学教育实质上是中国教育服务的出口，文化认同能缩小中国与其他国家之间的文化差异产生的文化距离，减小贸易成本，使得教育服务贸易更易于开展，吸引更多的来华留学生。无论与同质文化还是异质文化国家开展教育服务贸易，文化认同的产生都将降低贸易成本，促进来华留学事业的发展。

对于同质文化国家，由于与中国具有相近的文化传统，较易形成对中国文化的认同，能够吸引该国留学生选择中国作为留学目的国。伯恩（Byrne，1971）的相似性吸引假说所提出的，人们倾向于与自己类似的人进行沟通交流，这种类似包括价值观、宗教、语言等。文化相近的国家之间拥有相同的历史渊源、语言、习俗或者制度，人们总是容易对与本国文化相近的国家产生文化认同。韩国和日本一直以来都是来华留学生最多的国家。这正是因为亚洲各国与中国拥有相似的历史和文化传统，如儒家思想、筷子、端午节等，使得日本、韩国以及一些东南亚国家容易形成对中国文化的认同，缩小两国间的文化距离，使得亚洲国家的留学生易于接受来中国留学，从而促进该国的来华留学生规模的扩大。

对于异质文化国家，在全球化发展以及中国经济地位和国际地位不断提高的趋势下，世界各国开始关注中国的发展和中国的文化。来华留学生的学科结构中，蕴含中国传统文化的文科和医学占据着最大的比例，分别约为 60% 和 13%。汉语成为世界各国接触和认识中国文化的重要媒介，世界正在加深对中国文化的了解，并且形成对中国文化的认同。

4.2.4　文化认同对来华留学生规模影响的实证研究

1. 模型设定

纵观教育学、教育服务贸易等领域对人才国际流动以及来华留学生教育问题的研究可以发现，在对来华留学生影响因素的研究中，经济因素和教育因素是大部分学者在进行理论和实证研究时着重考虑的因素。但是对于文化因素，部分学者在理论研究中有所提及，但没有学者对文化因素进行量化研究。本节将文化因素尤其是文化认同作为核心解释变量，实证检验文化认同对来华留学生规模的影响。此外，本节也选取经济因素和教育因素作为控制变量，使得模型的估计结果更有效。根据前面的理论机制，基于引力模型，结合本节所研究的实际问题，建立如下计量回归模型：

$$stu_{ijt} = \beta_0 + \beta_1 cul_{ijt} + \beta_2 tea_{it} + \beta_3 fee_{it} + \beta_4 difpgdp_{ijt} + \beta_5 dis_{ij} + \varepsilon_{ijt} \qquad (4.2)$$

其中，stu_{ijt} 表示各国来华留学生人数；cul_{ijt} 表示 j 国对中国的文化认同程度；tea_{it} 表示中国的生师比；fee_{it} 表示中国的教育经费占 GDP 的比例；$difpgdp_{ijt}$ 表示中国与各国人均 GDP 的差额；dis_{ij} 表示中国与各国首都间的地理距离；β_0 表示截距项；ε_{ijt} 表示误差项。

2. 变量选取

（1）文化因素。根据前面的理论阐述，基于张帆（2007）等已有文献的研究，本节选取中国核心文化产品出口额作为文化认同的代理变量。一国对中国核心文化产品的进口额是该国对中国文化认同程度的直接体现。为了检验本节选取的文化认同代理变量的稳健性，基于张文（2001）等已有文献的研究，本节也将选取一国来华旅游的人数作为文化认同指标的代理变量。一国来华旅游人数是该国对中国文化认同程度的间接体现。本节在选取文化认同的指标时，以文化产品出口贸易为主要指标进行探究，来华旅游作为辅助指标，我们也对其影响效果进行分析，使得文化认同对来华留学生规模和结构的影响结果更加稳健和有说服力。

（2）教育因素。生师比（tea），本节采用的普通高校生师比（教师人数=1），也就是中国普通高校中每一个教师需要负责的学生人数。生师比越低，表示在中国的教师资源越丰富，每一个教师需要负责的学生人数越少，每一个学生拥有更多的教师对其进行辅导，因此在一定程度上代表中国的教育水平越高，对留学生选择中国为目的国的吸引力越大，预期其符号为负。

教育经费占GDP的比例（fee），体现了一国对教育事业的投入和重视程度。当教育经费占GDP的比例越高，教育机构拥有更多的经费投入教育事业，能够为学校提供更好的教学设备、更丰富的教师资源、更多的科研经费。对于来华留学生来说，教育经费占比越多，政府奖学金的力度越大，对留学生选择来华留学的吸引力也更大，因此，在一定程度上反映中国的教育水平越高，对留学生选择中国为目的国的吸引力越大，预期其符号为正。

（3）经济因素。中国与一国间人均GDP的差额（difpgdp），是反映经济因素的指标。经济实力往往是一个国家综合实力的体现，一个经济实力越强的国家拥有的资源也越多。在留学生选择留学目的国时，经济因素对其选择的影响很大。中国与一国的人均GDP差距越大，说明两国间的经济发展水平差距越大，既有可能吸引该国留学生选择中国作为目的国，从而感受经济大国实力；又有可能使得该国学生难以接受中国与该国之间的经济实力差距，从而阻碍其选择中国作为留学目的国。因此，中国与一国间的人均GDP差额对该国学生来华留学规模的影响比较复杂，既可能是正向作用，也可能是负向作用，还可能效果并不明显，而经济因素不是该国学生选择留学目的国的主要因素。

（4）地理因素。中国与一国间的地理距离（*dis*），本节采用生源国与目的国首都之间的地理距离，反映了该国与中国在地理空间上的距离。地理距离越小，留学生在国际流动时其流动成本越低。对周边国家的环境、文化业相对比较熟悉，该国学生来华留学的流动成本越低，选择中国作为目的国的可能性越大，预期其符号为负。

3. 数据来源

本节选取的样本国家为中国与来华留学生 9 个主要来源国，即韩国、美国、日本、泰国、越南、俄罗斯、印度尼西亚、法国和德国①，时间范围为 1996～2012 年；各国来华留学生的数量来自历年《中国教育年鉴》；中国对各国核心文化产品出口额来自联合国商品贸易数据库；各国人均 GDP 来自世界银行数据库；中国的生师比、中国教育经费、中国 GDP、各国来华旅游人数来自《中国统计年鉴》。为了使估计结果更稳健，本节数据均取自然对数。

4. 实证结果分析

（1）基本回归结果。基本模型回归结果如表 4 - 3 所示。

表 4 - 3　　　　　　　　　　　　基本模型回归结果

被解释变量	混合 OLS			FGLS		
	模型 1	模型 2	模型 3	模型 4	模型 5	模型 6
cul	0.286 *** (0.028)	0.190 *** (0.026)	0.261 *** (0.035)	0.243 *** (0.016)	0.118 *** (0.009)	0.116 *** (0.009)
tea		-1.326 (0.949)	-0.856 (0.629)		0.096 (0.363)	0.289 (0.388)
fee		5.414 *** (1.128)	4.340 *** (0.804)		2.900 *** (0.518)	2.518 *** (0.551)

---

① 《中国教育年鉴》每年只公布来华留学生排名前 10～15 位国家的数据，造成不同年份可查到的国家数据不一致，因此，本节选择了一直处于排名靠前的 9 个国家的数据作为研究样本。由于 2013 年来华留学生的国别数据未公布，因此本节选择了 1996～2012 年的样本。

续表

被解释变量	混合 OLS			FGLS		
	模型 1	模型 2	模型 3	模型 4	模型 5	模型 6
$difpgdp$			0.030 (0.044)			0.158 *** (0.025)
dis			−1.081 *** (0.073)			−1.249 *** (0.319)
国家效应	No	No	No	Yes	Yes	Yes
R^2	0.312	0.473	0.780			
Wald				679.29 (0.000)	941.04 (0.000)	1092.28 (0.000)
obs	153	153	153	153	153	153

注：括号内数字为标准差；*** 、** 、* 分别表示在 1% 、5% 、10% 的水平上显著。

表 4 - 3 报告了基本模型的回归结果。在基本模型中，均用中国对他国核心文化产品的出口额作为他国对中国文化认同程度的代理变量。在模型 1 中，仅加入核心解释变量，即文化认同因素。结果发现文化认同对来华留学生的规模存在显著的正效应，其系数为 0.286，说明当他国对中国文化认同的程度提高 1 个单位，该国来华留学生的数量会提高 0.286%，这符合本节的预期。但是，模型 1 的 R^2 仅为 0.312，模型的解释力度不强，还需要加入其他的控制变量。模型 2 在模型 1 的基础上加入了教育因素生师比（tea）和教育经费占比（fee），文化认同的系数仍然是正的，并且显著，但是系数降低为 0.190，这是因为来华留学生的影响因素中有一部分被教育因素解释。两个教育因素中，生师比的系数为 - 1.326，但是不显著；教育经费占比的系数为 5.414，并且显著。两种教育因素的系数符号均符合本节的预期，但是教育经费的影响效果更为显著。模型 2 的 R^2 为 0.473，进一步解释了来华留学生的影响因素，比模型 1 有更好的估计效果。模型 3 进一步加入和经济因素和地理因素，人均 GDP 差额 $difpgdp$ 和地理距离 dis。我们最关心的核心解释变量文化认同的系数依然为正，并且显著。与模型 1 相比，文化认同的系数略微下降到 0.261，但是下降幅度不大。说明文化认同对来华留学生规模的影响为显著的正效应。两个教育因素

的系数与模型 2 相差不大。反映经济水平的人均 GDP 差额的系数为 0.03，但是不显著，说明经济因素对他国留学生选择中国为目的国的影响比较复杂。地理距离 dis 的系数为 −1.081，并且显著，说明与中国地理距离越近的国家的来华留学生规模越大，这符合现实情况，也符合本节的预期。模型 3 的 R^2 为 0.780，在模型 1 和模型 2 的基础上进一步解释了来华留学生的影响因素。

由于本节的数据样本属于长面板，即时间维度相对于个体信息较大，考虑到组内自相关和可能存在的不同个体间扰动项可能存在的"组间同期自相关"，本节采用可行广义最小二乘法 FGLS，并且进一步观察不同国家之间可能存在的个体效应给估计结果带来的影响。模型 4 是在模型 1 的基础上加入国家固定效应，文化认同的估计系数依然显著为正的 0.243，但是其系数与模型 1 相比略为偏小。模型 5 在模型 4 的基础上加入教育因素后，核心解释变量文化认同的系数为 0.118，依然显著为正，与模型 4 中的系数相比有所下降。教育经费占比的系数为 2.900，依然显著为正，说明教育水平的提高有助于来华留学生规模的扩大。模型 6 在模型 5 的基础上进一步加入了经济因素和地理因素。结果发现，文化认同的系数为 0.116，依然显著为正，比模型 5 的系数略小。两个教育因素的系数和模型 5 中的系数相差不大，且比模型 5 中的系数略小。说明来华留学生的影响因素中有一部分被经济因素和地理因素解释。人均 GDP 差额的系数为 0.158，但是和模型 3 不一样的是其估计效果在 1% 水平上显著，说明经济因素吸引来华留学生的影响比较复杂。地理因素的系数和模型 3 的估计系数相差不大，为 −1.249 并且显著。三个模型的 Wald 统计量的 P 值均为 0.000，显示模型的拟合效果较好。

（2）内生性检验。本节的模型存在一定的内生性，内生性主要来自两个方面。首先，存在反向因果关系。基于前面的分析，文化认同是吸引来华留学生的重要因素。而来华留学生也对提高该国对中国的文化认同起到了一定的促进作用，留学生在中国学习生活，能够促进两国之间的文化交流，使留学生来源国增加对中国的认识和了解，促使其购买中国的书籍和食品、观看中国的影视作品以及选择来华旅游，这些都将提高该国对中国的文化认同程度。其次，存在遗漏变量问题。由于模型不能完全捕捉到来华留学生的影响因素，如科技、语言、孔子学院等因素，这些遗漏变量可能会使估计结果带来一定的误差。

为了克服模型可能存在的内生性，借鉴大部分学者使用的方法，本节将各解释变量滞后一期进行回归，以缓解解释变量与被解释变量之间可能存在的反向因果关系。从表 4-4 中检验 1 的回归结果可以看出，加入国家的个体效应后，各解释变量的系数大小和符号均没有发生很大变化。核心解释变量文化认同 cul 为正的 0.138，并且在 1% 的水平上显著。生师比 tea 和教育经费占比 fee 的系数符号和大小与基本回归模型相差不大。人均 GDP 的差额 $difpgdp$ 的系数为正的 0.160，并且在 1% 的水平上显著。地理距离的估计系数也依然显著为负。此外，检验 1 的 Wald 统计量为 1877.33，该检验模型具有较好的拟合效果。可以看出，在克服内生性问题之后，检验模型的估计效果与基本回归模型基本相同。

（3）稳健性检验。为了检验估计结果的可靠性，本节采取三种方法进行稳健性检验。

第一，更换计量方法。检验 2 选择泊松模型进行回归，检验 3 计算了边际效果。从回归结果看，核心解释变量文化认同为正的 0.179，依然显著为正，文化认同对来华留学生规模的扩大具有促进作用。Wald 检验统计量为 387317.03，P 值为 0.000，说明模型的拟合效果较好。基本符合回归结果。

第二，剔除特殊样本值。检验 4 在基本回归模型的数据样本中，剔除了来华留学生人数占 95% 以上和 5% 以下的样本数据，并对其进行固定效应回归。从回归结果来看，各解释变量的估计系数与基本回归模型没有很大区别。核心解释变量文化认同 cul 对来华留学生规模具有显著的正向影响，其估计系数为 0.229，并且在 1% 的水平上显著。与基本回归模型估计结果不同的是，人均 GDP 差额 $difpgdp$ 为 0.262，并且在 5% 的水平上显著。基本符合回归结果。

第三，选择来华旅游人数作为文化认同的代理变量。在前面的估计模型中，均选用中国核心文化产品的出口额作为文化认同的代理变量，那是因为核心文化产品是传统文化的载体，一国对中国核心文化产品的进口是体现该国对中国文化认同程度的直接指标。在检验 5 中，选取反映文化认同程度间接指标的各国来华旅游人数作为文化认同的代理变量。估计结果发现，各解释变量估计系数的大小和符号均与基本回归模型相差不大。核心解释变量文化认同的估计系数为 0.872，在 1% 的水平上显著。与基本模型回归结果一致。

表 4 - 4　　　　　　　　　内生性检验和稳健性检验结果

解释变量	内生性检验	稳健性检验			
	检验 1	检验 2	检验 3	检验 4	检验 5
cul	0.138 *** (0.010)	0.021 *** (0.006)	0.179 *** (0.049)	0.229 *** (0.044)	0.872 *** (0.077)
tea	0.255 (0.343)	-0.082 (0.068)	-0.687 (0.570) ·	-1.367 ** (0.576)	-1.068 *** (0.436)
fee	2.960 *** (0.508)	0.536 *** (0.117)	4.508 *** (0.984)	4.230 *** (1.014)	2.806 *** (0.436)
$difpgdp$	0.160 *** (0.028)	0.025 (0.016)	0.212 (0.131)	0.262 ** (0.106)	0.028 (0.045)
dis	-1.373 *** (0.088)	-0.091 *** (0.018)	-0.768 *** (0.149)	-1.760 *** (0.075)	-1.408 *** (0.420)
国家效应	Yes	Yes	Yes	Yes	Yes
R^2				0.874	
Wald	1877.33 (0.000)	387317.03 (0.000)	387317.03 (0.000)		1534.73 (0.000)
obs	144	153	153	138	153

注：括号内数字为标准差；***、**、* 分别表示在 1%、5%、10% 的水平上显著。

4.2.5　结论与建议

本节对 1996～2012 年 9 个主要来华留学生生源国的数据进行了实证检验，检验结果与预期基本相符。文化认同的估计系数显著为正，即一国对中国的文化认同程度每提高 1%，该国来华留学生人数将提高约 0.116%，并且该结果通过了内生性和稳健性检验。地理距离对来华留学生规模存在显著的负影响，教育经费存在显著的正效应。

为了进一步扩大来华留学生规模、优化来华留学生结构，实现《留学中国计划》基本要求，除了促进经济、教育和科技因素对外国留学生的吸引外，还应该扩大中国文化的传播、提高其他国家对中国文化的认同程度。2010 年皮尤研究中心通过对来自 50 个国家和地区的 66000 人进行的问卷调查发现，世界对欧美日等发达国家的文化认同程度较高，美国、英国的文化认同指数都在 13 以上，而中国仅有 9.6，略高于印度。因此，提高世界各国对中国文化的认同程度将极大地促进来华留学事业的发展。

第一，大力发展中国文化产品贸易。文化产品是一国文化的载体，其中的核心文化产品更是蕴含着深厚的中国传统文化和历史内涵。扩大中国文化产品贸易，尤其是文化内涵较高的核心文化产品贸易，能够提高世界各国对中国的文化认同程度。在扩大文化产品贸易时，应该注重优化文化产品结构，摆脱对资源能源的过分依赖，加大对文化内涵较高的文化产品的投入，如表演艺术、视听媒介等。科技创新是文化产业的发展动力，而中国许多文化企业缺乏科技创新能力，尤其是影视产业，应该推动科技创新与文化产业融合，促进新型文化产业的发展。

第二，促进旅游产业与文化产业融合，大力发展来华旅游事业。旅游产品中蕴含着中国的传统文化，促进旅游产业与文化产业的融合发展，有助于推动旅游产品出口，吸引外国人选择来华旅游，从而体验中国文化，提高外国人对中国的文化认同程度。可以在自然景观中融入中医等中国传统文化因素来吸引外国游客，也可以增加民俗节庆表演、歌舞表演等来加深游客对中国传统民族文化的印象。还可以在文化产品中加入旅游产品，如影视作品中的长城、兵马俑和故宫。

第三，应该因地制宜，注重多种文化活动的推广，提高学生的汉语水平和兴趣，将中国文化带入当地居民的生活中，如体验中国的美食、筷子、武术等。通过汉语和传统习俗的传播加深外国人对中国文化的认识和了解，形成对中国的文化认同，进而促进来华留学生规模的扩大。

4.3　贸易开放对文化认同的影响

文化认同是指国家间文化差异不断缩小，文化冲突逐步缓解，国民对另一个国家的文化认可与接受的过程。而本节通过选取 1990 ~ 2014 年中国同 48 个贸易伙伴国之间的贸易数据以及世界价值观调查数据库的调查数据分别测算了中国贸易开放度指数和各国对中国的文化认同度指数。在此基础上通过构建回归模型对贸易开放度与文化认同之间的关系进行了实证分析。结果发现，贸易开放不仅对世界各国增强对中国在信任、控制、尊重和服从等维度的文化认同有显著的促进作用，而且对中国整体文化认同度的提升也有显著的促进作用；此外，国家收入分配不平等程度不会显著影响贸易开放对文化认同所产生的促进作用。

4.3.1　引言

文化认同（cultural identity）这一概念是由美国著名学者埃里克森（1968）提出的，是指对一个群体或文化的身份认同感，或是指个人受其所属的群体或文化影响，而对该群体或文化产生的认同感；不仅体现了人的社会属性，同时还反映了归属于某一特定文化群体的个体的自我知觉和自我定义。此后，文化认同这一概念被广泛应用到文化学、社会学、人类学等多领域进行阐释。随着社会的发展，文化认同的概念也从早期对于本民族和本国家的归属认同逐渐扩展到对于与其他个体（群体）间的共同文化的认定，这种文化上的认同主要体现在对对方文化的接纳（崔新建，2004）。鉴于以上研究，本节将文化认同定义为两个国家间的文化差异缩小，文化冲突得到缓解，从而人们对另一国家文化产生认可与接受的过程。

伴随全球化进程的不断推进，国家间的联系日益密切，与此同时各国文化间不可避免地出现了一定的碰撞和摩擦。就中国而言，自改革开放以来，中国的经济实力和对外开放程度均得到了高速发展，在国际事务中的参与度不断上升，几乎与世界上所有国家都有交流合作，但文化冲突现象也因此频频出现，很多国外民众对中国文化仍然知之甚少，存在误解。因此，中国作为新兴经济大国，向整个世界宣传中国的文化，让其他国家的人们理解和接纳中国的文化，缓解文化冲突，增进文化认同具有非常重要的现实意义。

而国际贸易能够以货物、服务等为载体，将各国文化在全世界范围内进行传递，一个国家的贸易开放程度越高，其国际交流越为广泛，本国文化（如价值观、风俗、行为方式等）将更容易渗透到伙伴国。随着近年来中国主导的"一带一路"倡议等的推行，中国的贸易开放程度无疑会得到进一步的提升，那么，贸易的不断开放是否会促进中国文化的对外传播，加强世界各国对中国文化的认同呢？为了回答该问题，本节将基于1990~2014年的面板数据探讨贸易开放程度对中国文化认同所产生的影响，并在此基础上，针对促进中国贸易开放、增强各国对中国文化认同提出相应的对策建议。

目前对贸易开放与文化认同的研究主要集中在对二者之间的双向影响上。其中，文化认同是否对贸易开放有促进作用，不同的学者得出的结论并不一致；而对于贸易开放对文化认同的影响，众多学者从理论和实证的角度进行了研究，结论较为一致。

部分学者将文化认同看作影响贸易开放的一个重要因素进行分析。埃尔萨斯和维加（Elsass & Veiga，1994）的研究表明，贸易交易主体对彼此所在国家或地区文化的不熟悉会增加其对对方市场信息的掌握程度，从而对双方产品出口起到阻碍作用。博伊索与费兰蒂诺（Boisso & Ferrantino，1997）通过构造国家间语言距离，来考察语言距离所代表的文化认同度对国家间产品出口的影响。研究发现，文化认同在一定程度上会促进贸易的发展。国内学者施炳展（2016）采用热播剧《来自星星的你》的播出数量作为中国对韩国文化认同的代理变量，同样发现文化认同能够促进一个国家的贸易开放。

也有一些学者从贸易开放对文化认同影响的角度进行了研究。考恩（Cowen，2002）从文化维度研究了经济全球化与本土文化生存的问题，认为贸易开放将会对本土文化的发展造成不利影响，本土文化在本国的认可和接受程度将会下降，并对某些传统文化造成破坏。雅内巴（Janeba，2004）研究了文化认同与文化产品贸易的关系，认为文化产品会在消费者的决策中与消费者产生相互依赖，从而形成文化认同。由此，贸易开放将会改变各国消费者的消费模式，从而改变对一个国家某种文化的认同度。巴拉和隆（Bala & Long，2005）指出偏好也是文化的一种体现，从这一角度研究得出了实力强大的国家通过贸易可以把偏好传递到弱小国家，从而影响小国居民的偏好。如果这种偏好的价格敏感度很高，那么这种影响将持续很长时间，因此同样得出了贸易可以改变文化认同的结论。

综上所述，已有的研究成果虽然对贸易开放与文化认同的关系进行了研究，但是文化认同对贸易开放影响的研究上主要集中在理论层面，且文化认同的测度不统一，因研究的目的国的不同而得出了不同的研究结论；而针对贸易开放对文化认同的影响研究，主要阐述了贸易开放会对一国的文化认同产生改变。因此，本节将尝试从实证的角度，通过选取 1990～2014 年中国同 48 个贸易合作国家的面板数据，测度了中国对这 48 个国家的贸易开放程度以及各国对中国的文化认同度，同时构造理论模型，采用 OLS、IV－GMM 等回归方法对贸易放开与文化认同的关系进行实证分析。

4.3.2　指标的测度

1. 文化认同

对于文化认同的测度主要在于指标的选取，很多研究对于国家或地区间文化认同程度进行了测量。一些学者运用"世界价值观调查"（World Value Survey，WVS）数据，通过组成文化的四个维度（信任、尊重、控制和服从）来构造文化距离以测度两个国家间的文化认同程度。霍夫斯泰德（Hofstede，1980、2001）通过其搜集整理的各国文化数据，从心理特征角度将文化分为六个维度，进一步通过这些指标来刻画描述不同国家和地区间的文化接近程度，也就是文化认同。移民网络（Combes et al.，2005；Rauch，1999；蒙英华等，

2015）、共同语言（Melitz，2008；Melitz & Toubel，2014）也是较为常用的测度指标。此外，还有许多学者选用了特殊的指标，如欧洲歌曲大赛双边打分高低（Felbermayr & Toubal，2010）、国家间双边网页访问和网址链接数量（Hellmanzik & Schmitz，2015）、韩剧《来自星星的你》热播走红事件（施炳展，2016）。

基于以上的研究成果，本节从世界价值观调查数据库中选取 1990～2014 年中国与 48 个贸易合作国家的数据，从信任（trust）、控制（control）、尊重（respect）和服从（obedience）[①] 构造文化认同的指标。具体方法为分别从以上四个维度构建中国与其他各国的文化距离，即将中国与各国在每一个维度上的得分做差，然后取绝对值。本节将以上得到的文化距离值作为各国对中国在对应维度上的文化认同值，具体测度结果如表 4 - 5 所示（以 2014 年的测算结果为例）。

表 4 - 5 　　　　　　　 2014 年主要国家对中国文化认同度测算值

国家	控制	服从	尊重	信任
阿尔及利亚	15.77	40.40	9.20	43.10
阿塞拜疆	12.14	1.10	19.50	45.50
阿根廷	6.41	27.80	6.00	41.10
澳大利亚	12.10	20.70	34.10	8.90
巴林	11.54	11.20	15.40	26.80
亚美尼亚	22.70	16.70	4.10	49.40
巴西	30.96	44.00	12.00	53.20
白俄罗斯	17.06	26.30	8.50	27.70

---

① 这四个维度的指数通过问卷获取。"信任"，问题："你觉得，大部分人都是值得信任的还是当你与其他人打交道的时候都要小心翼翼？"每个国家的信任水平即为这个国家回答"大多数可以信任"的受访者的百分比。"尊重"和"服从"，问题："列出一系列的品质，这些品质都是小孩可能在家里被鼓励学习的。受访者需要从中选择自己认为最为重要的品质，最多选择五个。"其中，"尊重和宽容他人"被选择的比例被定义为尊重，即对尊重这一维度的度量；选择"服从"作为最重要品质的比例即用来代表服从。"控制"，问题："一些人认为自己可以完全控制自己的生活，其他人认为自己无论做什么都不会对生活产生影响"，受访者需要从 1（没有影响）～10（影响很大）中选择数字来描述自己感觉有多少控制和选择的自由来影响生活。一个用来度量控制的综合指标由所有受访者的平均值乘以 10 得到。

续表

国家	控制	服从	尊重	信任
智利	7.11	38.30	29.80	47.90
哥伦比亚	25.94	58.90	34.20	56.20
塞浦路斯	11.58	29.70	17.50	52.80
厄瓜多尔	18.13	52.20	15.50	53.10
爱沙尼亚	14.87	55.20	32.30	21.30
格鲁吉亚	20.65	11.30	15.20	51.50
德国	10.02	5.10	14.50	15.70
印度	12.82	73.30	29.50	39.30
日本	23.29	2.50	12.40	24.40
哈萨克斯坦	14.05	25.40	7.80	22.00
约旦	11.17	48.70	24.30	47.10
韩国	11.33	1.20	11.40	33.80
科威特	25.52	48.80	15.60	31.80
黎巴嫩	10.85	9.90	5.30	50.50
马来西亚	8.59	17.40	22.40	51.80
墨西哥	35.04	47.10	25.70	47.90
摩洛哥	27.71	21.70	4.40	48.00
荷兰	18.55	18.10	33.80	5.80
新西兰	12.83	16.60	30.90	5.00
尼日利亚	5.76	55.30	7.60	45.30
巴基斯坦	11.37	42.50	0.60	38.10
秘鲁	19.46	44.80	15.40	51.90
菲律宾	32.01	33.30	10.10	57.10
波兰	10.41	26.60	30.40	38.10
卡塔尔	21.45	39.40	24.70	38.90
罗马尼亚	27.16	5.50	13.00	52.60
俄罗斯	19.04	27.30	11.30	32.50
卢旺达	15.93	53.10	4.20	43.70
新加坡	14.26	30.00	1.90	23.00

国家	控制	服从	尊重	信任
斯洛文尼亚	17.53	33.70	29.00	40.40
南非	4.98	29.70	0.30	37.00
津巴布韦	13.28	62.60	11.60	52.00
西班牙	12.83	23.90	21.90	41.30
瑞典	9.55	4.70	34.80	0.20
泰国	13.77	36.70	12.50	28.20
土耳其	7.39	26.40	9.20	48.70
乌克兰	12.64	34.80	6.80	37.20
埃及	8.46	34.60	10.10	38.80
美国	11.41	20.40	19.60	25.50
乌拉圭	19.83	44.10	29.80	46.50

2. 贸易开放度

本节选取贸易结合度来衡量中国对世界各国的贸易开放程度（以下简称"贸易开放"）。选择这一指标是由于在本节中更着重的研究是衡量两国之间的贸易依赖程度，依赖程度越大，则认为这种双边的贸易开放程度更高。具体计算公式为：

$$T = \frac{Exp_{ab}}{Exp_a} \bigg/ \frac{Imp_a}{Imp_W} \tag{4.3}$$

其中，T 为贸易结合度，Exp_{ab}、Exp_a 分别为 a 国对 b 国和全世界的出口额，Imp_a、Imp_W 分别为 a 国的总进口额和全世界的进口贸易额。$T \geqslant 1$，a、b 两国有紧密的贸易关系；$T < 1$，a、b 两国间的贸易关系松散。

4.3.3　实证检验

1. 模型设定与数据来源

本节分别运用信任、尊重、控制及服从四个文化维度构造文化距离来代表文化认同程度，文化距离的减小则意味着文化认同程度的提高。如果四个维度的文化认同程度都提高（下降），则认为贸易开放会促进文化认同的提高（下降）。在此基础上对四个维度进行处理：文化＝信任＋尊重＋控制－服从，构建综合的文化认同度指标，并进行了相应的实证检验。

具体模型设定如下：

$$\ln C_{it} = \alpha_i + \beta_1 \ln trade_{it} + \beta_2 \ln G_{it} + \beta_3 \ln gdp_{it} + \beta_4 \ln pergdp_{it}$$
$$+ \beta_5 \ln cgdp_t + \beta_6 \ln cpgdp_t + \mu_{it} \tag{4.4}$$

其中，C_{it} 表示 i 国对中国的文化认同程度，用文化距离的负值代替，文化距离减少则意味着文化认同提高。贸易开放如果对文化距离有显著为负的影响，意味着其能够显著促进文化认同的提高。$trade_{it}$ 表示中国与 i 国的贸易开放度。G_{it} 表示中国与 i 国的基尼系数之比。本指标中的基尼系数涵盖了农村和城市的全部人口，数据来源于世界收入不平等数据库（World Income Inequality Database）。基尼系数体现了一个国家的收入分配、发展均衡状况，两国的基尼系数之比体现了两国发展状况的差异，贸易开放可能会改善这种差异，但是对于文化认同的影响并不明确。$cgdp$ 表示中国的国内生产总值。gdp_{it} 表示 i 国的国内生产总值。GDP 反映了一个国家的经济发展水平，经济越发达，其提供文化供给的能力就越强，从事文化交流的能力也越强，该数据来源于世界银行数据库。$cpgdp$ 表示中国的人均 GDP。$pergdp_{it}$ 表示 i 国的人均 GDP。人均 GDP 反映了一国居民的平均生活水平，人均 GDP 越高，这个国家的居民消费水平越高，相应的对于外来文化的需求也越旺盛，该数据也来源于世界银行数据库。

2. 实证结果分析

本节首先考察贸易开放度对文化的四个维度单独所产生的影响，估计方法为固定效应模型。

（1）贸易开放对信任、控制、尊重及服从四个维度认同的实证结果。从表 4－6 可以看出，贸易开放对于信任、控制、尊重及服从这四个维度的认同都起到显著的促进作用。而对于其他控制变量，如中国贸易合作国的经济规模

（GDP）和居民平均生活水平（人均 GDP）对双方信任维度认同存在着促进作用。中国及其贸易合作国的国内经济状况对控制维度的认同没有显著影响，这可能是因为控制这一维度更多的是源于本人的自我修养、自我认知，经济状况这种外在因素对其自身影响较小。而双方的经济规模对尊重维度的认同有着显著的促进作用，这是由于尊重作为一种全球性的道德共识，随着一国经济能力的提升更是会加大双方在国际层面和私人层面的交流力度，如学术交流、旅游等，作为交流的前提，双方的尊重认同更是会由此加深。此外，人均 GDP 也对服从认同产生了显著的正向促进作用。

中外发展均衡水平差异（基尼系数比值）对不同维度的认同存在不同的影响。第一，对信任维度和服从维度的认同有显著的负向作用。如果地区间发展水平不均衡，则会减少地区间的交流，降低对外界的信任程度，这对于中外的信任认同会产生负向的影响；同时国民会不满足于自身现状，渴望改变，拒绝服从，不平等状况越严重，则对于服从的抗拒也就越严重，同中国的服从差异也就越大。第二，对控制维度的认同产生了显著的促进作用。因为在收入分配相对较为平等的国家，国民在政府和社会的帮助下就可以过上较为平等的生活，对自己掌控生活的意识就会较为淡漠，也就不易产生控制认同。第三，对尊重维度的认同没有显著影响。这可能是因为尊重认同往往是以一个国家整体为对象的，并不会由于发展状况不均而产生变化。

表 4－6　　　　　　　　　贸易开放对四个维度认同的实证结果

变量	(1) lntrust	(2) lncontrol	(3) lnrespect	(4) lnobedience	(5) lncul
lntrade	0.0954 *** (5.97)	0.0508 *** (4.40)	0.0488 ** (2.23)	0.0875 *** (4.92)	0.0300 ** (2.07)
lngdp	0.0770 *** (4.80)	− 0.00428 (− 0.32)	0.150 *** (5.24)	− 0.0691 (− 1.55)	0.0690 *** (4.22)
lnpergdp	0.192 *** (5.34)	0.0194 (1.14)	− 0.311 *** (− 8.04)	0.374 *** (8.11)	− 0.172 *** (− 4.45)

续表

变量	(1)	(2)	(3)	(4)	(5)
	lntrust	lncontrol	lnrespect	lnobedience	lncul
lncgdp	1.578 (0.64)	−0.262 (−0.23)	16.24** (2.18)	−6.927 (−0.99)	12.20** (2.47)
lncpgdp	−2.029 (−0.78)	0.234 (0.20)	−16.89** (−2.18)	6.548 (0.89)	−12.71** (−2.47)
lnG	−1.177*** (−10.43)	0.202*** (2.64)	0.399 (1.63)	−1.181*** (−6.96)	0.216 (1.20)
_cons	−36.64 (−0.72)	2.942 (0.13)	−339.5** (−2.21)	143.8 (0.99)	−255.8** (−2.51)
固定效应	YES	YES	YES	YES	YES
N	572	573	566	571	544

注：括号内数字为标准差；***、**、*分别表示在1%、5%、10%的水平上显著。

（2）贸易开放对文化认同的实证结果。为了进一步验证贸易开放对文化认同的促进作用，本节将按照"文化＝信任＋尊重＋控制－服从"构造综合的文化认同指标，并按照二值距离计算公式构造新的文化距离，以文化距离的负值衡量总的文化认同度，用变量 cul 表示。实证结果见表 4－6 第（5）列，同样发现贸易开放能够显著促进文化认同的提高。

考虑收入分配不平等因素的影响，针对以往有研究表明收入分配不平等程度的情况会影响贸易开放对于文化进步的影响（曲如晓等，2014），本节在模型中引入贸易开放与收入分配状况差异的交互项。同时采用汉密尔顿的"去中心化"方法在不影响估计一致性的前提下解决了交互项可能带来的多重共线性问题。根据实证结果（见表 4－7），不管是单独的四个文化维度还是综合的文化认同指标，引入的贸易开放与收入分配状况差异的交互项的估计系数均不显著，说明其不会对文化认同产生显著影响。

表 4 - 7 　　　　　　　　　　引入交互项后的实证结果

变量	(1) lntrust	(2) lncontrol	(3) lnrespect	(4) lnobedience	(5) lncul
lntrade	0.0957 *** (5.86)	0.0485 *** (4.20)	0.0509 ** (2.32)	0.0870 *** (4.83)	0.0242 * (1.72)
lngdp	0.0770 *** (4.80)	− 0.00407 (− 0.30)	0.150 *** (5.22)	− 0.0660 (− 1.48)	0.0683 *** (4.13)
lnpergdp	0.192 *** (5.34)	0.0192 (1.13)	− 0.311 *** (− 8.03)	0.372 *** (8.12)	− 0.171 *** (− 4.43)
lncgdp	1.614 (0.66)	− 0.552 (− 0.46)	16.51 ** (2.20)	− 6.798 (− 0.98)	11.29 ** (2.27)
lncpgdp	− 2.067 (− 0.81)	0.539 (0.43)	− 17.18 ** (− 2.20)	6.419 (0.89)	− 11.76 ** (− 2.27)
lnG	− 1.179 *** (− 10.83)	0.219 *** (2.74)	0.381 (1.51)	− 1.170 *** (− 6.83)	0.263 (1.37)
GT	− 0.000217 (− 0.17)	0.00171 (1.32)	− 0.00171 (− 0.63)	0.00150 (1.11)	0.00415 (1.15)
_cons	− 37.40 (− 0.74)	8.910 (0.36)	− 345.0 ** (− 2.23)	141.0 (0.98)	− 237.1 ** (− 2.31)
Wald	462.48 [0.00]	51.17 [0.00]	353.50 [0.00]	1318.26 [0.00]	90.75 [0.00]
N	572	573	566	571	544

注：括号内数字为标准差；***、**、*分别表示在1%、5%、10%的水平上显著。

（3）考虑内生性的问题。考虑到贸易开放和文化认同可能存在着双向因果的关系，本节采用工具变量的方法，选择贸易开放度（即贸易结合度）的滞后一期和滞后二期作为工具变量，并采用IV-GMM的方法对本问题进行估计，估计结果如表4-8所示。

表 4 – 8　　　　　　　　　　**IV–GMM 回归结果**

变量	（1）	（2）	（3）
ln*trade*	0. 0689 *** （2. 80）	0. 0959 ** （1. 97）	0. 0729 *** （3. 09）
ln*gdp*	0. 0984 *** （3. 83）	0. 112 *** （3. 16）	0. 0998 *** （3. 88）
ln*pergdp*	− 0. 163 *** （ − 3. 68）	− 0. 160 *** （ − 3. 56）	− 0. 163 *** （ − 3. 68）
ln*cgdp*	18. 09 *** （5. 47）	17. 66 *** （5. 04）	18. 29 *** （5. 49）
ln*cpgdp*	− 18. 83 *** （ − 5. 44）	− 18. 42 *** （ − 5. 05）	− 19. 05 *** （ − 5. 46）
ln*G*	0. 223 （1. 31）	0. 188 （1. 04）	0. 219 （1. 30）
_cons	− 378. 4 *** （ − 5. 55）	− 369. 7 *** （ − 5. 12）	− 382. 7 *** （ − 5. 57）
开放变量显著性的 χ^2 检定	92. 22 *** ［0. 00］	96. 72 *** ［0. 00］	96. 98 *** ［0. 00］
R^2	0. 21	0. 20	0. 21

注：括号内数字为标准差；*** 、** 、*分别表示在1% 、5% 、10% 的水平上显著。

表 4 - 8 中第（1）列和第（2）列报告了分别使用滞后一期、滞后二期作为工作变量的估计结果，第（3）列报告了同时使用滞后一期与滞后二期时的回归结果。可以看到，本回归中贸易开放对文化认同的影响方向和显著性与基准回归结果（见表 4 - 6）基本保持一致，在估计系数上也没有显著差异。关于贸易开放的联合显著性检验表明，贸易开放对于文化认同的影响在 1% 的水平上保持显著。同时对工具变量的有效性进行检验，具体检验结果如表 4 - 9 所示。选择贸易开放度的滞后一期和滞后二期为工具变量，不存在识别不足性。同时，根据弱工具变量检验和过度识别检验的结果，本节所选择的工具变量与

内生变量之间有较强的相关性，且与干扰项不相关，不存在过度识别的问题，因此，工具变量选择较合理。

表4-9 工具变量有效性检验

识别不足检验	Chi-sq (1) P-val=0.8775 LM 统计值 0.024	拒绝原假设
弱工具变量检验	Wald F 统计值 1.849	接受原假设
过度识别检验	Chi-sq (1) P-val=0.5470 P 值 0.363	接受原假设

4.3.4 稳健性检验

上述研究得出结论：贸易开放可以显著增强文化认同，并且对于构成文化的四个维度上的认同也有显著促进作用，为了验证这一结论的稳健性，本节从以下方面进行论证。首先，对数据进行缩尾处理，将样本数据中小于1%的部分用1%分位的数据替代，大于99%的部分用99%分位的数据替代，使得原始数据变得更加平滑。缩尾处理后的估计结果如表4-10中第（1）列所示。其次，删除与中国进出口贸易量较小或持续年份较短的国家，避免这部分国家的数据对我们的实证结果造成影响。剔除后的估计结果如表4-10中第（2）列所示。最后，依照贸易依存度的定义，针对本节所研究的双边贸易开放，构造对华贸易依存度指标：

$$Tc = (Exp_{c,i} + Imp_{c,i})/GDP_i \qquad (4.5)$$

其中，Tc 为对华贸易依存度，$Exp_{c,i}$ 为 i 国对中国的出口，$Imp_{c,i}$ 为 i 国对中国的进口，GDP_i 为 i 国的国民生产总值。通过这一指标衡量中国的贸易合作国家的对华贸易量在其国民经济中所占比重，从而测度该国对华贸易的依赖程度，衡量与中国的双边贸易开放情况。因此，我们使用这一指标代替本节中的贸易开放度指标进行测算，估计结果如表4-10第（3）列所示。

表 4 – 10　　　　　　　　　　　稳健性回归结果

变量	（1）缩尾处理	（2）剔除特殊值	（3）对华贸易依存度
ln*trade*	0. 0308 **	0. 0345 **	0. 121 ***
	（2. 01）	（2. 33）	（3. 67）
ln*gdp*	0. 0672 ***	0. 0746 ***	0. 0370 **
	（3. 97）	（5. 01）	（2. 33）
ln*pergdp*	– 0. 169 ***	– 0. 179 ***	– 0. 150 ***
	（ – 4. 33）	（ – 4. 85）	（ – 4. 01）
ln*cgdp*	13. 46 ***	12. 10 **	12. 83 ***
	（2. 80）	（2. 52）	（2. 62）
ln*cpgdp*	– 14. 03 ***	– 12. 61 **	– 13. 44 ***
	（ – 2. 79）	（ – 2. 51）	（ – 2. 63）
ln*G*	0. 223	0. 205	0. 355 **
	（1. 22）	（1. 16）	（2. 09）
_cons	– 281. 8 ***	– 253. 7 **	– 267. 0 ***
	（ – 2. 84）	（ – 2. 56）	（ – 2. 64）
Wald	95. 40	80. 24	100. 19
	[0. 00]	[0. 00]	[0. 00]
N	544	523	545

注：括号内数字为标准差；***、**、*分别表示在1%、5%、10%的水平上显著。

　　根据表 4 – 10 的估计结果可以得出，进行缩尾处理和剔除特殊值后，贸易开放仍保持对文化认同的显著促进作用，而采用对华贸易依存度替换贸易结合度来代表贸易开放度之后，这种相关关系也仍然显著。

4.3.5　主要结论

　　本节通过选取 1990 ~ 2014 年中国同 48 个贸易伙伴国的进出口贸易数据测算中国贸易开放度指数，同时利用世界价值观调查数据库 1990 ~ 2014 年对世界各国在信任、控制、尊重和服从维度的调查数据，测算了中国与48个贸易伙伴国之间的文化认同度。之后从理论和实证的角度对贸易开放度与文化认同的关系进行验证，结果发现对外贸易的开放不仅对世界各国增强对中国在信任、控制、尊重和服从等维度的文化认同有显著的促进作用，而且对中国整体文化认同度的提升也有显著的促进作用；同时，国家收入分配不平等程度不会显著影响贸易开放对文化认同所产生的促进作用。

因此，在全球化进程不断加快，世界各国交往日益密切，国家间的文化冲突时有发生的背景下，研究贸易开放对文化认同的影响不仅可以为增强世界各国对中国的文化认同提供新的思路、新的视角，而且这与"一带一路"倡议的核心高度一致，具有非常重要的理论意义和现实意义。对中国而言，应不断完善国内的贸易、法律等制度，为贸易开放增加各国对中国的文化认同提供更加健康的环境；优化贸易产品结构，力争实现更多拥有自主知识产权的产品与服务的出口，增强中国的对外贸易竞争力，提升贸易伙伴国对中国文化的整体认同度。

第 5 章

发达国家文化海外传播
推动贸易发展的经验借鉴

5.1 "酷日本"文化贸易战略

5.1.1 总述

文化越来越成为民族凝聚力和创造力的重要源泉，以及综合国力竞争的关键因素。作为国际贸易重要组成部分的文化贸易，在给一国或地区带来巨大的经济效益的同时，还有助于培养海外消费者对本国文化的认同感，有助于深入挖掘文化产品的附加价值。

在人类历史的初期，各民族的特色文化都是在相对封闭的地理环境中独自成长的。但随着人类生产力的提高和交流技术的发展，各民族、国家之间的信息交换成本降低，文化碰撞与文化传播变得日益普遍。世界各国的历史沿革、人文地理环境等禀赋不尽相同，文化发展基础也存在差异，因此各国文化及其海外传播的发展特点和模式也有所不同。其中，日本文化海外传播的贸易模式独具特色。

细数日本国家文化贸易战略，其中，"酷日本"战略是日本在 21 世纪赖以生存并做大的关键战略，是伴随着日本文化产业的发展而形成的，是日本政府适应全球化和国内政治、经济与社会发展变化而做出的战略选择。对该战略的定位是：让日本公众重新认识和审视"日本的魅力"；通过文化产业获取经济利益，通过软实力获取外交利益。从"酷日本"战略的内涵结构上看，"酷日本"战略主要包括基盘打造战略、产业充实战略和海外开拓战略三部分，分别从文化发掘、人才培养、产业发展和海外开拓等角度展开日本的国家文化贸易战略，推动日本文化海外传播和文化产品的国际化。

"酷日本"战略作为以日本文化为依托的国家形象和品牌塑造战略，不仅让日本公众重新认识和审视"日本的魅力"，而且大大促进了文化与文化产业发展。日本文化产业在国际上形成了强大竞争力，在提高了文化软实力的同时促进了日本经济增长。日本总务省信息通信政策研究所于 2017 年发布的《有关内容产业影视作品的海外推广现状分析（2015 年度）》显示，内容产业相关影视作品的海外销售额在 2015 年度已经达到了 288.5 亿日元，提前 3 年完成了预期目标。日本政府通过"酷日本"战略将以创造性作为附加价值的各种"酷"的元素整合起来，并运用到海外市场的开拓中去，实现了"文化与产业""日本与海外"的有机统一。

5.1.2 "酷日本"战略的背景

1. 文化海外传播历程

日本一向重视文化海外传播，多年来，日本政府顺应时代发展的要求出台了许多方针和政策，不断推动日本文化的海外传播进程，从而推进日本对外贸易的发展。日本的国家发展战略大致经历了三个阶段：第一阶段从明治维新到第二次世界大战结束，日本的国家发展战略是"军事立国"；第二阶段是从第二次世界大战到 20 世纪 70~80 年代，日本的国家发展战略是"经济立国"；第三阶段是从 20 世纪的七八十年代开始，在实现经济起飞后，为了进一步提高自身的国际地位，日本逐渐谋求"文化大国"的地位和树立良好国际形象，国家发展战略重点逐渐向"文化立国"转化。日本的"文化立国"战略把提高文化竞争力作为提升日本产品竞争力的重要举措，认为通过文化产品可以加深世界对日本文化的理解，使日本重新获得认同，从而使日本产品提高文化含量和附加值。

20 世纪 70 年代后期，日本各地开始将文化振兴作为地方建设的重心。各地政府都制定了多样化文化发展目标，积极挖掘日本独具特色的文化传承。

20 世纪 80 年代，随着世界各国经济向全球化方向发展，日本企业也开始了海外扩张的步伐。但是不同国家和地区不同的历史文化环境造就了国家间文化异质性的存在。日本企业走向国际面临极大的文化挑战，其他国家对日本思维方式和行为模式的不理解成为日本经济走向世界的巨大障碍。在这种形势下，日本政府认识到日本作为国际社会的一员，需要加强世界各国对日本文化的认同和理解，与世界各国文化保持广泛的接触，相互交流、共同发展，才能助力日本经济的国际化发展。由此，日本政府提出了"国际化时代"的口号，开始致力于日本文化的对外传播，积极开展国际文化交流活动。

20 世纪 90 年代，日本政府提出了"文化立国"的战略发展目标，于 2001 年颁布了《文化艺术振兴基本法》，明确了文化战略在国家战略体系中的重要地位。

2004 年 4 月，日本知识财产战略本部提出了"软实力时代"日本内容产业国家战略的五个理念：（1）"All Japan"，即全民共同合作，努力解决各项课题；（2）"Brand Japan"，以开发和推广日本品牌为目标，重视海外市场策略；（3）"Cool Japan"，以营造"酷"日本的国家形象为目标；（4）"Digital Japan"，充分发展数码化和网络化；（5）"E-Tech Japan"，推动尖端技术的研究开发和运用。

2007 年，第一届安倍内阁为了进一步提高日本文化产品的世界影响力，振兴日本经济，成立了亚洲门户战略会议。该会议提出，在充实和强化国内宣传机会的同时，要将"日本之酷"传播到世界各地，制定适合各个领域的"文化产业全球化战略"，构筑能够充分发挥"感性认识力"的商业组织，并加强国家间的文化交流。

日本政府于 2002 年、2007 年、2011 年三次颁布《关于文化艺术振兴的基本方针》，确立了振兴文化艺术的基本理念，制定了振兴文化艺术的政策措施，为文化发展指明了具体目标和行动方向。

日本政府提出的关于文化艺术振兴的三次基本方针极大地推动了日本文化的海外传播进程。第一次方针提出要保护和发展多样化的日本文化，并向世界传播日本的文化艺术。第二次方针重点阐述了文化对外传播的主要措施和重要意义，指出要通过国际文化传播促进世界对日本文化的理解，提升日本的国际形象，同时要促进新的艺术创造，增强日本媒体艺术的活力，加强世界各国对"酷日本"的关注。第三次方针明确提出，要利用文化发展促进各地的经济振兴、产业振兴，促进文化对外传播和国际文化交流。重点措施之一就是利用文化振兴促进各地的经济振兴、观光旅游和地方传统产业的发展。随着日本社会向地方分权化、多样化发展，各地方政府都积极发掘本地的特色文化，重视保护本地的历史文化遗存，进行以文化建设为中心的地方建设，这不仅为各地居民提供了丰富的精神文化享受，保护了各地区的传统文化，还通过发展观光旅游、文化产业促进了各地的经济发展，利用文化事业创造了巨大的经济价值。

21 世纪前十年，日本文化逐渐得到政府的重视，这些举措为日本文化的对外传播提供了坚实的基础，使日本的文化产业呈现欣欣向荣的态势，但还未形成战略体系，仍处于发展阶段。

2. 国内外环境

20 世纪 90 年代，日本经济迅速发展，银行资金充裕，经济繁盛一时，随后日元升值，热钱流入，股市、房价飙升。泡沫经济崩溃后，房地产、股票一路下滑。此后，日本遭遇了长达 20 年的经济不景气，人口持续减少，劳动力不足，生产能力日益萎缩。日本国内制造业的产业规模增长缓慢，对扩大内需的拉动能力有限，而扩展海外市场的也只是部分企业。此时，日本的文化主导型产品，如动漫、游戏、小说等，受到经济危机的冲击很小，甚至逆势增长。因而发展文化产业将是未来拉动内需并获得有效外需的关键所在。

日本经济增长缓慢甚至陷于停滞，使其在世界范围内的经济地位也日趋下滑。经济比重下滑导致日本在世界范围内竞争力指数不断降低。世界经济论坛发表的《全球竞争力指数报告》显示，日本在世界范围内的竞争力指数由 1990 年的第一位下跌至 2010 年的第六位，落后于美国、德国、新加坡等国家。世界经济形势的不景气与日本世界经济大国地位的逐渐失去使日本产生了深刻的危机感，推动经济结构和产业结构调整，寻找重新提高日本国际竞争力的新突破口成为当务之急。在以经济、军事实力为主的硬实力竞争空间日趋缩减的形势下，世界各国在综合国力的竞争中越来越注重软实力的建设，使软实力成为综合国力竞争的又一战略重点。

2011 年 3 月 11 日，被称为"历史第五大地震"的东日本大地震爆发。日本东海岸集中的大量钢铁业、石化业、制造业、核电工业等日本重点产业和支柱行业受到巨大冲击，震区以及地震波及地带的许多工厂出现重大损失，被迫停工。此次地震引发的巨大海啸对日本东北部岩手县、宫城县、福岛县等地造成毁灭性破坏，并引发福岛第一核电站核泄漏。东日本大地震和其引致的核事故对日本经济造成了极大损害，日本的产品安全受到质疑，对外贸易额进一步减小。

在这样的背景下，日本政府提出"酷日本"战略，将广受喜爱的"酷日本"文化元素渗透到日本产品中去，以提高日本产品的附加值，增强日本产品的国际竞争力。"酷日本"战略将世界对日本地震的聚焦转化为世界对日本"酷"文化的认识和关注，既能为日本政府塑造国家形象与树立国家品牌，同时也能大大促进日本经济的恢复和对外贸易的发展。

"酷日本"战略的官方正式表述是"以文化产业为核心的国际战略"。"酷日本"的英语为"cool Japan"，该词最早出现在 2002 年美国评论家道格拉斯·麦克格雷（Douglas McGray）发表于《对外政策》杂志上的《日本国民酷总值》一文中，该文章对日本在动漫、流行音乐、设计、时装、饮食等文化领域日趋增长的全球影响力给予了高度评价，称为"民族之酷"，可视为一种软实力。道格拉斯还提出"gross national cool"即"国民生活酷总值"这一概念，将"国民生活酷总值"（GNC）视为与国内生产总值（GDP）同等重要的指标，作为对一国软实力水平的衡量指标。

2009 年鸠山由纪夫内阁通过的《新成长战略——实现辉煌的日本》中，首次使用了"酷日本"一词，"酷日本"战略确立。2010 年 6 月，日本经济产业省设立酷日本海外战略办公室，正式统领"酷日本"战略，改变了以往多部门在"酷日本"战略中各自工作、缺少协调的局面，其工作开始重点围绕推动对外文化贸易而展开。2010 年 11 月，菅直人内阁将"酷日本"与商业活动有机地联系起来，探讨"酷日本"产业海外开拓的具体推进措施，把强化"酷日本"的海外推广作为振兴日本经济的重要支柱。其中，以日本文化元素为核心内涵的"酷日本"产业具有强烈的外向型特征，海外开拓是"酷日本"战略的关键。经过发展，"酷日本"文化的方方面面都受到了世界的关注。

5.1.3 "酷日本"战略的内涵

"酷日本"战略是伴随着日本文化产业的发展而形成的，是日本政府适应全球化和国内政治、经济、社会发展变化而做出的战略选择。日本政府企图通过"酷日本"将以创造性作为附加价值的各种"酷"的元素整合起来运用到海外市场的开拓中去，体现了"文化与产业""日本与海外"的有机统一。

第二届安倍内阁成立后，将"酷日本"战略视为安倍主义的重要一环，先后出台了《创造新的日本——要将"文化与产业""日本与海外"联系起来》《关于推进酷日本的策略计划》等一系列文件法规，使"酷日本"战略的内涵逐渐清晰起来。

"酷日本"的内涵非常丰富，既包括艺术气息浓厚的传统文化，如茶道、相扑、歌舞伎、古建筑等，也包括更为大众接受的现代流行文化，如动漫、游戏、服装、音乐、电影、电视剧等。近年来，"酷日本"战略还延伸到饮食、生活用品甚至日本人的生活方式中，所涉产业范畴十分广泛。

从"酷日本"战略的结构看，"酷日本"战略主要包括基盘打造战略、产业充实战略和海外开拓战略三部分。基盘打造是"酷日本"战略的基础，产业充实是"酷日本"战略的核心，海外开拓是"酷日本"战略的关键。

1. 基盘打造战略

（1）人才战略。文化经济的核心资本是人的创造力，各国文化产业的可持续发展和竞争优势的确立都取决于文化创意人才及其才能的发挥。日本人卓越的创造性才华为其文化产品注入了源源不断的竞争优势，表现为高超而国际化的编剧和制作能力，强大的文化传播技术，以及文化衍生产品开发、推广的显著比较优势等。日本人才的专业性和体系性培养是世界人才培养的榜样。

日本的人才培养一方面通过学校教育来实现，另一方面依靠政府的人才鼓励政策来吸纳国际人才。

在学校教育方面，日本特别注重文化人才的培养。日本政府设立专门的方案和规划来培养文化事业创新人才。在政府支持下，日本完善国际文化贸易专业体系，加大专业教学的投入，并加强高校科技投入及专业研究。日本政府委托京都大学、东京工业大学等著名院校设置文化产业相关专业，培育具有创新意识的国际化人才。日本高校为培养人才举办一系列活动，例如，周期性的文化创意教学活动、毕业创意作品展、海外学校的长短期学生交换、不定期的讲座，以及与动漫相关的展示会、研讨会等。此外，日本还在中小学中开展针对性的文化兴趣培养，充分发掘孩子们的创造力。日本的社会各界还专门成立相关教育的研讨会，由知识分子自主参加，共同为文化事业后备力量提供支持。

在政府政策方面，日本政府完善"世界人才吸引计划"，不仅放宽了海外创意人才的访日签证审批手续，还致力于把日本打造成孕育创意才能的基地，有效利用日本时装周、东京设计周、艺术展、拍卖会等平台，建立人才信息流通网络，吸引世界人才来日发表作品，展示才能，同时向国内外宣传艺术家的创意，吸引世界投资。日本政府加强与世界其他国家或地区的深化合作，打造文化作品发布和沟通交流的高端平台，为各国文化创意人才相互交流提供畅通渠道。例如，日本东京新宿商务区十分注重文化与艺术家的多元性，通过邀请不同艺术风格和不同民族的艺术家参加艺术创作和城市文化艺术宣传，积极推动文化的多元化及与区域居民生活的共生性。

为了进一步吸引高素质人才，政府建立人才招募奖励制度，制订"创意人士生活计划"，解决创意人才和艺术家收入不稳定的问题，并设立了文化勋章、文化功劳者、文化厅长官表彰、优秀映画赏等奖项，以表彰在文化创作方面成就突出的艺术家，促进优秀人才的引进，这些举措对文化产业人才产生了巨大吸引力。日本通过文化名人效应和引进国外先进营销人才的方式，把文化产品和服务开发好、包装好、宣传好，不断开拓国际市场，进而促进文化贸易的大发展。

（2）地方战略。要想发展"酷日本"产业，归根结底需要有能够激发日本人创造性的土壤。"酷日本"的地方战略便是要充分发掘日本特色地方文化，牢固日本文化的肥沃土壤。日本文化底蕴深厚，特色文化众多，构架起强大的日本文化力量和文化网络。日本的特色人文文化包括日本艺伎、日本清酒、茶道、相扑与和服等，博大精深，难以细数。此外，日本还有樱花、富士山、温泉等特色自然文化，建构起了"文化日本"的认知和形象，让"崇尚人与自然调和"的日本被世界广泛接受。

进入 21 世纪后，日本政府明确表示要支持地方文化产业的发展，"酷日本"潜藏于地方社会文化之中。因此，通过地方文化和生活方式的塑造，彰显地方魅力，形成地方品牌，振兴地方产业。主要措施包括：规定政府支持地区文化活动的类型，提出制定长期规划和提供综合性援助的要求，以及建议中央与地方联合举办大型文化活动等。这些政策在地方政府的努力下转变成切实可行的措施，提升国民文化活动的质量和水平，卓有成效地推动地方文化软实力建设。

为了调动国民参与文化活动的积极性，提高国民文化活动水准，日本政府联合地方政府推出了遍及各个地方行政区域的全国规模的文化节。文化厅联合关西各经济组织、媒体、行政机关等有关部门共同设立了"关西文化圈促进会议"，在关西拉开了"文化复兴日本社会"活动的序幕，以促进关西文化圈的发展。形式多样、内容丰富的文化节推广了地方文化，重新挖掘了具有地方特色的文化遗产、民间艺术、传统工艺和祭祀等活动，对地方文化软实力的发展起到了不可忽视的推动作用。

日本动漫在全世界范围内都享有极高声誉，日本各地方政府和产业界逐渐意识到动漫产业及其附加品的价值创造力在地方经济振兴中的巨大作用，不仅借助动漫场景还原等方式大力发展地方特色旅游，还因地制宜开发了动漫及其多种形式的衍生品。例如，长野县上田市模仿动漫《夏日大作战》中的场景重修了该市的街道布局，以吸引游客前来观光，市内邮局限定发布的同主题邮票一经发行就具有相当高的人气。日本推行的"酷日本"计划，通过日本特色文化的推广来打造日本形象，推销日本梦想，使日本电影、电视节目、游戏、书籍等都广受关注。

（3）经营战略。日本构筑新的经营体系，建立新的经营模式，以促进创意迅速转化为价值。2013 年 11 月，日本成立"海外需要开拓支援机构"（"酷日本机构"），采取企业化运作，由政府财政出资约 80%，民间出资约 20%，其功能是为"酷日本"相关企业提供海外扩展的风险资本。2015 年，"酷日本"推进会议提出"酷日本战略官民协动倡议"，并设立"酷日本官民合作平台"，其目的是打破官民、行业界限，推动信息共享以及业务项目的对接与合作，"酷日本"战略自此进入官民协同推进的新阶段。

日本政府鼓励把各地方的风俗习惯、历史以及产业分布数据化，整合日本文化和产业信息，在对文化产业进行财政支持的同时，也注重拓宽文化产业的融资渠道，以政府为主导的多元化融资模式和渠道极大地促进了日本文化贸易的发展。一方面，日本政府完善各类投资者，包括个人、企业、基金等对文化产业投资的平台，使投资融资双方沟通顺畅，无缝对接。另一方面，政府给予文化企业及文化产业从业者更多税收等方面的优惠政策，引导更多优秀的人才进入文化产业。

日本也通过其他方式激励企业文化产品和服务的出口，鼓励国内文化从业企业积极投身于国际文化市场的竞争。例如，日本成立了"酷日本海外拓展援助基金"，通过提供资金和专家派遣等方式向"酷日本"企业提供支援，政府持有该基金一半以上的股份。

日本对文化产业多元化的支持力度，鼓励文化市场探索新的融资和经营模式，不断为文化产业的发展提供强有力的支持，促进了文化经济化发展。

2. 产业充实战略

（1）宣传平台与机构。日本政府充分利用国内外宣传机构和平台，加强国内外对日本品牌的宣传推广活动。日本政府通过举办一系列文化形式的活动向海外展示日本文化，很多节日活动经过多年发展，已经形成品牌，为日本文化走向世界提供了广阔的平台，甚至成为一种标志性的日本文化符号，享誉海外。这些平台不仅极大地推动了日本文化的海外传播，同时也为来自世界各地的参会人提供了商业洽谈机会，推动了日本文化贸易的步伐。

日本每年举办的东京国际动画博览会是全世界动漫界最高级别的一次盛会，是东京市政府和相关动漫企业为了鼓励和发展动漫产业而主办的国际性动漫展。这个盛会以国际动漫交流与进出口商业洽谈为目的，自 2002 年开始举办，目前已发展成为世界规模最大的动漫主题大型展会。每年，日本及国际顶尖的动漫制作公司、玩具软件开发公司、电影电视公司等相关企业和团体齐聚东京，发布动漫的最新信息。

2011 年开始，每年两届的"创意东京"展销会举办的以时尚产业、文化产业和生活方式为主题的商品展销、商业洽谈会等，对于打造日本品牌、提升国家形象、开展国际合作、开拓国际市场起到了重要作用。日本还以"东京国际电影节"为中心，定期举办电影、动漫、游戏等各种内容产品节。多年来一直举办的"日本古典美术品海外展"，也在不断扩大日本传统文化的影响力。

可以说，日本的很多文化活动已经形成一种品牌效应，随着经济全球化发展，这样的品牌价值已经超越单纯的商标意义。日本通过品牌平台推广自己努力打造的特色文化产品和文化创意，而各国的合作伙伴也通过这样的平台了解日本，认可日本。作为一种文化经济符号，这些品牌增加了合作伙伴对日本文化产品的信任和认同，培养了一大批忠实的合作者，扩大了日本文化贸易的国际市场，给企业对外贸易带来巨大的经济效益。

（2）产业结合度。从文化产业发展角度来看，为了提高日本文化产品的国际竞争力，应当将文化产业与衣食住行等消费产业结合起来，提高产业结合度。"酷日本"战略主张扎根于地方文化之中，通过"酷日本"协会平台，吸收那些无力独自开拓国内市场的中小创意企业加入，充分利用零售流通企业的店铺，为中小创意企业的产品入驻搭桥铺路。日本政府鼓励拥有自身品牌化商品及服务等有形资源的中小企业提供自身优势有形资源，零售业、流通业以及商业建设方发挥自身拥有的地理位置、基础设施等优势无形资源，从而达到多方联合、优势互补的效果。

还应将地方资源的挖掘与国际宣传结合起来。"酷日本"战略的一个重要目的在于吸引外国人赴日消费，因此要将海外需求积极地融入地方文化产品的生产当中。同时，发掘地方资源，将地方资源与食品、传统工艺、历史、旅游观光产业等有机结合起来，充分发挥文化的经济效益。

3. 海外开拓战略

增强海外影响力是文化软实力的核心，是"酷日本"战略的关键所在。一般来说文化企业规模都比较小，很少有企业能够独自在海外拓展经营。因此，需要政府牵头设立"酷日本"海外拓展平台。这个平台有如下功能：（1）分享和实现"酷日本"海外市场服务共享化；（2）提供总务、法务、市场调查和人才调遣等共享服务；（3）策划和推进海外教育机构、广告宣传等综合服务。为了依当地需求来推进"酷日本"的海外传播，在海外各地还要设置以驻外日本公使馆为中心，联合当地关系机构与民间机构共同组成的"酷日本"海外拓展平台协调处。

日本政府还出资协助国内民间组织到世界各地展示具有民族特色的文化活动，如花道、相扑等。通过这种非政府的方式，日本民间传统文化得以在世界范围广泛交流与传播，既提高了日本文化的世界性，又为文化贸易的发展奠定了良好的海外市场基础。

为进一步传播和推广日本文化，日本政府在法国和一些亚洲国家开展了有针对性、有特色的文化推介活动。日本学术界利用数年时间综合考察了 22 个国家和地区文化产业发展情况的各项指标。根据这一考察结果，日本政府确立了以 12 个国家作为"酷日本"战略海外推介的重点，并采取丰富多样的形式在这些国家宣传"酷日本"。2010 年以来，日本文化产业在中国、法国、新加坡等国家取得了长足发展。

为了方便海外项目的实施，在不同的国家和地区，日本企业深入当地市场，进行因地制宜的产业联合。中国拥有大量日资企业和适合旅游开发的广阔市场，日本动漫、游戏长期以来受到中国市场的极大欢迎，因此市场开拓的突破口便选在这些行业。动漫、游戏产业的持续兴盛，使得日本在获得经济利益的同时也改善了国家形象。在东南亚和南亚地区，考虑到其经济发展状况，日本企业主要以推销日本流行文化为先导，同时辅以制造业，在推动当地经济发展的同时开拓市场。中美和南美地区日本文化的影响力不足，因此以家电产品为代表的品质优良的工业制品成为日本提高影响力的重要载体。

作为日本文化的载体，日语在文化传播过程中能起到关键作用。2002 年以来，日本向海外教育基地派遣超过 10 万名日语教师，这些教师还承担普及日本文化的任务，以尽可能多的方式促进日语在世界范围内的推广。此外，众多的学术和商业机构也主动承担起推广日语的任务，例如日本国际交流基金会联合众多学术机构编纂了一系列针对海外日本文化爱好者和日语学习者的日语教材，供不同层次的学习者使用。日本政府与学术界十分看重文化教育的效果，希望能够增进世界各国对日语的好感，从而推动国际交流。

2015 年，为向海外广泛宣传日本独特的文化和饮食，日本政府汇总了新的"酷日本"战略。该战略将利用政府与民间的共同基金和政府补助金等，以日本的大众文化和生活方式为卖点，在地方旅游、饮食、音乐、设计四个领域支援民间主导的项目，以扩大日本文化和文化产品的出口。

5.1.4 "酷日本"战略的特征

"酷日本"战略是日本文化产业战略的升级版，是日本增强软实力，加强国际影响力的重要举措。"酷日本"战略的要义是通过提升日本产品的文化含量，挖掘文化产品的经济附加值，树立日本国家品牌和增强经济活力。"酷日本"提出的根本目的是利用文化吸引力提高软实力。日本政府从国家利益出发，希望本国文化和文化产品能够走出国门，不仅有利于追求更多的经济利益，还能够传播日本文化，促进世界对日本文化的理解，提高日本的国际形象和国际影响力。这种目的决定了"酷日本"战略具有以下特点。

1. 明确的中枢领导机构

2012 年，第二届安倍内阁成立后，首次在内阁中设立了"酷日本"战略担当大臣，"酷日本"战略担当大臣牵头成立的"酷日本"推进会议是"酷日本"战略的中枢领导机构。政府在"酷日本"战略中的作用非常明晰。（1）政府负责掌控战略全局，维系各分部以及民间团体间的协调与合作。（2）政府负责提供各项发展资源，包括完善基础设施，以加强海外播放网络的流畅性以及建立新的孵化基地，培养人才，提供风险资金。（3）政府负责提供各项推动性服务，包括为日本的文化品牌提供综合性宣传以及为企业提供各类行政服务。

虽然"酷日本"战略推进会议与知识产权战略本部在职能上存在交叉，但是总体而言，"酷日本"战略推进会议负责的领域比知识产权战略本部更宽泛，而且辅佐知识产权战略担当大臣的内阁府副大臣也是"酷日本"战略推进会议成员，二者因此能够形成有效配合。

除日本内阁府构建的"酷日本"战略推进体制外，2010 年 6 月，日本经济产业省制造产业局还增设了专门协助向海外推介日本流行文化的新部门——"酷日本"室，其主要宗旨是要促进将日本战略产业领域——文化产业中的创意产业、设计理念、动漫、流行文化和电影等推介到海外，并推进日本培养相关人才以及帮助政府制订策划方案等。

2. "产—官—学"协作

日本文化经济蓬勃发展的背后，除了政府的推动和扶持之外，还有文化创意及相关各产业界的努力和各学术机关单位的付出。产、官、学三方面相辅相成、互相合作，故能发挥最好的效果。学术界钻研理论、培养人才；产业界提供市场现状信息并将一部分利润反过来投入学术研究，促进学术研究的发展；政府则引导创造适当的环境和法律法规与之配合。同时两两之间都建立了交流反馈机制。在"酷日本"战略的海外传播中，日本政府扮演发动机的角色，提供动力，而产业界和学术界则是文化快车的两侧车轮，提供支持，三者的默契配合使得"酷日本"战略得以走进世界各国。

3. 注重拓展海外市场

文化产业的快速发展，除了政策、人才、资金等条件之外，市场规模的扩大是不可忽视的重要因素。日本国土面积较小，人口密集度不够，国内市场规模有限。因此，"酷日本"企业从自身的利益出发，必须积极拓展海外市场。日本政府则从国家利益出发，希望本国企业能够走出国门，不仅有利于追求更多的经济利益，还能够传播日本文化，促进世界对日本文化的理解，提高日本的国际形象和国际影响力。

因此，日本政府积极开拓文化产品的国际市场，引导企业对外发展。巨大的海外市场为文化产品贸易提供了无限机会，推动日本经济不断发展。日本政府着力加强文化产品的数字传输，减轻或撤销对文化产品海外流通的管制，严防盗版，为文化贸易发展扫除障碍。日本政府还制定了文化产品出口相关保障、税收优惠、贷款支持等政策，取得了很好的效果。

5.1.5 "酷日本"产业：动漫业

最能代表日本"酷"形象的当属动漫产业。日本动漫历经了民间自由发展阶段以后，全面拉动了国家经济的发展。日本自1917年第一部日本民族动画片出品，至今已有百余年。在最初三十年间，由于受到战争的影响，日本动漫的发展没有受到重视。第二次世界大战结束以后，"铁臂阿童木"以电视作为媒介走进了日本民众的视野，取得了轰动效应。20世纪70年代的经济复苏与日本民众的精神需求为日本动漫作品带来了巨大的市场。到了80年代，日本动漫作品迎来了它的黄金时期，为了进一步扩大海外市场，开始被翻译成其他语言并走向世界，日本动漫作品开始作为日本特色文化向外传播。

从目前世界文化创意产业的基本格局来看，文化创意产业领域各国的力量对比与经济实力具有较高的同步性，呈现出南强北弱、西强东弱的基本态势。如果以国家而论，世界文化产业的主要份额集中在美、英、法、德、日、韩及新加坡等经济发达国家。日本作为亚洲的传统强国，其文化创意产业特别是动漫产业实力强劲，以动漫为首的文化创意产业赢得了全球声誉。

日本动漫在世界各地家喻户晓，广为人知。动画（anime）、漫画（manga）、角色扮演（cosplay）等来源于日本的动漫词汇在世界范围内被广泛接受，日本动漫已经从一个特定国家的文化，演变成了源于日本的世界性大众文化。但是日本动漫的流行还仅限于自然形成的文化现象和自发的商业行为，没有被纳入政府的国家战略。直到 21 世纪，日本政府才开始重视以动漫为代表的日本文化在外交和经贸领域的价值，试图战略性地运用这一资源，以提升日本的国家形象和国际竞争力。动漫被纳入国家战略始于经济领域的"酷日本"战略。

"酷日本"战略的精髓是希望能够通过提升产品的文化含量，树立起国家品牌，提升日本国家软实力。其基本理念是倾力打造电影、动漫、出版等在世界上已具有较高声誉和影响力的文化产业，借此打造"酷日本"国家形象。日本动漫产业作为"酷日本"对外文化传播的经济媒介，可以促进文化走向世界，加强国民之间的交流，加强国与国之间的相互了解、沟通，提升国家软实力和国际影响力，打造国家的国际形象；对内有利于发展国内经济，带动新的经济增长点，促使一国经济的长期发展；内外结合，动漫产业成为文化海外传播、推动贸易发展的重要呈现形式。

进入 21 世纪，日本政府、民间、企业和学界都加大了对动漫产业的扶持力度，并将其纳入日本文化振兴的轨道，确立了其作为日本国民经济支柱产业的战略地位。日本政府重点加强动漫类出版的产业化发展。经过长时间的调整与市场磨合，与出版、影视、游戏等产业共同发展的动漫产业链形成了相对成熟的发展模式。

日本动漫作为文化产品具有文化和产品的双重属性，既具有文化展示的功能，也能够产生政治、经济等方面的效益。日本动漫在世界上享有很高的声誉，既是日本的文化名片，也是世界各国人民了解日本文化的桥梁。

在文化属性方面，一个国家的文化产品必然伴随着其深厚的文化特色和文化底蕴，如宫崎骏的许多作品中对于森林、对于人与自然关系的描述都体现了自然观念。受众在观看作品时，会感受到怀念的情绪以及强烈的对于自然美的惊叹。《千与千寻》唤起了观众对于童年的乡愁，而这样的愁绪又在观影体验中得到了抒发。在宫崎骏动漫向外传播时，也会将自然观或乡愁等文化内涵传播出去，帮助受众建立起对日本文化的印象，意识到日本民族文化的优秀之处，开始喜爱和关注日本的民族文化。动漫一方面通过本身所承载的内容来传播文化，让受众通过动漫内容了解文化；另一方面它能够使受众产生了解传播国文化的强烈欲望，从而使受众主动去了解传播国的文化。动漫作品中对于民族文化的展示，可以在一定程度上塑造日本国家形象，有利于传播国建立良好的国家形象，促进受众对于该国的好感。

在经济属性方面，日本的动漫产业已形成了由漫画、动画到相关图书、音像制品，再到动漫周边衍生品等一套完整的产业链，文化产业实现集约化。铁臂阿童木、花仙子、火影忍者、奥特曼、圣战士、机器猫、樱桃小丸子等经典形象火遍全球。日本动漫产业成功的原因是多方面的，包括动漫作品广泛的社会基础、运行良好的产品开发投资模式、拥有顶尖级的动漫大师和制作机构、政府的支持等。以漫画《口袋妖怪》为例，在斩获人气后先是被改编成动漫，再被制作成游戏，还被改编为电影。仅《口袋妖怪》系列电影的前三部，就在全世界 45 个国家和地区放映，票房近 4 亿美元。如果将《口袋妖怪》的各类衍生品全部计算在内，其经济产值高达 300 亿美元，超过美国的《星球大战》和《哈里·波特》[①]。

据日本动画协会统计，2020 年日本动漫的海外营销额为 12394 亿日元，日本动画签订海外合作合同的整体数量已增长至 23531 件，日本成为世界上最大的动漫制作国和输出国。日本动漫产业依托自身特有的"酷"优势，成为 21 世纪最有希望的朝阳产业。

5.2 韩国流行文化对外传播策略

文化实力和竞争力，是国家富强、民族振兴的重要标志。当前，中国把提

---

① 张光新、李可：《"酷日本"战略及其对日本外交的影响》，载《东北亚学刊》2017 年第 2 期。

高国家文化影响力作为重要目标，这不仅需要文化产业"走出去"，还要提高中国文化的传播能力。党的十七大报告指出，一个国家文化的影响力，不仅取决于其内容是否具有独特魅力，而且取决于是否具有先进的传播手段和强大的传播能力。特别是在当今信息社会，凡是传播手段先进、传播能力强大的国家，其文化理念和价值观念就能广为流传，就能掌握影响世界、影响人心的话语权。加之中国政府提出建设"21 世纪海上丝绸之路"，中国文化在国际范围传播的过程中，将会与韩国流行文化发生重叠，通过研究韩国流行文化传播的内容、途径和效果，可以为中国文化扩大在国际的影响提供有价值的参考。

韩国最早在 1998 年提出"文化立国"的发展战略，进入 21 世纪后，更是将文化产业作为 21 世纪国家经济发展的重点产业加以扶持，为韩国发展为文化输出大国奠定了坚实基础。2016 年，包括出版、广播、游戏、电影、电视剧、漫画、动漫、角色、音乐、时尚、广告等领域在内的韩国文化产业出口额突破了 60 亿美元，约占当年文化产业总收入的 6%。[①] 韩国文化产品已成功走上国际传播的主流平台，韩国"文化立国"的发展战略卓有成效，成果颇丰。

本节将对韩国文化对外传播策略进入深层次分析，找出其可借鉴之处，为中国文化拓宽传播渠道，完善文化产业体系机制，进一步提高国际传播能力提供政策建议。

5.2.1　韩国文化的宣传和传播

1998 年，韩国提出"文化立国"的战略口号，1999 年推出《文化产业振兴基本法》首次对文化产业制定详细的法规政策。随后制定《文化产业发展五年计划》《21 世纪文化产业设想》和《文化产业发展推进计划》，明确文化产业发展战略和中长期计划，韩国政府还陆续对《著作权法》《电影振兴法》和《广播法》等基本法规做部分或全面修改，为文化产业提供法律保障，确保文

---

① 韩国流行文化内容振兴院发布的《2017 韩国流行文化内容产业统计调查报告》。

化产业的顺利发展。

2006 年以后，面对竞争日趋激烈的国际传播市场，韩国政府开始实行"产业政策方向不断调整、产业发展力争公平、产业目标更加国际化"的文化产业政策。在韩国文化产业政策的支持下，韩国的 KBS（韩国国家电视台）、MBC（韩国流行文化电视台）、SBS（首尔广播公司）三大电视台通过自己制作的电视剧、韩国流行音乐和卡通片等文化产品一方面带动着韩国文化产业出口，另一方面也成功地将韩国文化传播至亚洲乃至全世界。

韩国政府通过财政政策以及保本、让利、免税等优惠措施扶植韩国流行文化产品出口，推动文化产品"走出去"。韩国还设立了多项专项基金，先后建立了文艺振兴基金、文化产业振兴基金、信息化促进基金、广播发展基金、电影振兴基金、出版基金等，为文化产业发展提供了充足的物质保障。从宏观上看，2011 年韩国流行文化产业预算是 3 万亿韩元（约合 173 亿元人民币），韩国文化产业部门获得的可支配预算占到财政预算的 5% 左右，仅次于国防和教育开支。而在微观层面上，韩国政府更是提供了诸多扶植政策。以影视剧行业为例，虽然制作费由电视台支出，但韩国政府在影视剧对外出口时提供最低价格保障，保证电视台可以收回制作成本。此外，韩国政府鼓励制作者用各种办法以比较低的价格将电视剧批量推销到海外市场，海外收入由电视台和能够推销到海外的制作者按 4∶6 至 6∶4 分成，极大地刺激了制作公司海外销售的积极性。韩国文化产业振兴院还可以帮助销售状况好的文化产品申请免税。这一系列的政府行为使得韩国的文化产业得到迅速发展并推广到海外，形成了文化"韩流"。在过去，韩剧推广时每集只卖几百美元，现在每集已经卖到几万美元，而且在亚洲市场上的份额也越来越大。

在文化产品的开发与销售上，韩国政府主动扮演"咨询人"角色为企业提供信息支持。为了使文化产品的开发、销售做到因地制宜，更具市场竞争力，韩国政府主动通过驻外企业、办事处等对产品出口国进行调研。以亚洲为例，韩国政府分别在北京和东京设立了办事处，收集文化产业的相关信息，积极向韩国文化企业提供中日文化产业发展信息。这些信息对韩国文化产品的开发、生产帮助很多。同时，也增强了韩国对外文化产品销售的针对性。例如，亚洲市场以销售韩国影视、音乐为主,并逐步推出游戏、动画等产品;而欧美市场则以销售游戏、动画为主。

韩国尤其注重文化品牌产业链的开发和推陈出新。2011 年韩国文化振兴院举办了巴黎韩国品牌即"韩流"产品博览会,不仅在巴黎引起了轰动,而且吸引了大批欧洲买家。这都和韩国政府 20 世纪 90 年代以来着力打造"韩流"文化品牌密切相关。韩国政府给予"韩流"重大的意义和使命,把韩国传统文化、饮食、服饰、韩国产品和旅游等捆绑在一起,形成了强大的韩国流行文化品牌产业链条。不过,面对"韩流"的成功,韩国政府并不满足,之后又推出新的文化工程,要超越"韩流"打造"亚洲文化"。韩国在光州地区正在建设一个"亚洲文化圣殿",工程时间是 2004 年到 2023 年。

人才培养和文化园区建设同步进行,软、硬件相结合的创造性人才是文化产业发展的关键。韩国政府自 2000 年至 2005 年共投资 2000 多亿韩元,以电影、卡通、游戏、广播、影像等产业为重点,集中培养急需的复合型高级人才。"产、学、研"一体的文化园区建设则是韩国首创的成功范例。韩国把制造业工业园区建设模式引入文化产业,同时韩国政府通过立法的手段提供政策上的优惠。韩国《文化产业振兴基本法》规定,对园区建设业者免除耕地保护负担金及山林、草地复植费,对相关投资给予税收减免优惠,对相关装备、设备进口免除关税。2001~2010 年,韩国建成了 10 个文化产业园区、10 个传统文化产业园区、1~2 个综合文化产业园区,形成了覆盖全国的规模;韩国对每个园区各注入资金 50 亿~300 亿韩元。韩国文化观光部还计划投资 450 亿韩元,建成"数码广播共同制作室",使其成为具有制作流通、培训等多种功能的生产运营中心。

对于优秀的文化产品,韩国政府主动充当"推手",为产品推广提供资金、平台等多方面的支持,韩国政府十分重视通过文化产品来传播韩国流行文化,打造韩国国家形象。因此,一有优秀的文化产品问世,韩国政府就会提供资金、平台等多方面的支持。例如为了促进影视文化产品的出口,加强对外传播,韩国政府颁布了大量支持和鼓励影视作品制作与发行的政策。韩国政府专门成立了影音分支公司,将优秀的韩文影视作品翻译为外语,并几乎全额补助翻译与制作费。

5.2.2　韩国文化的传播现状分析

1998 年，韩国政府成立韩国文化产业振兴院，以促进文化商品如电影、游戏、艺术、音乐和动画等出口到国外。韩国电视剧和电影就是得益于文化产业振兴政策，率先走向东南亚地区。1997 年亚洲金融危机之后，东南亚地区的电视台在引进电视节目的过程中，偏向于选择价格相对比较便宜的产品。韩国电视剧的价格只有日本电视剧的 1/4、中国香港电视剧价格的 1/10，更加符合东南亚地区的市场需要。1998 年，《星梦奇缘》（Stars in My Heart，又译《星星在我心》）在越南电视台播出以后，韩国电视剧的播出量越来越大，甚至占越南电视剧总时长的 40%。[①]

通过在传播内容和传播方式方面的努力，韩国流行文化在东南亚地区呈现迅猛发展的态势。近几年，韩国影视风头正劲，向亚洲乃至世界输出了大量的优秀影视作品，这些作品的风靡本身就代表着韩国文化的输出，而在影视作品中渗透的韩国文化和韩国本土观念也使人们认识到了韩国文化。

通过查阅文献，我们对韩国影视剧输出情况进行了统计分析。分析发现，由于不同的文化背景，韩国流行文化的传播主要是在东南亚区域。对日本、中国和东南亚（包括新加坡、越南、马来西亚、印度尼西亚、泰国、菲律宾、柬埔寨 7 个国家）的相关统计数据分析发现（见表 5 - 1），日本是韩国电视节目的主要出口地，2001～2011 年，出口金额增长了 80 多倍，节目时长增长了 5 倍多。对中国市场方面，虽然出口金额和节目时长都在增加，但是所占比例却在下降。而在东南亚地区，韩国电视节目出口金额和节目时长都在不断增加，虽然出口金额的比例保持在 10% 左右，但是节目总时长呈现出不断增加的趋势。2011 年，虽然韩国电视节目对日本的出口金额占 60.4%，但节目时长只占

---

① Hong Tien Vu & Tien - Tsung Lee, "Soap Operas as a Matchmaker: A Cultivation Analysis of the Effects of South Korean TV Dramas on Vietnamese Women's Marital Intentions", *Journalism & Mass Communication Quarterly*, Vol. 90, No. 2, 2013, P. 309.

27.3％；出口到东南亚的电视节目金额虽然只占 9.9％，节目总时长却占
30.4％。不难看出出口到日本的电视节目价格水平较高，此外也可以看出，韩
国电视剧在东南亚地区的风靡程度要远远高于东北亚地区。

表 5 - 1　　　2001 年、2005 年、2011 年韩国影视节目出口数据统计

出口国家（地区）	2001 年		2005 年		2011 年	
	金额（万美元）	节目时长（集）	金额（万美元）	节目时长（集）	金额（万美元）	节目时长（集）
日本	115.7（10.6％）	2482（20.5％）	6354.3（61.9％）	7271（33.6％）	10205.8（60.4％）	15147（27.3％）
中国	604.9（55.5％）	4859（40.2％）	2434.2（23.7％）	7177（33.2％）	4231.9（25.0％）	11876（21.4％）
东南亚	117.6（10.0％）	1260（10.4％）	1079.3（10.5％）	6065（28.0％）	1596.5（9.5％）	16826（30.4％）
其他	252.4	3478	394.8	1112	859.8	11587
总计	1090.6	12079	10262.6	21625	16894.0	55436

注：括号内数据为所占百分比。
资料来源：Park，Young Seaon. Trade in cultural goods：a case of the Korean wave in Asia［J］. Journal of East Asian Economic Integration，Vol. 18，No. 1，2014，P. 96.

　　韩国流行文化的影响力不仅表现在经济收益方面，在外交方面也发挥着积
极作用，已经成为文化外交的重要手段。韩国政府充分利用韩国艺人在各国的
社会影响力，助力外交活动。

　　从传播的范围看，韩国流行文化在东南亚半岛地区主要在越南和泰国具有
较大影响，在海岛地区的影响则主要集中在菲律宾和印度尼西亚。1992 年，韩
国与越南建立外交关系，韩国电视剧作为两国文化外交的手段，自 20 世纪 90
年代中叶开始进入越南。随着越南民众对韩国电视剧喜爱程度的提高，韩国电
视剧由政府输出转变成商业输出。如果说韩国政府通过外交手段打破了韩国流
行文化在越南传播的壁垒，那么韩国商业公司则通过文化产品营销为韩国流行
文化的传播做出了巨大的贡献。

　　从产品类型的角度看，韩国流行文化进入东南亚地区，首先从电视剧开

始，然后是电影和流行音乐，进而是电子娱乐产品和生活方式的传播。

5.2.3 韩国文化的传播方式

韩国流行文化从制作到传播，始终坚持两个方面的结合：在内容上，坚持全球化与本土化相结合；在传播途径上，坚持将数字化传播与移民传播相结合。在内容方面，韩国的文化产品根植于传统的东方文化，特别是其中的情感因素、家庭关系和儒家思想，吸引了很多其他国家的受众，尤其是东南亚人民。不过，虽然韩国流行文化体现的是东方文化，深入观察还是可以发现，韩国流行文化主要是用一种东方的表达方式，呈现全球化的主题，主要表现在以下方面。

第一，用集体主义主题阐释个人主义行为。众多韩国电视剧虽然很强调家庭或集体的观念，但是表现的主人公都以个人奋斗为主线，甚至是强调个人对于家庭或集体的反抗。

第二，用东方的面孔传达西方的生活方式。都市化的生活、明显的同质化的特点，这些是西方文化传播到东方世界之后受到的批评，韩国流行文化恰恰就具有这些西方文化的特点。不过，韩国流行文化很巧妙地换上了东方的面孔，并且在文化产品中表现出对西方生活方式的充分享受，从而很好地规避了西方文化面临的阻碍，满足了东南亚民众对于理想生活的想象。

第三，用年轻人的视角看待社会问题。虽然韩剧中也有家庭伦理剧，并且诸多文化形态都非常积极地表现对于长者的尊重，但是，韩国流行文化产品的主角一般都是年轻人，基本上都是站在年轻人的角度观察社会问题和人际关系。在传播途径方面，韩国电视剧和电影都需要通过机构传播，而音乐则是通过互联网进行传播的。数字技术的发展使韩国流行文化的传播途径得到极大的扩展。

总体来看，电视剧、电影和流行音乐是拉动韩国流行文化传播的"三驾马车"，数字化技术、互联网技术和双向移民活动是韩国流行文化在东南亚传播的主要途径。"全球化的思维，本地化的行动"是韩国流行文化在东南亚传播的内在理念，从而实现了韩国流行文化与东南亚文化之间的紧密结合。通过传播内容、传播模式和传播途径的一系列举措，形成了韩国流行文化在东南亚广泛传播的局面。韩国流行文化选择了新技术、新媒体作为传播手段，以年轻人作为主要的传播对象。除了传播速度快的特点外，韩国流行文化还有强烈的同质化特点。从传播的内容上看，主要是表现爱情故事和现代生活主题的流行文化；从接受者的角度看，受众人群主要是 20～30 岁的年轻人。

5.2.4　韩国文化的传播特点——影视文化贸易先行

通过以上分析，不难看出韩国影视文化传播是经济发展和文化传播的开路先锋，成功把韩国文化传播到亚洲乃至世界，巩固了韩国文化强国地位。韩国在发展文化产业和推进文化全球贸易过程中"影视文化先行"的战略举措和成功经验，非常值得中国研究和借鉴。尤其是在中国政府提出建设"21 世纪海上丝绸之路"的背景下，韩国文化的传播模式对中国文化产业发展具有积极的借鉴意义。接下来，本节将从传播学和国际贸易学的交叉视角，分析影视传播在其中发挥的重要作用，研究影视文化贸易先行的机理，从中汲取先进经验。

1. 影视文化贸易具有传播功能

影视文化贸易不仅仅是影视产品（或服务）的交易，还通过产品的使用和服务的消费使消费者（观众）感受到影视产品的内容，通过影视内容和剧中人物的语言、行为、表情等图像符号使观众受到影响，渐渐与出口国的文化理念和价值观念之间建立一种共同的意识。这说明影视文化贸易本身就是一个完整的影视文化传播过程。文化传播的内容是语言、行为表情、文字、图像等符号系统。以影视传播为主要手段的视觉符号占据了符号系统的统治地位，其生产和传播已遍及各种社会形态和领域，在大众传媒中占据了主要地位。

影视传播吸引大众消费者。影视文化产品以其精彩的情节、人物、服饰、音乐、场景和表现手法吸引了越来越多的消费者（观众）。虽然每种文化都有保持自身完整和稳定的本能，但影视产品这种大众娱乐方式使观众的注意力集中于剧情和表演上，不会刻意提防影视产品的文化理念和价值观念入侵。影视产品在吸引大众消费者娱乐的同时消除了他们的思想防范，使他们轻松地融入剧情之中。而剧中的人物形象、场景、剧情和细节都潜移默化地影响着观众的思想，渐渐使出口国的文化理念和价值观念渗入观众的思想意识中。观众接受了影视内容和剧中人物，就是接受了出口国的文化理念和剧中人物的思想、行为、价值观，这些观众在毫不知情的情况下成为出口国文化理念和价值观念的被统治者和拥护者，而这种文化理念和价值观念随着影视产品的流行而四处传播，体现出影视传播的显著优势（胡钰，2000）。

2. 影视文化贸易的文化营销功能

影视文化贸易不仅是影视产品的交易，还通过产品的消费使消费者体验了影视文化内容，更重要的是通过影视传播将影视产品背后的出口国的文化理念和价值观念悄悄注入消费者思想中，使消费者在毫不知情中被出口国的文化理念和价值观念同化。随着影视产品被广泛传播，出口国渐渐控制了进口国大众消费者的文化理念和价值观念。这提升了出口国产品在进口国消费者心目中的价值，为消费者日后购买更多的出口国产品赢得心理和价值优势，起到增加商业利益和传播价值观念的双重效果。例如，美国影片出口到世界各地，使美国的价值观和生活方式也随之传播到全球各个角落，这为麦当劳、可口可乐、IBM 等其他美国商业集团的涌入起到了前期的文化营销作用。因此，影视文化贸易不仅是商业贸易，还是文化传播过程和基于文化传播基础上的文化营销活动。

影视文化贸易的文化营销功能通过以下途径实现。

（1）影视传播促进了文化营销。当各国之间存在文化差异，即某国与别国相比具有某种文化优势，这种文化优势就有可能引起文化需求，继而转化为经济利益。影视文化贸易的文化价值在于能满足人们对不同文化的需求，并通过影视传播功能影响进口国消费者的文化理念和价值观念，提高出口国产品在消费者心目中的文化价值和产品的整体价值。在国际文化贸易中，产品被其他国家的消费者接受的关键是：国际文化贸易的客体必须具有明显的文化差异和优势；该文化差异和优势应与目标市场的文化环境相匹配，并且是目标市场所看重的文化差异；理解和接受该文化差异并不十分困难；该文化差异可以被小规模体验；获得的文化差异和优势应能向他人描述，能形成一定程度的社会认同（王风华，2006）。

（2）文化营销产生文化强权。国际文化营销就是利用本国的文化优势提高商品的文化价值，并为他国受众或目标顾客所接受，以此来获得文化主导地位，并把文化上的强势地位转换成经济贸易上的强势地位，促使国际贸易规则朝着更有利于自己的方向发展，以取得更多的经济利益。这势必加剧国际贸易和文化交流的不平等，助长文化强权盛行。

（3）文化强权拓宽贸易范围。当前文化强权突出表现为美国等西方国家将其法律、人权、技术标准贴上国际化标签强加给其他国家，使其他国家的大众不得不接受和认同西方文化理念与价值观念。这种现象归根结底是由于各国经济发展程度不同。文化没有优劣之分，却有强弱之别。决定一种文化是强势还是弱势，主要看各自的经济实力。例如，WTO 的数据显示，2007 年位居世界音像服务产品出口贸易前十强的韩国，却要从美国进口音像服务产品 2.65 亿美元，比上年增长了 79%；从欧盟国家进口音像服务产品 0.74 亿美元，比上年增长了 36%。这与欧美更为强大的经济实力分不开。经济发达国家极力推销文化全球化观点的目的在于用强势文化同化他国的弱势文化以谋求文化强权，进而拓宽贸易范围，谋求经济利益（陈彦均，2006）。

5.2.5　影视文化贸易先行的作用机理与韩国经验

影视文化产品具有普通产品和特殊（文化）产品的双重属性，它既和普通产品一样具有使用价值，满足消费者的文化需求，又具有隐藏的附加价值，能够影响消费者的心理和价值观念。因此，影视文化贸易既是普通的商业贸易，又是文化传播过程，还是基于文化传播基础上的文化营销活动。文化交流往往领先于政治、经济交流，即使在那些没有建立正式外交关系的国家或地区，它们之间的文化交流可能早已暗流涌动，影视文化产品常常是最早的文化交流使者，如德黑兰街头的青年对最新的好莱坞大片也许并不陌生。可见，影视文化贸易是贸易发展和文化传播的先锋。因此，发展文化产业应让影视文化贸易先行，发挥它的影视传播和文化营销作用，这可以在政治、经济强权的支持下帮助建立强势文化，树立起自己的话语强权，影响其他国家的文化理念和价值观念，为后续贸易的大规模涌入做好文化铺垫和消费者准备。例如，韩国的影视文化产品占领中国市场后带动了韩国的音乐、动漫、服装、饮食等其他行业进入中国发展，实现了文化传播和经济利益的双丰收，其作用机理主要分为以下几步。

1. 影视传播控制中国大众的文化理念和价值观念，产生文化强权

韩国影视占领中国屏幕的十年间，从文化、家庭、情感等方面影响了中国大众的文化理念和价值观念。（1）满足了大众对传统文化的心理需求。传统文化在中国大众的内心保持着独特的魅力。韩国流行文化和中国文化同属于东亚儒家文化圈，较好地保持了儒家传统文化的特征，创造了一种传统文化和现代文化、东方文化和西方文化的和谐统一体，比起来自欧美的西方文化，更容易让中国大众理解和接受。韩国影视让中国大众对传统文化进行新的审视，同时也以异国情调满足了中国大众的新奇感。（2）满足了大众对理想家庭的向往。现代生活的快节奏和日趋激烈的竞争使得现代社会的中国大众对传统家庭越来越渴望。韩国影视更关注大众话语体系下平民意识的表达，它所展现的恬静而淡雅的家庭风格正是现代人所向往的。可亲可爱的普通百姓的纯真爱情、至善至美的友情和感人肺腑的亲情容易满足中国大众对心目中的理想家庭的追求（翁燕，2007）。（3）满足了人们对情感的需求。一方面，韩国影视注重挖掘凡人琐事的表现力，营造的厚重浓郁的传统家庭氛围容易使中国大众尤其是中老年人找到熟悉感和亲切感，引起中国大众的心理共鸣。另一方面，在快节奏的现代生活中的中国大众有一定的情感需求。韩国影视对传统的真善美表现得更真、更深刻，在一定程度上满足了中国大众对情感的需求：韩国影视中爱情、亲情、友情的主题和仁、爱、德的价值观更容易为同样深受儒家文化浸沐的中国大众理解。（4）普遍的价值认同形成了文化强权。韩国影视在文化、家庭、

情感方面俘获中国大众心理的同时，也凭其符号权力悄无声息地将韩国的文化理念和价值观念传播给中国观众，中国观众在毫不知情的情况下被韩国影视的文化理念和价值观念同化，并成为其忠实的观众基础的一部分。

2. 文化营销促进文化强权，拓宽贸易范围，产生贸易强权

韩国在华影视文化贸易的繁荣和韩国影视的广泛传播，将韩国的文化理念和价值观念营销到中国的角角落落，得到了中国大众的接受和认同，为韩国全面进入中国奠定了价值观念的基础。（1）文化营销拓宽贸易范围。一方面，韩剧中很多秀丽场景通过影视剧的热播直观地宣传了影视拍摄所在地的形象，促进了观众去拍摄所在地旅游的动机，成为中国近年来出国旅游的热点。另一方面，在涉外旅游的带动下，酒店、餐饮、交通、服装、美容化妆等产业也得到了发展。例如，韩剧《大长今》热播后，带动了拍摄所在地济州岛的旅游热，韩国旅游局趁热打铁，开发出与影视内容相关的"大长今"文化旅游线路，同时大力推介《大长今》中的主要话题——韩国餐饮，带动了世界各地韩国料理餐馆的发展（石云霞，2007）。（2）产生贸易强权。韩国影视传播的韩国流行文化理念和价值观念潜移默化地影响了中国观众，文化营销提升了韩国产品在中国大众心目中的文化价值，韩国产品受到热捧，成为时尚的代名词。这使得韩国的服饰、化妆品、餐饮甚至室内装修等体现韩国流行文化细节的产品和服务相继涌入中国市场，得到中国大众的广泛认同而风行，形成了贸易强权。

5.2.6　对中国的启示

中国与韩国一衣带水，地理位置接近，同属东亚文化圈，几百年来不断进行着文化的交流与碰撞。中国在发展影视文化贸易的过程中面临着许多与韩国相似的情况，韩国优先发展影视文化贸易和运用影视传播、文化营销手段的成功经验值得中国借鉴。中国应树立"文化贸易、影视先行"的战略，发挥影视文化贸易的先锋和带动作用；重视对外影视文化传播，增强文化的国际影响

力；重视国际文化营销，掌握价值导向，为中国文化产业"走出去"做好文化准备。

1. 对于影视文化产业提供政府支持

韩国影视文化产业的成功启示我们，在某种条件下，文化产业发展不仅推动文化"走出去"，还可以推动国家的经济发展，而且，这种成就是可以通过政府和业界共同努力实现的。政府机构主动理顺管理机制，设立专门的文化产业促进机构，如文化产业振兴院和文化产业振兴局等，以落实各项政策措施；专门拨出巨额资金，对文化内容产业进行扶持，发展以文化产业园区为中心的文化产业集群，实现文化产业的规模化、集约化发展；通过减免关税税收等手段，大力推进影视、音乐、网络游戏等文化产品的出口。在这一系列重大举措推动下，短短几年时间内，韩国文化产业实现了跨越式发展。对中国的启示表现在以下方面。

（1）文化是强国富民，拉动经济的主要因素之一。在以知识为基础的新经济中，文化产业和其他产业中的创意部分将是社会经济发展的核心动力，中国政府应给予影视文化产业足够的保护。中国政府应在加快文化产业自身发展的同时完善立法，对文化产业中的幼稚行业进行适当的政策倾斜和保护。

（2）影视文化产业的开放与竞争。针对中国文化产业资源配置率低下、生产主体单一、产业规模有限、市场化程度和开放度尚低的现状，应在扩大市场准入、规范市场秩序的前提下扩大开放，引进竞争者，促进市场竞争（赵立新和许为民，2001）。

（3）影视文化产业应统筹兼顾管制与开放。文化上处于比较弱势的中国在制定文化发展政策时应统筹兼顾，完善产业发展战略和规划，为文化产业创造一个良好的政策环境，既能使中国文化参与国际交流，促进文化产业创新和成长，增强国际竞争力，又能保护自身的民族性和独特性。

（4）保持民族特色的同时，寻找与西方和其他国家文化的契合点并加以渲染和扩大，就一定能让本国文化受到更多的关注与了解。我们在借鉴韩国电视剧的文化传播方式的同时，也要找到适合自己国家文化语境的道路。

2. 网络时代影视传播的控制权和话语权

随着新型传播技术的发展和互联网的普及，网络对影视传播方式也产生了影响，网络电影和网络电视（合称网络影视）传播应运而生，它是电影、电视与数字技术和互联网结合的新型传播方式。与传统影视传播相比，具有以下优越性。（1）传播方式的传受统一。网络影视具有极强的互动性，克服了传统影视传播的传受分离和互动性差的特点，观众不仅是信息的接受者，同时还可以在网上发表自己的观点，成为参与者。（2）传播内容的主动选择。网络影视的内容提供是"海量"的，它消除了传统影视传播的"传播者权力"，一切传播手段都是以观众为中心，以往被动接受信息的观众可以最大自由地在网络上选择自己喜欢的影视节目。网络影视是对传统影视传播的一次根本性变革，它改变了传统传播的方式、内容和观念，并且影响了观众的传播心理（邢祥虎和赵晓春，2002）。

随着中国的不断发展，中华文化的吸引力正在增强，世界对中国的了解还远远不够，我们要更智慧地向世界介绍中国，通过文化交流，让世界更多地了解真实的中国。既了解中国取得的成就和进步，也了解我们存在的困难和问题。总之，借鉴韩国影视剧的国际文化传播经验，制定改进我国的国际传播策略，使中华文化真正走向世界，是我们应该思考的。

5.3　美国文化海外传播推动贸易发展的经验借鉴

5.3.1　美国文化海外传播基本概况

1. 美国文化海外传播现状

自第二次世界大战后，随着美国文化产业强势增长，美国凭借其强大的政治经济优势，通过现代传播技术和媒介渠道在全球范围内进行文化扩张和渗透。

据美国商务部经济分析局统计数据显示，2017 年美国文化与娱乐产业产值为 60016 亿美元，占 GDP 比重的 31%，占世界文化与娱乐产业产值的 43%，处于绝对优势地位。蓬勃发展的文化产业为美国的对外文化输出提供了坚实的基础。

在电影业方面，2017 年全球电影票房约为 406 亿美元，而其中美国好莱坞电影公司的票房贡献占比高达 80% 以上。尽管好莱坞电影产量仅占世界电影产量的 6.7%，但影片放映时长占全球总放映时间的一半以上。

在广播业方面，2017 年美国有线电视公司在美国本土的产值高达 1080 亿美元，与此同时，它还控制了全球 3/4 以上的电视节目的生产和制作，每年向其他国家转播的电视节目长达 30 万个小时。许多第三世界国家的电视中美国节目高达 60%~80%。国际大部分新闻节目也由美国垄断，美国的哥伦比亚广播公司、美国有线电视新闻网、美国广播公司等媒体所发布的信息量是世界其他各国发布的总信息量的 100 倍，是不结盟国家集团发布信息量的 1000 倍。

在出版业方面，早在 1996 年，美国核心版权产业的对外销售额和出口额就超过了汽车及配件、计算机业、航天业、农产品等行业，达到 601.8 亿美元，成为美国出口份额最高的行业。美国图书出版发行年均收入约为 250 亿美元，其中，仅麦格劳希尔出版公司的年均收入就高达 29.35 亿美元。图书出版年总发行量超过 2800 万册，发行范围遍布 100 多个国家和地区。

在娱乐业方面，美国文化的对外输出带动了旅游、博彩等多种项目的发展，美国的迪士尼乐园、赌城拉斯维加斯等吸引着全球范围内数以万计的游客，极大地带动了当地其他产业，如旅游业和演出业的发展。

2. 美国文化海外传播的基本特征

美国在国际文化传播过程中展现出了强大的生命力，在全球范围内形成了广泛的辐射力和影响力。在其传播过程中呈现出以下特征。

（1）传播手段的科技含量越来越高。以信息技术手段为支撑，美国进行文化传播的技术含量逐步增加。传统的印刷技术、电子技术逐步被数字信息技术、虚拟现实技术所取代，成为文化传播的主要技术支持系统。以传播设备为例，美军在对阿富汗的军事行动中采用了无线广播飞机，向"塔利班"控制区散发各种宣传品，并播放普通调频、调幅广播、电视、短波和军事通读频道等各种节目，并使用先进的监测设备，监控别国的广播宣传。

（2）传播媒介的种类丰富、覆盖面广。美国现代社会主要的传播媒介系统包括卫星广播电视媒介、计算机网络媒介以及传统的纸质出版物媒介等。美联社和合众国际社使用 100 多种文字，向世界 100 多个国家和地区昼夜发布新闻。美国政府的"美国之声"电台使用 50 多种语言播音，在全球有近 4000 家广播电台转播和重播它的节目，还专门设有针对亚洲发展中国家听众的"自由亚洲电台"。[①] 大众媒介有传播速度快、地域广、内容丰富等特征，极大地促进了美国的文化传播。

（3）传播渠道市场化程度高。由于美国文化产业是典型的市场主导型，因此，在对外文化传播和输出过程中，美国也充分利用市场力量来传播其自由民主思想和价值观念。跨国公司通过生产多种多样的满足各国人民需求的文化娱乐商品和日常消费品，将包含在其中的美国意识形态大量地传播到了世界各国，并逐渐内化为这些国家民众的价值观念。例如，米老鼠、唐老鸭、可口可乐、肯德基，以及美国歌星、球星和影星等打着美国式文化传播烙印的文化产品和文化服务在中国的文化教育、经济社会等领域产生了广泛的影响。

（4）传播内容来源多样化。美国文化在海外扩张的过程中非常善于就地取材，2013 年上映的好莱坞电影《环太平洋》中大多数场景取材于中国香港，在中国掀起了观影狂潮。迪士尼制作的《花木兰》更是以中国传统故事"花木兰替父从军"为背景，进行了"美国式改造"，借用中国故事的外壳，传达美国自我奋斗的文化价值理念。这些电影在打开中国市场收获高票房的同时，有效地传播了美国文化。

5.3.2　美国文化海外传播推动贸易发展的相关政策

为了促进美国文化的海外传播，美国政府采用了多种战略手段支持、辅助

---

① 靳旭林：《透视美国的文化传播》，载于《今传媒》2011 年第 3 期。

文化跨国公司的对外扩张，不遗余力地进行文化渗透，具体包括财政与金融支持、与公共外交关系挂钩、通过教育交流与语言推广进行文化渗透、制定相关文化贸易与外商投资政策。

1. 财政与金融手段支持文化海外传播

美国对文化产品的输出高度重视，很早就将文化贸易纳入了国家对外战略和对外援助体系。在一战和二战期间，美国政府相继成立公共信息委员会和战争信息办公室，负责战时文化产品对外输出。战后，美国的电影、书刊、音乐、戏剧等文化产品推广被纳入"马歇尔计划"。在罗斯福担任美国总统期间，对电影业进行了大量的政策倾斜。采取外汇补贴、税收优惠等方式鼓励好莱坞电影向世界各地推广，以此传播美国的生活方式和价值观。美国中央情报局也曾秘密资助美国演艺产品到海外演出，并通过"雇佣"或是"委约"别国作家、艺术家、学者撰文或创作文艺作品等方式替美国宣传。[1]

2. 将跨文化传播与公共外交关系挂钩

凭借着公共外交优势，美国政府把经济援助与推动其文化产品贸易发展紧密相连，不失时机地宣传美国的文化理念，美化美国的生活和人权、民主价值观等。1946 年，美国政府与法国达成一项 10 亿美元的贷款协议，附加条款是取消法国在 1928 年对美国电影实行的配额制限制。1958 年，美国向波兰出口棉花和小麦等农产品并提供 2500 万美元的援助时，附带条件是波兰必须向美国购买 1 万美元的美国书籍、影片、唱片等文化产品。之后则转向采取更为柔性和隐蔽的方式。2002 年美国政府开始实施的"千年挑战账户"援助计划，规定只有"治理有方、援助用之于民、鼓励经贸自由"的国家才能得到援助等内容。[2] 一些受援国为了获得援助，不得不接纳和奉行美国所倡导的标准和理念，为美国文化产品的海外扩张创造了有利条件。

---

①② 钟帆、叶伦强：《后镜像阶段下美国对外文化战略功能研究》，载于《西南民族大学学报（人文社科版）》2008 年第 12 期。

3. 通过教育交流和语言推广进行渗透

在教育交流方面，美国政府很早就开始通过交换留学生和访学、文化援助等方式对其他国家的青年进行美国价值观的重塑，由此促进其文化的海外传播。例如，1946 年开始实施的"富布赖特计划"。该项计划的发起人认为，无论接受者的职业或研究属于哪一个领域，曾经获得富布赖特奖学金这一经历本身，就为其将来成为国家和国际带头人提供了广阔的前景。而当富布赖特奖学金资助的毕业生们承担起领导者的职责时，他们会怀着对美国人所信奉的价值观的赞赏，成为美国观念的推崇者和力行者。由于其资助对象主要是所谓的文化精英，如大学生、教师、作家或学者等，可以视为推销美国思想文化最为有效的方式。基于此种目的，美国还展开了多项人才交流和培训计划，如"国际访问者项目""信息中心项目""东西方文化交流项目"等。通过这类文化援助，美国的价值观念及意识形态被传播到海外。

在语言推广方面，美国进行了大规模的英语教育援助活动。从 20 世纪 50 年代起，政府和私人基金会投入大量资金，派出专家到第三世界国家进行专门教学。这些援助项目涵盖了从教学大纲、课程设置到教师培训、教学方法和教学内容等教育的各个方面。通过语言的推广促进共同价值观的形成，增强对美国文化的认同感，促进美国文化贸易产品的输出。

4. 文化贸易与外商投资政策

在对外贸易政策方面，美国政府设有多个主管贸易的机构，为包括文化产品贸易在内的本国对外贸易服务。总统办公室下设美国贸易代表办公室，专门负责在双边和多边层面推行美国贸易政策，协调贸易行为。美国贸易代表由总统提名、国会任命，并直接对总统和国会负责。各机构通过外交谈判、施压等方式打开海外文化市场，为其文化产品提供便利通道。在美国签署的双边或多边自由贸易协定中，基本都会在予以对方最惠国待遇的同时要求"文化产品不例外"，把不要干涉美国的文化宣传活动以及促进美国文化扩张的条款加入其中。美国国会还先后制定法律，纵容以及扶持美国企业对外贸易活动中的垄断行为。各大制片厂的强强联合令好莱坞在国际竞争中呈现出压倒性优势。2001年，"美国在线"与"时代华纳"进行大规模并购，却并未受到《反垄断法》制裁，政府呈现出默认与纵容的态度。这次并购也确立了美国在在线服务和节目产品市场上的全球领先地位，成为美国文化输出的重要渠道。

在外商投资政策方面，尽管美国对其国内的文化产品市场采取较为严格的贸易保护政策，但对外资进入文化产业经营的限制却相对较少，以此吸引其他国家的跨国公司带资进入。好莱坞最具实力的电影制片厂中，福克斯娱乐公司由澳大利亚的新闻集团控股，哥伦比亚三星影片公司则由日本索尼公司控股。在流行音乐产业部门，除了美国公司外，市场上参与更为广泛的是来自日本、荷兰、德国、英国等国家的跨国公司。外资的注入分担了其文化产品的制作成本，丰富了美国文化产业发展的投融资渠道，同时跨国公司与母国的联系也助力其迅速有效地打开海外市场，促进海外传播。例如，1998 年风靡全球的好莱坞大片《泰坦尼克号》由 7 个国家的 30 多家公司协作完成，总投资近 2 亿美元，全球票房高达 18 亿美元。海外大规模投资进一步推动了美国文化产业的海外扩张。

5.3.3 典型案例：电影产业

美国的电影产业在国际市场中一直处于绝对领先的优势地位。美国电影以其独特和强大的渗透力，有效地推动了美国文化的海外传播，带动了美国文化产品的对外输出。美国电影产业的发展繁荣与美国政府所采取的全方位的扶持政策密不可分。

一方面，美国政府采用资金支持、人才培养以及提供制作和营销便利等扶持国内电影业的发展。美国有 28 个州为电影制作提供了税收优惠。在纽约州，凡直接参与影视制作的商品和服务，最高可获得占制作费用 15% 的税收优惠。在加利福尼亚州这一比例可高达 25%。密苏里州为制片商提供 35% 的当地制片开支的税收资助。在哥伦比亚特区，制片商可以取得制片开支 10% 的政府补助金，或者获得 100% 的销售税或者使用税。① 在人才培养上，南卡罗来纳州为电影制片商提供"南卡罗来纳电影制片基金"，用于发展电影制片商与该州高校之间的合作项目，培养电影人才。新墨西哥州在五个州立高校实施了"总督电影技术人才培训项目"，密歇根州政府实施了非营利的艺术工作的职业培训项目，通过艺术工作项目，达到长期培养人才的目标。不仅如此，美国各州政府还提供了电影制作与营销便利。宾夕法尼亚州在网络上提供在线制片信息指南，电影制片商可以通过这个信息指南寻找电影制片、后期制作以及其他信息服务。华盛顿州电影办事处在网络上为电影制片商提供整个州的外景拍摄地信息。佛蒙特州电影办事处在网络上提供与拍摄电影相关的商业、旅行信息和一系列外景拍摄地信息。田纳西州为制片商提供全州外景拍摄地的图片信息等各种相关信息服务。与此同时，各个州基本都建立了电影办事处，通过电影办事处营销传播电影外景拍摄地以及州内的电影制作设施。

另一方面，美国政府致力于对好莱坞电影的海外推广，发动多方力量打通对外传播关卡。由于电影的对外传播过程中需要经过大量的审批并要得到相关国家的认可，美国政府为了能够减少这些因素对美国电影跨文化传播的阻碍，会对多方面的力量进行调动，甚至会应用政治手段对部分国家进行施压。

强大的扶持政策为美国电影业的发展和海外扩张提供了有效助力，仅从在中国市场上的销售数据来看，2013～2017 年，好莱坞电影在中国的总票房分别达到 83 亿元、126 亿元、156 亿元、206 亿元、227 亿元。② 除了票房收入外，随着美国电影产业价值链向外围衍生产品延伸，由电影传播所带来的周边产品销售收入也非常可观。例如，《星球大战》三部曲自 20 世纪 70 年代公映以来，全球票房达到 18 亿美元，而其主题产品、玩具、游戏、图书和唱片等衍生产品销售总额则超过 45 亿美元，③ 远高于票房收入。通过电影的文化传播，促进了衍生产品的销售。

---

① 娄孝钦：《新世纪以来美国电影产业的政府扶持》，载于《中共成都市委党校学报》2011 年第 5 期。
② 《电影蓝皮书：全球电影产业发展报告（2018）》，社会科学文献出版社 2018 年版，第 70 页。
③ 李雅丽：《美国文化产业：发展模式、产业政策及启示》，载于《海南金融》2018 年第 11 期。

5.3.4 美国文化海外传播推动贸易发展的经验借鉴

1. 引入市场竞争机制，发展国际市场

美国文化的传播模式是在政府做好各项服务的前提下，遵循市场规律，由市场驱动企业进行文化扩张获取收益。借鉴美国的有益经验，中国应积极引入市场竞争机制，开放文化产品，建立有效的销售渠道，激发文化企业的内生发展动力。与此同时，还应着眼于国际市场，向世界宣传中国文化，以此带动文化产品的输出。例如，迪士尼公司在大规模的广告和动画片电影宣传的带动下，成功从迪士尼主题乐园的经营收入以及特许经营和品牌专卖的收入中获得了高额利润。第一个以迪士尼动画人物为主体的主题公园——美国洛杉矶迪士尼乐园获得巨大成功后，华特迪士尼公司先后在世界各地建立了主题公园，并通过各种卡通动画形象，成功从电影业拓展到音像出版、旅游等产业。

2. 放眼国际，整合全球的文化资源

美国在文化海外传播中非常善于利用全球的文化资源，例如近年来由美国开发，但源自外国文化改编的《功夫熊猫》《角斗士》《花木兰》等好莱坞电影在全球热映。这些以其他国家的故事为外壳，精神内核是美国价值观的成功范本说明了文化创意产业需要善于利用自身和外国的文化资源进行整合加工，创新再造，从而形成具有特色的文化产品。由此可见，国际文化输出需要注重创新，在输出过程中要充分利用文化传播市场的文化资源进行开发，并与本土的价值观相结合，更好地带动文化的海外传播。

3. 打造文化传播品牌

美国文化品牌迅速发展并保持强劲竞争力的原因之一在于，美国政府凭借着政治和经济优势，鼓励并支持其国内企业打造名牌、进行品牌运营，并采用财政补贴、税收优惠等多种方式助推其本国的文化品牌攻占国际市场。不仅如

此，美国政府还创设了"包得利奇"奖，为品牌发展提供奖励和支持，促进文化品牌的培育。借助于大公司、大品牌的规模优势，美国文化得以在全球扩展，在世界范围内输出文化产品。例如，麦当劳、肯德基、星巴克等都是世界上著名的美国企业品牌。由此，扩展中华文化影响力，促进对外文化贸易的发展也可以依托文化品牌，通过打造中国企业的明星品牌，带动文化贸易的增长。

5.4　英国文化海外传播推动贸易发展的经验借鉴

英国拥有众多世界级的文化品牌，并利用媒体、人员交流、互联网、商品贸易等多样化渠道持续进行文化输出。英国通过各种文化形式和价值观的对外投射与相互交流，可以引导他国对本国文化的认同感，从而树立良好的国家形象，为英国吸引更多的游客、留学生和商业机会，以此畅通英国产品的出口渠道，提升英国商品的品牌认知，促进英国企业对外贸易的高质量发展。

英国十分注重通过文化产品与文化服务贸易向海外输出本国文化和价值观，英国文化已经嵌入到了英国文化贸易的方方面面。英国文化海外传播的成功也离不开政府政策的大力扶持。1998 年英国政府就组建了专门负责创意产业出口的顾问团，负责为英国文化出口贸易制定切实可行的政策。此外，英国政府一直以来都积极促进与其他国家在文化创意领域的交流合作，鼓励英国创意企业"走出去"，推动英国文化海外传播，向其他国家市场输出英国的创意产品，并借以推动英国对外贸易的发展。

5.4.1　英国文化输出概况

英国众多世界级的文化品牌，如莎士比亚、福尔摩斯、哈利·波特、007等。这些家喻户晓的图书出版作品和电影故事带着浓浓的英伦风情与英国审美在全球范围内广为传播，塑造了几代人的价值观，并且其影响力经久不衰；

"英超""温网"等举世瞩目的体育赛事向全世界传播了英国体育文化,定义了体坛的国际规则;披头士、滚石、阿黛尔等乐队和音乐人带领各国歌迷感受英国音乐文化;BBC 作为世界最大的新闻广播机构和全球最具影响力的媒体之一,不断输出英国思想、英国评论和英国价值观,代表了英国文化在世界范围绝对的话语权;以 MINI 汽车、阿斯顿·马丁为代表的英国汽车文化不断被各国汽车制造厂借鉴模仿;以牛津、剑桥为标志的英国大学文化吸引了来自世界各国的留学生;还有全世界都推崇的绅士淑女风和英伦时尚;君主立宪制、现代文官制度、亚当·斯密的学说等政治和经济制度理念等。英国在文化输出方面无疑是世界上最成功的国家之一,当代人生活的方方面面都或多或少受到了英国文化的影响。

文化的成功输出伴随着英国对外贸易的高质量发展,英国通过增强自身的文化吸引力、打造文化品牌、构建与他国消费者之间的身份认同关系,降低了对外贸易中可能存在的交易成本,提高了英国商品在全球的认知度和吸引力,推动了英国商品更好地出口世界。

一方面,在文化海外传播的进程中,英国善于利用媒体、影视作品、互联网、留学考试等多种媒介"润物细无声"地进行文化输出。例如,英国注重通过互联网、影视等渠道表现和宣传英国教育理念的先进和教育制度的完善,全世界的人都在潜移默化中非常认可英国的教育制度和教育水平,这吸引了来自世界各国的优秀人才选择留学英国,接受他们眼中的高级传统教育。英国也十分鼓励世界各国的文化精英前来学习交流,感受英国的价值观和文化理念,体验英国的生活方式和审美趣味,并通过这些文化精英归国后将英国文化进一步传播到各自国家,进而扩大英国文化产品和文化服务的受众,最终影响这些文化精英所在国的文化和消费者偏好,为英国商品的海外输出创造条件。再如,英国还十分注重雅思考试在文化输出方面的作用,考试内容会涉及英国的课堂教育、国情、日常生活、节日、科技发展等文化题材,并通过设立雅思这一标准化考试在全球范围内推广英语普及率、缩短文化距离、增强贸易双方的沟通效能,为贸易的高质量发展打下基础。

另一方面,英国在进行文化输出时很注重针对不同文化、不同地区的民众进行个性化传播，充分适应各地区在政治、经济、文化、宗教等方面的差异，贴近外国民众的生活习惯、消费习惯及心理需求，善于"入乡随俗"，使得输出的文化更易于被东道国民众接受和喜爱。例如，2018 年 7 月 1 日大英博物馆天猫旗舰店在中国正式上线，仅用两个星期就冲上当天的行业销量第一，不到半年就积累了近 36 万名粉丝。[①] 大英博物馆天猫旗舰店的成功来源于其在进行文创产品输出的过程中充分考察了中国消费者的消费习惯，贴近中国消费者网购的日常，针对中国消费者定制品牌战略，从而真正融入了中国市场，收获了一大批粉丝和忠实客户。这既获得了经济利益、扩大了商品贸易，也能够真正发挥这些文化创意产品传播英国文化与英国价值观的作用。

5.4.2　文化贸易推动英国文化海外传播

英国是全球首个提出"创意产业"的国家，根据 2014 年的数据，创意产业是英国发展最快的朝阳产业，增加值占英国 GDP 的比重超过 7.0%，并且每年都以超过 5.0% 的速度不断增长，如今创意产业在英国已成为与金融服务业相媲美的支柱性产业。[②] 同时，文化产品和服务贸易也是英国对外贸易最重要的组成部分之一，全球对英国文创商品和文化服务的需求量持续增长。2015 年英国数字、文化、媒体和体育部（Department for Digital，Culture，Media and Sport，DCMS）的服务贸易出口额达 382 亿英镑，比上年增长 1.4%，比 2010 年增长 42.4%，服务出口额占当年英国服务出口总额的 16.9%；同年 DCMS 部门货物贸易出口额达 273 亿英镑，比上年增长 9.0%，商品出口额占当年英国商品出口总额的 9.6%。[③]

根据 2016 年联合国教科文组织数据研究院发布的报告《文化贸易的全球化：消费的转变（2004 ~ 2013 年文化产品和服务的国际流动）》，一直以来英国都深度参与全球文化产品贸易和文化服务贸易。2013 年英国是世界第三大文

---

① 《大英博物馆：与天猫在中国建立更深度商业合作关系》，中国新闻网，2018 年 12 月 13 日。
② 王冰清：《英国文化创意产业发展的成功经验》，载于《中国民族报》2014 年第 8 期。
③ 邓茜：《英国创意产业独领风骚》，中国证券报·中证网，2017 年 7 月 29 日。

化产品出口国（2004 年英国为世界第二大文化产品出口国），同时也是世界第三大文化产品进口国。英国文化服务贸易主要集中在音像和交互媒体领域、表演和庆祝活动以及视觉艺术领域，其次是图书和出版物领域。①

　　文化贸易是加快英国文化海外传播的重要载体，因为文化产品和服务中凝聚了一个国家的宗教信仰、核心价值观、风俗习惯、社会行为准则等文化内涵。文化和价值观源源不断地海外传播使得英国文化在世界范围内保持着巨大的影响力，并增加了英国文化产品的吸引力；同时，创意产业和文化产品的出口贸易又进一步向海外传播了英国文化。

　　接下来以出版业、影视业、广播业和设计行业为例，分析英国文化和英国核心价值观正在如何借助文化贸易以多种渠道成功传播海外，在广阔的海外市场发挥影响。

　　英国出版业市场规模居全球第五位，英国图书出版出口量为全球之首，为实现经济利益最大化，英国各出版集团和出版商都极力向海外销售。首先，英语作为国际通用语言，无疑为英国图书出版业海外出口、进军国际文化市场提供了得天独厚的巨大优势，英国图书的受众面能够遍布全世界。英国图书出版业在全球化经营方面也拥有丰富的经验，很多图书的选题从一开始就聚焦国际市场，尤其关注其他英语国家和众多以英语为第一外语的国家市场，有针对性地进行图书出版，旨在出口。并且英国也充分利用了其语言优势和世界各国读者学习英语的热情，英国各出版社出版的对外英语语言教材也多以英国风土人情、历史与现状为主题内容，融入了文化因素，外国人在学习英语的过程中已经在潜移默化地受到英国文化的影响，英国文化伴随着英语传播到世界各地。其次，英国文学贡献了世界文学史上众多脍炙人口的经典作品，而文学本身就是文化现象，归属于文化，凝聚着一国社会生活的烙印和丰富的文化意蕴。因此无论是文艺复兴时期的莎士比亚，19 世纪浪漫主义时期的雪莱、拜伦、济慈和现实主义时期的简·奥斯汀、狄更斯、勃朗特三姐妹，20 世纪的《福尔摩

---

① UNESCO, The Globalisation of Cultural Trade: A Shift in Consumption-International Flows of Cultural Goods and Services 2004 –2013, 2016, pp. 42 –51.

斯》和阿加莎的推理小说，还是 21 世纪畅销世界的《哈利·波特》系列小说，都搭载着英国的传统文化和独特的思维方式，全方位地展现了不同历史时期、不同社会现实、不同人物视角下的英国，为海外读者所了解并津津乐道，为之神往。同时，英国出版业也注重文化服务贸易的全球化，英国积极在全球举办系列"英国最美图书"主题书展、莎士比亚选段朗诵、英国名人纪念诞辰等活动，海外读者可以在多方位的文化碰触下认识、习惯并最终认同英国人的文化模式。

影视产业也是英国文化与价值观海外传播效果最突出的领域之一。英国有众多世界影迷都耳熟能详的影视作品，且出口范围覆盖全球大多数国家，影视作品凝结着英国核心文化价值观，在全世界都发挥着巨大的影响力。例如经典电影《国王的演讲》讲述了二战前夕严重口吃的国王在语言治疗师的帮助下克服心理障碍，成功在公众面前发表了一场鼓舞人心的演讲，获得了民心与拥护的故事，让全球观众都体会到英国民族勇敢、自信、真诚、责任、救赎以及追求自我价值的形象，博得了外国民众对英国的认可和尊重。再如展现了 20 世纪英国贵族日常生活、情感纠葛及等级制度下人间百态的电视剧《唐顿庄园》，承载着英国乡村情结、贵族精神、等级制度以及自由、平等、博爱的价值观，带有浓厚的英国文化烙印，受到了全世界民众的喜爱。在影视产业方面英国同样借助了英语的世界语言优势，巧妙地将英国主流价值观与符合全世界观众消费口味的影视文化产品充分融合，向海外民众展现了英国的文化魅力。

在广播产业方面，英国广播业在数字技术上的率先发展与充分利用使得接收英国广播节目的媒介越来越多，提高了文化海外传播的有效性。以公共广播机构英国广播公司（BBC）为例，其全球服务通过互联网使用了 27 种语言向全世界广播，介绍了英国社会现状、文化风俗及对外政策，以英国视角报道评论别国内部事务，还针对不同国家制定了不同的传播策略。早在 20 世纪 90 年代 BBC 就面向中国用户开设了中文网站，主要介绍英国教育、生活、娱乐、体育及留学等最新信息，将英国社会的方方面面传播到中国，用文化的传播进一步打开了中国这一巨大且潜力无穷的新兴市场。同样凭借语言优势，BBC 还制作了多样化的英语节目和各类题材丰富的高质量的纪录片，帮助全球英语爱好者学习英语，丰富全球民众的文化生活，传播打上了英国烙印、由英国定义的文化元素，进而提高英国文化的全球显示度和认可度。

英国的设计产业也充分体现了英国风情，带着丰富的英国文化元素传播到世界各地。英国设计的主旋律是对传统的继承和革新，且每一次革新都与英国当前的社会价值观和生活方式的选择有着密切关联。比如 2010 年上海世博会英国馆以"一张打开的礼物包装纸"和"种子圣殿"的构思，一举获得了该届220 个国家馆中 A 类展馆设计金奖。它的成功不仅在于设计师托马斯·赫斯维克（Thomas Heatherwick）的大胆创新和鲜明个性，更是源于大众对英国自然环境保护和倡导绿色现代生活的价值认同和表达。[①] 英国创意产业将"体现价值的思想"商业化，文化资源通过创意产业将传统风格与时尚社会相结合，形成新风貌，以新的美学观念和审美标准影响着人们对日常生活方式的选择和当代文化观念的转变。可以说，英国的创意产业兼具创造巨大财富和呈现本国丰富的文化价值观内涵的双重功能。在设计产业方面英国积极向海外传播英国设计、积极开展国际间交流活动，英国政府历年来成功举办了众多设计产业相关的具有国际影响的展览、研讨会和讲座等文化交流活动，如伦敦时装周、伦敦设计节等大型活动。交流活动面向海内外市场，以提升自身创意行业的国际声誉和国际影响力为目标，成功打造出英国"国际创意之都"的形象，取得了文化产业的话语权。例如由"创意伦敦"工作小组与伦敦发展署共同举办的"伦敦设计节"就是全球设计行业最瞩目的年度盛会。设计节每年会策划超过 200场庆典、贸易展会以及其他交流活动，已经逐渐成为世界范围内最具有标杆意味的行业盛会，帮助伦敦获取了世界设计业的话语权和规则制定权，更打通了英国设计通往世界的路径。

其实，世界上任何一个文明国家都拥有被本国人民所共同认可和践行的优秀价值观。而将创意产品与英国文化价值观有机融合，将"价值观念 + 生活方式"的理念在产业链中进行全面渗透及高效传播，将价值观内嵌在创意产业物质形式中进行出口，已构成英国重要的对外战略思想和传播策略，其成功经验

---

① 中经文化产业：《发展创意产业、传播价值观 英国如何"一箭双雕"》，搜狐网，2019 年 4 月 22 日。

在思想导向及实践操作方面对我国具有理论和现实的借鉴意义。

5.4.3　英国政府的文化贸易政策及"非凡英国"国家形象品牌计划

英国政府十分注重英国创意产业的外向型发展，制定了许多国家政策以帮助英国文化创意企业开拓国际市场。1934 年成立的英国文化委员会就是英国促进文化教育和科学国际合作的独立机构，在全球 109 个国家（地区）的 223 个城市都设有办事处，近年来协同英国其他政府部门在世界各国开展了一系列文化传播和交流活动。比如为了实现英国艺术节品牌的海外推广，英国依靠文化委员会与海外演出协会以及政府间的协商合作，跨境组织、跨境举办艺术节，以国家层面的文化交流活动为平台，在世界各地宣传英国创意产品、推介英国文化服务。为推动英国文化产品出口，1998 年英国政府组建了专门负责创意产业出口的顾问团，负责为英国创意产业出口制订切实可行的方案、提供产品出口方面的咨询建议，并就促进创意产品出口与打造英国文化产业品牌等提供政策意见，在不干涉市场自由竞争的基础上以政府之力努力协调不同部门创意产业的出口活动。英国政府十分强调创意产业的文化内涵，特别注重其输出到海外的产品和服务中是否包含着英国文化元素。比如为了进一步促进英国游戏产业通过文化贸易传播英国文化，英国政府在 2014 年开始实行"游戏税收减免"政策，在游戏产品中体现了英国文化的游戏制作公司可以申请税收减免。

可以说，英国政府一直以来都在不遗余力地积极促进与其他国家在文化创意领域的交流合作，鼓励英国创意企业"走出去"，推动英国文化海外传播，向国家市场输出英国创意产品，这一系列策略不仅使得英国获得了丰厚的经济利益，还间接为英国带来了更多长远的无形收益。

2011 年，面对城市暴乱、金融危机、全球影响力下降等一系列"身份危机"，英国政府推出了"非凡英国"（Great Britain）国家形象品牌计划，将英国（Britain）、伟大（Great）和多样的文化元素相联系，以恢复国家影响力为主要目标，打造"非凡英国"的超级符号，从文化领域开始渗透并整合国家在各个领域的资源，最终切切实实得到产业、经济和贸易方面的发展，最终让英国重回"伟大"。

该项目统筹了外交部、贸易投资署、旅游局和文化教育协会等 20 多个政府和公共部门，依托英国驻各国使馆和商业代表处等机构，整合英国在各文化领域的优势后"组团出海"，以国家为依托，大规模地进行国家品牌宣传。在"非凡英国"的主品牌下，英国政府开展了系列推广活动，以此在全世界展现英国在文化、教育、艺术、商业、创意、运动、乡村等方面深厚的历史、领先的技术、友好的学习旅游氛围以及无限的未来前景。该项目通过各种文化信息及价值观的对外投射和相互流通，产生文化吸引力，引导他国的认同感并构建与他国之间的身份认同关系，力图在世界范围内塑造新的英国国家形象，将英国元素在"非凡英国"品牌的包装下推向世界。

"非凡英国"计划的重点推介对象有 9 个国家（地区），包括澳大利亚、巴西、加拿大、中国、法国、德国、印度、日本和美国的 14 个城市，这些地区也是近年来英国创意产业商品和服务的国际出口中的优先出口市场。在"非凡英国"项目展开后，平均每个月就有 140 余场文化传播活动在这些地区开展。

"非凡英国"计划围绕"非凡"的概念，结合英国文化优势，设计出一系列代表国家形象的主题，通过国家机构与互联网公司和公关公司的合作持续挖掘国家形象潜力，借助媒体平台和名人效应，打造丰富的活动内容和视觉影像，吸引全球民众参与互动，塑造英国国家形象。在这个过程中，国家机构、私有领域、媒体、名人、大众等各个主体联结在一起，形成了一个积极的、发展的网络，不断强化英国文化在世界范围传播的影响力和号召力。英国还对英国皇室文化的品牌效应进行了进一步的成功开拓与利用，营造出英国文化产品的高端形象。在经济全球化、产业集群化发展的背景下，国家品牌已经成为国家文化软实力核心，为其经贸发展提供持续不断的动力。

第 **6** 章

中国文化海外传播
推动外贸高质量发展的对策建议

6.1　中国文化海外传播的有关政策

2011 年，中共十七届六中全会《中共中央关于深化文化体制改革 推动社会主义文化大发展大繁荣若干重大问题的决定》提出，"实施文化走出去工程"，参与国际文化市场竞争，拓展我国文化发展空间，提高国家文化软实力。自此，开启中国文化海外传播新时代，一系列支持中国文化"走出去"，助力中国文化成功实现海外传播的相关政策相继出台。党的十八大以来，以习近平同志为核心的党中央将文化"走出去"提升到国家顶层战略层面，对于中国文化"走出去"工作的目标、理念、方法再度创新，中国文化"走出去"进入一个快速发展的通道。

6.1.1　《中共中央关于深化文化体制改革 推动社会主义文化大发展大繁荣若干重大问题的决定》

2011 年 10 月 18 日，中国共产党第十七届中央委员会第六次全体会议通过《中共中央关于深化文化体制改革 推动社会主义文化大发展大繁荣若干重大问题的决定》（以下简称《决定》），认真总结我国文化改革发展的丰富实践和宝贵经验，研究部署深化文化体制改革、推动社会主义文化大发展大繁荣，进一步兴起社会主义文化建设新高潮，对夺取全面建设小康社会新胜利、开创中国特色社会主义事业新局面、实现中华民族伟大复兴具有重大而深远的意义。

《决定》提出要推动中华文化走向世界。开展多渠道、多形式、多层次的对外文化交流，广泛参与世界文明对话，促进文化相互借鉴，增强中华文化在世界上的感召力和影响力，共同维护文化多样性。创新对外宣传方式方法，增强国际话语权，妥善回应外部关切，增进国际社会对我国基本国情、价值观念、发展道路、内外政策的了解和认识，展现我国文明、民主、开放、进步的形象。实施文化"走出去"工程，完善支持文化产品和服务"走出去"的政策措施，支持重点主流媒体在海外设立分支机构，培育一批具有国际竞争力的外向型文化企业和中介机构，完善译制、推介、咨询等方面的扶持机制，开拓国际文化市场。加强海外中国文化中心和孔子学院建设，鼓励代表国家水平的各类学术团体、艺术机构在相应国际组织中发挥建设性作用，组织对外翻译优秀学术成果和文化精品。构建人文交流机制，把政府交流和民间交流结合起来，发挥非公有制文化企业、文化非营利机构在对外文化交流中的作用，支持海外侨胞积极开展中外人文交流。建立面向外国青年的文化交流机制，设立中华文化国际传播贡献奖和国际性文化奖项。

6.1.2 《文化部"十二五"时期文化改革发展规划》

2012 年文化部印发《文化部"十二五"时期文化改革发展规划》，指出要加强对外文化交流与贸易，主要有六点措施。

第一，强化文化在国家对外工作大局中的独特作用。进一步密切我国与世界各国及重要国际组织的文化关系。配合国家重要外事工作，组织国家文化年、中国文化节、文化周等重大对外文化活动。加强与周边国家和区域组织的文化交流与合作，积极营造良好的周边环境。加大对外文化援助力度，巩固和促进同发展中国家的友好关系。加强与联合国教科文组织等国际、区域机构的互动联系，开展多边及双边机制下的文化合作，积极参与国际文化事务，增强话语权。

第二，树立"文化中国"新形象。创新方法、搭建平台、拓宽渠道、深化内涵、丰富内容，深入开展多渠道、多形式、多层次对外文化交流，精心组织"欢乐春节"等大型品牌活动。加强文化人士的交流与互访，拓展表演艺术、视觉艺术、文物、图书、影视等各领域的交流与合作。加强思想文化领域的国际对话，倡导相互尊重、开放兼容的文明观，支持在哲学社会科学领域开展学术对话与研讨，增强国际学术界的中国声音。

第三，加快海外中国文化中心建设。加强统筹规划，加快整体发展，完善全球布局，加速建设布局合理、功能多样、内容丰富的海外中国文化中心，加强运营保障和支撑体系建设，构建中华文化海外展示和体验综合平台。统筹宣传文化系统和地方文化资源，密切海外中国文化中心与其他海外教育和文化机构的合作，借助扎根当地的平台优势，加强与海外中心所在地民众的交流互动，提升中华文化的国际传播能力和对国外优秀成果的吸收借鉴能力。

第四，服务国内文化建设。进一步加大"请进来"的力度，在交流交融中促合作、促发展。开展文化各领域的交流互访，举办各类国际性文化活动和专业比赛，借鉴和吸收世界先进文化成果和有益经验。准确把握世界文化最新动态与发展趋势，为科学制定符合我国文化体制改革和文化建设的政策措施提供参考依据。

第五，推动文化产品和文化服务"走出去"。积极探索推动中华文化"走出去"的新方式、新办法，鼓励更多地以民间和商业的方式"走出去"，促进不同文化的相互了解和尊重，建立健全政府对外文化贸易工作框架。实施品牌战略，着力培育一批具有自主知识产权和较强国际竞争力的大型文化企业，鼓励文化企业通过多种方式参与国际文化市场竞争。加强信息服务，完善文化贸易统计系统。搭建对外文化贸易平台，加强国际营销网络建设，建立政府间对外文化产业合作机制，协助提升国内文化产业领域重点展会的国际化运营水平。推动实施出口便利化措施，在重点出口地区建立对外文化贸易基地。逐步形成以政府为引导、企业为主体、市场化运作为主要方式的对外文化贸易新格局。

第六，深化对港澳台的文化工作。创新工作方式，培育一批知名文化交流品牌，推动一批大陆优秀文化项目及文化产品入岛交流，不断增强对台文化交流的亲和力、感染力、影响力。选派一批优秀内地艺术团赴港澳交流，充分发挥区位优势，不断深化对港澳地区的文化交流与合作。

对外文化交流与贸易重点工程如表 6 - 1 所示。

表 6 - 1   **对外文化交流与贸易重点工程**

项目名称	项目内容
"文化中国"工程	实施"文化中国"形象塑造计划、中外文化交流与对话、研究与合作计划、文化睦邻与援助计划、文化访问者计划
海外中国文化中心建设工程	加强统筹规划，重点推进泰国、新加坡、西班牙、俄罗斯、加拿大、墨西哥、塞尔维亚、尼日利亚等文化中心建设进度，建设布局合理、功能完备的海外中国文化中心设施网络。实施文化中心文化精品推广计划、文化中心国图分馆计划、文化中心现代传媒应用计划、短期课程开发计划、文化体验研习基地计划等项目
对外文化产业和贸易促进工程	实施中华文化精品推广计划、对外文化贸易信息服务计划、外向型文化企业扶持和产品孵化推广计划、对外文化贸易平台建设计划
港澳台中华文化传承工程	实施中华文化薪火相传计划、文化精品和品牌交流推广计划，以及对港澳台文化艺术、产业合作和人才培训计划

实施效果主要体现在文化节和海外文化中心两个方面。

第一，中国文化节。得到文化和旅游部支持，创新中国文化节旨在与世界分享来自中国当代的创意之声。面向未来，加强与国际主流业界、青年目标群体的理解与合作，每年一度的创新中国文化节致力于成为中美当代文化艺术深入合作的创新性孵化器平台。来自中国青年一代创作者的作品为美国公共文化与国际交流注入崭新活力，中美两国的政府、文化机构、企业也将共同探讨加强深度资源合作的路径，力求促成中美在公共文化、创意产业领域的多层次合作。

第二，海外中国文化中心。自 1988 年启动建设，至 2020 年底，海外中国文化中心已建成运营 42 个，形成覆盖全球主要国家和地区的中国文化对外传播推广网络。作为文化部深化中外文化交流合作机制、增进中国与世界人民的感情、推动中华文化"走出去"的重要平台，30 多年来，海外中国文化中心砥砺奋进，不断创新机制、优化布局、完善职能、打造品牌，在"优质、普及、友好、合作"的宗旨下，积极助力"一带一路"建设的深入推进。

6.1.3 《国务院关于加快发展对外文化贸易的意见》

2014 年国务院印发的《国务院关于加快发展对外文化贸易的意见》（以下简称《意见》），是我国对外文化贸易发展到一定阶段的经验总结，是新时期发展文化产业、推动中华文化"走出去"、提升开放型经济水平的重要举措。《意见》提出，立足当前，着眼长远，改革创新，完善机制，统筹国际国内两个市场、两种资源，加强政策引导，优化市场环境，壮大市场主体，改善贸易结构，加快发展对外文化贸易，在更大范围、更广领域和更高层次上参与国际文化合作和竞争，把更多具有中国特色的优秀文化产品推向世界。具体措施包括以下内容。

第一，明确支持重点。鼓励和支持国有、民营、外资等各种所有制文化企业从事国家法律法规允许经营的对外文化贸易业务，并享有同等待遇。鼓励和引导文化企业加大内容创新力度，创作开发体现中华优秀文化、展示当代中国形象、面向国际市场的文化产品和服务，在编创、设计、翻译、配音、市场推广等方面予以重点支持。支持文化企业拓展文化出口平台和渠道，鼓励各类企业通过新设、收购、合作等方式，在境外开展文化领域投资合作，建设国际营销网络，扩大境外优质文化资产规模。推动文化产品和服务出口交易平台建设，支持文化企业参加境内外重要国际性文化展会。鼓励文化企业借助电子商务等新型交易模式拓展国际业务。支持文化和科技融合发展，鼓励企业开展技术创新，增加对文化出口产品和服务的研发投入，开发具有自主知识产权的关键技术和核心技术。支持文化企业积极利用国际先进技术，提升消化、吸收和再创新能力。

第二，加大财税支持。充分发挥财政资金的杠杆作用，加大文化产业发展专项资金等支持力度，综合运用多种政策手段，对文化服务出口、境外投资、营销渠道建设、市场开拓、公共服务平台建设、文化贸易人才培养等方面给予支持。中央和地方有关文化发展的财政专项资金和基金，要加大对文化出口的支持力度。对国家重点鼓励的文化产品出口实行增值税零税率。对国家重点鼓励的文化服务出口实行营业税免税。结合营业税改征增值税改革试点，逐步将文化服务行业纳入"营改增"试点范围，对纳入增值税征收范围的文化服务出口实行增值税零税率或免税。享受税收优惠政策的国家重点鼓励的文化产品和服务的具体范围由财政部、税务总局会同有关部门确定。在国务院批准的服务外包示范城市从事服务外包业务的文化企业，符合现行税收优惠政策规定的技术先进型服务企业相关条件的，经认定可享受减按15%的税率征收企业所得税和职工教育经费不超过工资薪金总额8%的部分税前扣除政策。

第三，强化金融服务。鼓励金融机构按照风险可控、商业可持续原则探索适合对外文化贸易特点的信贷产品和贷款模式，开展供应链融资、海外并购融资、应收账款质押贷款、仓单质押贷款、融资租赁、银团贷款、联保联贷等业务。鼓励金融机构对符合信贷条件的国家文化出口重点企业和项目提供优质金融服务。鼓励有跨境投资需求的文化企业在境内发行外币债券。鼓励融资性担保机构和其他各类信用中介机构开发符合文化企业特点的信用评级和信用评价方法，通过直接担保、再担保、联合担保、担保与保险相结合等方式为文化企业提供融资担保服务，多渠道分散风险。鼓励境内金融机构开展境外项目人民币贷款业务，支持文化企业从事境外投资。

第四，完善服务保障。尽快培育国家文化出口重点企业成为海关高信用企业，享受海关便捷通关措施。减少对文化出口的行政审批事项，简化手续，缩短时限。加强相关知识产权保护，研究开展文化知识产权价值评估，及时提供海外知识产权、法律体系及其适用原则等方面的咨询服务，支持文化企业开展涉外知识产权维权工作。加强对外文化贸易公共信息服务，及时发布国际文化市场动态和国际文化产业政策信息。着力培养对外文化贸易复合型人才，积极引进各类优秀人才。建立健全行业中介组织，发挥其在出口促进、行业自律、国际交流等方面的作用。

该政策的实施效果主要体现在中国对外文化产品和服务的进出口贸易上。我国文化产品和服务出口质量不断提高，出口产品的内容愈加贴合海外市场需求，文化产业的对外贸易总额持续翻番。海外贸易市场不断扩展，"一带一路"沿线国家文化贸易市场逐渐活跃，并不断向东南亚、中东、南美、非洲等地区延伸，且民营企业在文化市场中的主体作用越来越突出。根据商务部统计数据，2019 年，我国文化贸易保持平稳快速发展。文化产品进出口总额 1114.5 亿美元，同比增长 8.9%。其中，出口 998.9 亿美元，增长 7.9%，进口 115.7 亿美元，增长 17.4%，贸易顺差 883.2 亿美元，规模扩大 6.8%。

6.1.4 《关于进一步加强和改进中华文化走出去工作的指导意见》

2016 年 11 月 1 日，习近平主持召开中央全面深化改革领导小组第二十九次会议并发表重要讲话，会议审议通过了《关于进一步加强和改进中华文化走出去工作的指导意见》。

会议强调，加强和改进中华文化"走出去"工作，要坚定中国特色社会主义道路自信、理论自信、制度自信、文化自信，加强顶层设计和统筹协调，创新内容形式和体制机制，拓展渠道平台，创新方法手段，增强中华文化亲和力、感染力、吸引力、竞争力，向世界阐释推介更多具有中国特色、体现中国精神、蕴藏中国智慧的优秀文化，提升国家文化软实力。

6.1.5 《关于加强"一带一路"软力量建设的指导意见》

2016 年 12 月，习近平主持召开中央全面深化改革领导小组第三十次会议并发表重要讲话，会议审议通过了《关于加强"一带一路"软力量建设的指导意见》。

会议指出，软力量是"一带一路"建设的重要助推器。要加强总体谋划和统筹协调，坚持陆海统筹、内外统筹、政企统筹，加强理论研究和话语体系建设，推进舆论宣传和舆论引导工作，加强国际传播能力建设，为"一带一路"建设提供有力的理论支撑、舆论支持、文化条件。

近年来，我国加强国际传播能力建设，在落地平台建设、媒介话语转型等方面，下了大功夫。但是，总体而言，中国媒体的影响力、平台落地的实际效率、文化输出的感染力还远远不够，离拿到话语"主动权"还有很长的路要走，这当然有意识形态的影响，也有观念、方法、手段的问题。对外讲好中国故事，让世界理解和接纳中国，不只是政府或媒体的义务，也是全体中国人的责任。根据国务院侨务办公室的统计数据，我国海外华人华侨已经超过6000万人，分布在世界各地，他们既懂中国文化、了解中国发展实情，又融入了所在国家的政治、文化和社会环境。随着我国改革开放不断深入，海外侨胞数量剧增，社团组织不断壮大，涌现出一大批知识水平高、工作能力强、具有世界影响的侨界精英人才和专业社团，并逐渐被所在国主流社会关注。

6.1.6 《文化部"一带一路"文化发展行动计划（2016—2020年)》

为深入贯彻党的十八大和十八届三中、四中、五中、六中全会精神，深入贯彻习近平总书记系列重要讲话精神，落实经国务院授权，由国家发展改革委、外交部、商务部联合发布的《推动共建丝绸之路经济带和21世纪海上丝绸之路的愿景与行动》（以下简称《愿景与行动》)，加强与"一带一路"沿线国家和地区的文明互鉴与民心相通，切实推动文化交流、文化传播、文化贸易创新发展。2012年12月文化部印发《文化部"一带一路"文化发展行动计划（2016—2020年)》，主要从五个方面推动文化传播。

第一，健全"一带一路"文化交流合作机制。积极与"一带一路"沿线国家和地区签署政府间文件，深化人文合作委员会、文化联委会等合作机制，为"一带一路"文化发展提供有效保障。加强上海合作组织成员国文化部长会晤、中国—中东欧国家文化部长会议、中阿文化部长论坛、中国与东盟"10＋1"文化部长会议等高级别文化磋商。推动与沿线国家和地区建立非物质文化遗产交流与合作机制。与沿线国家和地区建立文化遗产保护和世界遗产申报等方面的长效合作机制。支持国家艺术基金与沿线国家和地区的同类机构建立合作机制。

完善部省合作机制，鼓励各省（区、市）在文化交流、遗产保护、文艺创作、文化旅游等领域开展区域性合作。发挥海外侨胞以及港澳台地区的独特优势，积极搭建港澳台与"一带一路"沿线国家和地区的文化交流平台。充分考虑与包含以妈祖文化为代表的海洋文化构建 21 世纪海上丝绸之路文化纽带。引导和扶持社会力量参与"一带一路"文化交流与合作。

第二，完善"一带一路"文化交流合作平台。优先推动"一带一路"沿线国家和地区的中国文化中心建设，完善沿线国家和地区的中心布局。着力打造以"一带一路"为主题的国际艺术节、博览会、艺术公园等国际交流合作平台。鼓励和支持各类综合性国际论坛、交易会等设立"一带一路"文化交流板块。逐步建立"丝绸之路"文化数据库，打造公共数字文化支撑平台。

第三，打造"一带一路"文化交流品牌。在"一带一路"沿线国家和地区打造"欢乐春节""丝绸之路文化之旅"等重点交流品牌以及互办文化节（年、季、周、日）等活动，扩大文化交流规模。

与"一带一路"沿线国家和地区共同遴选"丝绸之路文化使者"，通过智库学者、汉学家、翻译家交流对话和青年人才培养，促进思想文化交流。推动中外文化经典作品互译和推广。

积极探索与"一带一路"沿线国家和地区开展同源共享的非物质文化遗产的联合保护、研究、人员培训、项目交流和联合申报。加大"一带一路"文化遗产保护力度，促进与沿线国家和地区在考古研究、文物修复、文物展览、人员培训、博物馆交流、世界遗产申报与管理等方面开展国际合作。鼓励地方和社会力量参与文化遗产领域的对外交流与合作。

繁荣"一带一路"主题文化艺术生产，倡导与沿线国家和地区的艺术人才与文化机构联合创作、共同推介，搭建展示平台，提升艺术人才的专业水准和综合素质，为丝路主题艺术创作储备人才资源。

第四，推动"一带一路"文化产业繁荣发展。建立和完善文化产业国际合作机制，加快国内"丝绸之路文化产业带"建设。以文化旅游、演艺娱乐、工艺美术、创意设计、数字文化为重点领域，支持"一带一路"沿线地区根据地域特色和民族特点实施特色文化产业项目，加强与"一带一路"国家在文化资源数字化保护与开发中的合作，积极利用"一带一路"文化交流合作平台推介文化创意产品，推动动漫游戏产业面向"一带一路"国家发展。顺应"互联网＋"发展趋势，推进互联网与文化产业融合发展，鼓励和引导社会资本投入"丝绸之路文化产业带"建设。持续推进藏羌彝文化产业走廊建设。

第五，促进"一带一路"文化贸易合作。围绕演艺、电影、电视、广播、音乐、动漫、游戏、游艺、数字文化、创意设计、文化科技装备、艺术品及授权产品等领域，开拓完善国际合作渠道。推广民族文化品牌，鼓励文化企业在"一带一路"沿线国家和地区投资。鼓励国有企业及社会资本参与"一带一路"文化贸易，依托国家对外文化贸易基地，推动骨干和中小文化企业的联动整合、融合创新，带动文化生产与消费良性互动。

"一带一路"文化发展行动计划重点项目如表 6 - 2 所示。

表 6 - 2　　　　　"一带一路"文化发展行动计划重点项目

重点任务	项目名称	项目内容
"一带一路"文化交流合作机制建设	"一带一路"国际交流机制建设计划	积极贯彻落实我国与"一带一路"沿线国家和地区签订的文化合作（含文化遗产保护）协定、年度执行计划、谅解备忘录等政府间文件，加强我国与"一带一路"沿线国家和地区文化交流与合作机制化发展，推动成立丝绸之路国际剧院联盟、丝绸之路国际图书馆联盟、丝绸之路国际博物馆联盟、丝绸之路国际美术馆联盟、丝绸之路国际艺术节联盟、丝绸之路国际艺术院校联盟等，与"一带一路"沿线地区组织和重点国家逐步建立城际文化交流合作机制
	"一带一路"国内合作机制建设计划	建立"一带一路"部省对口合作机制，共同研究制定中长期合作规划，在项目审批、资金、人才、技术等方面予以支持，建立对口项目合作机制和目标任务考核机制，研究提出绩效评估办法

续表

重点任务	项目名称	项目内容
"一带一路"文化交流合作平台建设	"一带一路"沿线国家中国文化中心建设计划	落实《海外中国文化中心发展规划（2012—2020年)》，优先在缅甸、马来西亚、印度尼西亚、越南、匈牙利、罗马尼亚、保加利亚、哈萨克斯坦、白俄罗斯、塞尔维亚、拉脱维亚、土库曼斯坦、以色列等"一带一路"沿线国家设立中国文化中心
	"一带一路"文化交流合作平台建设计划	将中国新疆国际民族舞蹈节、丝绸之路国际艺术节、海上丝绸之路国际艺术节、丝绸之路（敦煌）国际文化博览会、厦门国际海洋周、中国海洋文化节等活动打造成国际交流合作平台，建设海上丝绸之路（泉州）艺术公园和中阿友谊雕塑园等重点项目平台。鼓励中国—亚欧博览会、中国—阿拉伯国家博览会、中国—东盟博览会、中国西部国际博览会、中国（深圳）国际文化产业博览交易会、中国西部文化产业博览会等综合性平台设立"一带一路"文化交流板块
"一带一路"文化交流品牌建设	"丝绸之路文化之旅"计划	打造"丝绸之路文化之旅"品牌，到2020年，实现与"一带一路"沿线国家和地区文化交流规模达3万人次、1000家中外文化机构、200名专家和100项大型文化年（节、季、周、日）活动。联合沿线国家和地区共同开发"丝绸之路"文化旅游精品线路及相关文创产品。邀请"一带一路"沿线国家和地区知名艺术家来华举行"意会中国"采风创作活动，推动沿线国家的国家级艺术院团及代表性舞台艺术作品开展交流互访，形成品牌活动
	"丝绸之路文化使者"计划	开展与"一带一路"沿线国家和地区的智库交流与合作，举办青年汉学家、翻译家研修活动，邀请800名著名智库学者、汉学家、翻译家来华交流、研修。实施"一带一路"中国文化译介人才发展计划。与周边国家举办文化论坛。与沿线国家和地区合办代表国家水准和民族特色的优秀艺术家互访、文化艺术人才培训和青少年交流活动。培养150名国际青年文物修复和博物馆管理人才

重点任务	项目名称	项目内容
"一带一路"文化交流品牌建设	"一带一路"艺术创作扶持计划	支持与"一带一路"沿线国家和地区的文化机构在戏剧、音乐、舞蹈、美术等领域开展联合创作,在国内"一带一路"沿线区域实施"中华优秀传统艺术传承发展计划",通过国家艺术基金对"一带一路"主题艺术创作优秀项目予以支持
	"一带一路"文化遗产长廊建设计划	与"一带一路"沿线国家和地区共同实施考古合作、文物科技保护与修复、人员培训等项目,实施文物保护援助工程。举办以"丝绸之路文化遗产"为主题的研讨交流活动。推进海上丝绸之路申遗以及世界文化遗产"丝绸之路:长安—天山廊道"的路网扩展项目
"一带一路"文化产业发展	"丝绸之路文化产业带"建设计划	鼓励国内"一带一路"沿线文化企业跨区域经营,实现文化旅游互为目的地和客源地,建设具有代表性的特色文化产品生产和销售基地。运用文化产业项目服务平台,加强对丝绸之路文化产业重点项目征集发布、宣传推介、融资洽谈、对接落地等全方位服务。将国内"一带一路"沿线区域符合条件的城市纳入扩大文化消费试点范围,逐步建立促进文化消费的长效机制
	动漫游戏产业"一带一路"国际合作行动计划	发挥动漫游戏产业在文化产业国际合作中的先导作用,面向"一带一路"各国,聚焦重点,广泛开展合作。搭建交流合作平台、开展交流推广活动,促进互联互通,构建产业生态体系。发挥中国动漫游戏产业创新能力强、产业规模大的优势,培育重点企业,实施重点项目,开展国际产能合作,实现中国动漫游戏产业与沿线国家合作规模显著扩大、水平显著提升,为青少年民心相通发挥独特作用
	"一带一路"文博产业繁荣计划	推进"互联网+中华文明"及"文物带你看中国"项目,提高"一带一路"文化遗产与旅游、影视、出版、动漫、游戏、建筑、设计等产业结合度,促进文物资源、新技术和创意人才等产业要素的国际流通
"一带一路"文化贸易合作	"一带一路"文化贸易拓展计划	扶持外向型骨干文化企业与"一带一路"沿线国家和地区文化企业围绕重点领域开展项目合作。开展1000人次文化贸易职业经理人、创意策划人和经营管理人才的交流互访。在国内举办的国际文化会展推出"一带一路"专馆或专区,支持国内文化企业到"一带一路"沿线国家和地区参加知名文化会展

政策的实施效果主要体现在政府合作、文化组织和机构以及人员交流方面。第一，在政府合作层面，截至 2016 年底，文化部与"一带一路"沿线 60 多个国家签订了政府间文化交流合作协定。此外，文化部与相关区域国际组织建立了各种有效合作机制。第二，在文化组织和机构层面，文化部正积极推动与"一带一路"相关国家建立五个合作联盟，即丝绸之路国际剧院联盟、丝绸之路国际图书馆联盟、丝绸之路国际博物馆联盟、丝绸之路国际美术馆联盟和丝绸之路国际艺术节联盟。歌剧《马可·波罗》就是丝绸之路国际剧院联盟成立之后推出的首部原创大戏。在积极推动中国优秀剧目"走出去"方面，剧院联盟将中国精品木偶团、内蒙古自治区乌审马头琴交响乐团等国内成员单位推荐的四台精品剧目推向泰国、菲律宾、法国等海外市场，演出总场次超过 10 场，同时也将立陶宛芭蕾舞剧《罗密欧与朱丽叶》《睡美人》，白俄罗斯话剧《海鸥》等国外优秀剧目"引进来"。第三，在人员交流层面，文化和旅游部着力打造丝绸之路文化之旅、丝绸之路文化使者、青年汉学家研修计划、中外文学和影视翻译研修活动等。如 2021 年 5 月 11 日在陕西西安举办的第五届丝绸之路国际博览会暨中国东西部合作与投资贸易洽谈会，本届丝博会促进了中国与"一带一路"沿线国家的人员交流和人文沟通，其中有来自斯洛伐克、比利时、韩国、塔吉克斯坦等 98 个国家和地区的 1938 名驻华使节和境外嘉宾共聚西安。

6.1.7　《国家"十三五"时期文化发展改革规划纲要》

为深入贯彻落实党的十八大和十八届三中、四中、五中、六中全会精神，加快文化发展改革，建设社会主义文化强国，2017 年 5 月印发的《国家"十三五"时期文化发展改革规划纲要》指出，推动中华文化"走出去"，统筹对外文化交流、传播和贸易，创新方式方法，讲述好中国故事，阐释好中国特色，让全世界都能听到听清听懂中国声音，不断增强中国国际话语权，使当代中国形象在世界上不断树立和闪亮起来。具体措施包括以下四方面。

第一，加强国际传播能力建设。提升重点媒体国际传播能力，加强项目实施效果评估。建设国家新闻发布平台。推动理论创新、学术创新和表达创新，把话语体系建设研究成果转化为外宣工作资源，在国际上推动形成正确的中国观。

第二，扩大文化交流合作。用好中外人文交流机制，深化政府间文化交流。加强与"一带一路"沿线国家文化交流合作。推进国际汉学交流和中外智库合作。支持民间力量参与对外文化交流，发挥海外侨胞的积极作用。鼓励社会组织、中资机构等参与海外中国文化中心、孔子学院建设。扩大与海外青少年文化交流。加强与港澳台文化交流合作，共同弘扬中华文化。

第三，发展对外文化贸易和投资。培育对外文化贸易主体，鼓励和引导各种所有制文化企业参与文化产品和服务出口，加大内容创新力度，打造外向型骨干文化企业。稳定传统优势文化产品出口，利用跨境电子商务、市场采购贸易等新兴贸易方式，提高数字文化产品的国际市场竞争力，推动文化装备制造技术标准"走出去"。支持中华医药、中华烹饪、中国园林、中国武术等"走出去"。大力发展文化服务外包。鼓励各类企业在境外开展文化投资合作，建设国际营销网络，扩大境外优质文化资产规模。支持文化企业参加重要国际性文化节展。

第四，吸收借鉴国外优秀文化成果。统筹"引进来"和"走出去"，以我为主、为我所用，积极吸收借鉴国外有益文化成果、先进经营管理理念和有益做法经验。吸引外商投资我国法律法规许可的文化产业领域，推动文化产业领域有序开放，提升引进外资质量和水平。鼓励文化单位同国外有实力的文化机构进行项目合作，学习先进制作技术和管理经验。开展知识产权保护国际合作。

政策的实施效果主要体现在以下三方面。

第一，中央重点媒体在国际传播能力建设方面不断加大力度，在海外采编网络、传播平台、信息内容、营销能力、人才队伍等方面都取得了长足发展。如新华社国际部是新华社总社直属的最重要的内设部门之一，海外分社数量已超过美联社、路透社、法新社这世界三大通讯社，每天24小时通过中英法西俄阿葡等多种文字播发国际新闻稿件，覆盖全球各个国家和地区，国际新闻采集能力居国内首位。中央电视台开播了 9 个国际频道，成为全球唯一用中文、英语、法语、西班牙语、俄语、阿拉伯语六种联合国工作语言播出的电视机构。中国国际广播电台使用 64 种语言对外播出，是全球使用语种最多的媒体机构。

第二，2019 年 4 月，由新华社研究院联合 15 家中外智库共同发起的"一带一路"国际智库合作委员会 24 日在北京宣布成立。"一带一路"国际智库合作委员会的成立，标志着"一带一路"国际智库合作迈上了新台阶，在 16 家发起方和各国智库、学者的共同努力下，必将更加有效地推动共建"一带一路"不断走深走实，为促进各国繁荣发展、构建人类命运共同体贡献智慧和力量。委员会将致力于搭建学术交流平台，计划每年举办一次学术交流活动，开展专题研讨，发布智库成果，或者组织专家实地考察；搭建课题协作平台，募集资金设立非营利性的"一带一路"国际研究基金，为参与方开展"一带一路"相关课题研究提供资助支持；搭建信息共享平台，开设官方网站和客户端，创办学术刊物，开展研究成果多语种互译，建立相关基础数据库等。

第三，数字文化产业是以文化创意内容为核心，依托数字技术进行创作、生产、传播和服务的新兴产业，具备传输便捷、绿色低碳、需求旺盛、互动融合等特点，有利于培育新供给、促进新消费。当前，数字文化产业已成为文化产业发展的重点领域和数字经济及数字创意产业的重要组成部分。产业涵盖数字游戏、互动娱乐、影视动漫、立体影像、数字教育、数字出版、数字典藏、数字表演、网络服务、内容软件等内容。

6.2　中国文化海外传播推动贸易高质量发展的对策与建议

在疫情防控常态化背景下，世界经济正面临着百年未有之大变局，此时加强中国文化的海外传播，对于提升中国文化软实力、树立大国形象、促进经济社会高质量全面发展具有重要的意义。2020 年 3 月 27 日，习近平总书记主持召开的中央政治局会议强调，要在疫情防控常态化条件下加快恢复生产生活秩序，统筹推进疫情防控和经济社会发展工作，力争把疫情造成的损失降到最低限度。在 2020 年 5 月 23 日，习近平总书记在看望参加政协会议的经济界委员时指出，应加快形成以国内大循环为主体、国内国际双循环相互促进的新发展格局。[①] 可见，在风云变幻的世界经济浪潮中，加强对外开放，促进国内外经济联动发展非常重要。那么，加强中国文化海外传播作为增强中国软实力的重要体现和塑造中国国际形象的重要途径，在国内国际双循环相互促进的新发展格局中占有重要作用。中国文化海外传播不仅为双循环经济发展新格局提供精神基础，而且在中国经济对外开放和对外贸易高质量发展过程中发挥重要的推动作用。

6.2.1 中国文化海外传播推动贸易高质量发展存在的问题

尽管通过提高中华文化海外影响力促进中国对外贸易高质量发展是中国经济可持续发展的重要推动力，但是目前中国在文化海外传播推动贸易高质量发展方面仍存在以下问题。

第一，中国文化海外传播在内容和符号上中国特色不够突出，其推动贸易高质量发展的基础有待进一步夯实。尽管中国文化海外传播对进出口贸易的影响程度正在逐步扩大，国外消费者通过中国长城、故宫、中国结、中国红等对中国文化的了解和认同程度不断提高，学汉语、喝中国茶、学习中国功夫在国外已经成为热门，儒家、道家思想为国际社会所认可和推崇（林坚，2018），这些中国文化的海外传播对双边国家的经济往来起到了重要的推动作用。但是，中国文化的海外传播内容和特色远远不止这些，中国传统文化、中国思想和价值观念以及中国当代和现代文化的广泛传播程度仍然不足，传播的文化内容丰富程度和对各国消费者的吸引力也有待进一步加强。中国文化海外传播在内容、符号上呈现出一般化和普遍化的现象，关于中国文化的特色之处体现度不足，不能充分吸引和感染各国的消费者，使得中国文化对各国消费者所产生的光环效应较弱，因此，其对中国进出口贸易高质量发展的带动作用也相对较弱。与此同时，在对外传播中国文化过程中，内容总体设计上没有将完整的中

---

① 《习近平看望参加政协会议的经济界委员》，新华网，2020 年 5 月 23 日。

国形象展示出来，内容体系、层次不清晰，思想传播、语言文学、文艺演出、图书出版等方面缺乏总体布局且关联度不足，使得国外消费者对中国文化和中国形象在整体认知上存在一定的偏差，认知广度和深度均有待进一步加强，其在推动中国贸易高质量发展过程中所起到的独特带动作用基础薄弱。

第二，中国文化海外传播的机制和策略的差异化程度低，其推动贸易高质量发展的动力有待进一步增强。中国文化海外传播形式多样，内容丰富，在中国各级政府、外贸机构、非政府组织以及文化企业等传播主体的共同努力下，中国文化海外传播在中国经济高质量发展过程中所提供的动力也呈现出不断增强的趋势。但是纵观整个文化海外传播体系，文化海外传播的整体布局上缺乏一定的系统性和层次性。针对不同国家和地区经济、法律、社会制度，以及文化、宗教和习俗的不同，中国文化海外传播体系较为相似，没有形成差异化的、独特性的传播机制和传播策略，以至于中国文化海外传播受到空间和地域溢出效应的影响较为明显，整个传播体系的危机应对能力较弱，其为中国和文化传播目的国之间进出口贸易的快速发展所提供的动力有限，不能充分发挥其对经济的重要推动作用。

第三，中国文化海外传播推动贸易高质量发展在人才、资金和平台等辅助体系和辅助功能方面有待进一步完善。近年来，尽管中国政府高度重视中国文化"走出去"，大力支持和鼓励中国文化海外传播，也高度关注中国文化海外传播对企业国际化进程所产生的重要影响，也不断为能够充分发挥文化海外传播对经济和贸易的高质量发展以及中国企业更好"走出去"的重要推动作用而提供各类辅助设施和平台。但是，面对各国差异化的文化需求和市场偏好以及中国海外文化传播在策略和布局上差异化程度较弱、传播主体分工不明确等现状，以至于其在推动中国进出口贸易发展所需的人才体系、辅助设施、平台以及辅助功能等也呈现出不完善的特征。不管在中国文化的海外传播进程中，还是中国文化海外传播推动贸易高质量发展的作用机制中，传播媒介以及传播者所扮演的角色非常重要。而目前中国缺乏这方面的专业人才，不仅缺乏在文化海外传播环节既了解海外市场又了解中华文化并熟悉海外文化传播事务的人才，也缺乏熟悉掌握和应用跨文化传播学与文化经济学，并且能够充分、合理发挥和利用中国文化海外传播对经济发展所产生的带动效应和光环效应的综合型人才。此外，从文化贸易和文化企业的角度看，目前从事文化进出口的中小企业面临一定的融资困难、宣传力度不足和海外销售渠道不足等问题，不仅缺乏充足的资金支持其进行文化创新和创意产品研发，而且相应的文化产品海外推广平台和渠道也非常有限，使得中国文化产品和服务在世界文化市场上占据的份额较少，且缺乏具有国际影响力的文化品牌。

6.2.2 中国文化海外传播推动贸易高质量发展的对策建议

随着经济全球化的不断发展以及中国经济和科技的不断进步，中国文化软实力和国际影响力也日益增强。近年来，走出国门传播中国文化的内容主体种类也逐步增多，中国文学、影视剧、音乐、舞蹈、戏曲、曲艺、时装、文物、手工艺品等各类文化产品和服务均在海外市场中从不同角度展现了中国特色和中国符号。尽管这些产品、服务和活动在传播中国文化的同时，也通过各种途径和机制间接推动了中国进出口贸易的高质量发展，但是目前在发挥中国文化海外传播推动贸易高质量发展的基础上、动力上以及辅助体系上仍存在一定的不足，为此本节将从提高中国文化海外传播推动贸易高质量发展基础动力，增强中国文化海外传播推动贸易高质量发展的抗风险能力，实行中国文化海外传播推动贸易高质量发展的差异化策略，以及完善中国文化海外传播推动贸易高质量发展所需的人才体系和资金、平台等辅助设施等方面为中国文化海外传播更好地推动贸易高质量发展提出一些对策建议。

第一，增强中国特色文化海外传播力度，不断提高其推动贸易高质量发展的基础动力。随着中国文化海外传播内容和形式的日益多样化，其中特色中国文化的传播尤为重要，其传播力度有待进一步加强。因为特色的中国文化能够更多地吸引和感染国外消费者，更加容易和直接地让国外消费者了解中国，加深对中国文化的印象，进而影响消费者的消费偏好，带动中国对外贸易高质量发展。首先，对于传统中国文化的海外传播，要将具有中国特色的地方尝试与现代特征相适应，与现代文明相协调，增强各国对中国特色传统文化的理解和接受程度。其次，高度重视现当代中国特色文化的海外传播，特别是当代中国价值观念。因为当代中国价值观念代表了中国先进文化的先进方向，是新时代中国特色社会主义道路的价值表达和重要标识。将当代极具中国特色的观念和文化传播到海外，让国外消费者真正了解中国的发展现状，了解中国的现在和未来，进而增强各国与中国在政治、经济、文化等方面的互信，更大程度促进双边经贸往来。最后，从文化贸易的角度看，由于文化产品兼具文化和商品的双重属性，也更容易发挥较大的社会效益。但文化产品社会效益的发挥不仅与产品本身相关，也与社会环境、时代气氛、受众接受有关，因此要通过不断提高中国文化产品质量，赋予文化产品更多时代特色，将其包含的中国文化信息予以生活化和情景化，注重表达中国文化的亲和力、震撼力以及文化产品的鲜活性、新颖性。因此，通过将这些代表中国符号的文化产品出口到世界各国，加强中国文化的海外传播，提升文化产品对经贸往来所产生的社会效益。

第二，加强中国文化海外传播整体布局，提升贸易高质量发展的抗风险能力。习近平总书记 2018 年 6 月在"上海合作组织青岛峰会"上明确指出，尽管文明冲突、文明优越等论调不时沉渣泛起，但文明多样性是人类进步的不竭动力，不同文明交流互鉴是各国人民的共同愿望。可见，各国多样化的文明冲突无疑为中国文化海外传播及其社会效益的发挥产生了一定阻碍。与此同时，面对突如其来的全球新冠肺炎疫情的持续蔓延，以及各国在经济政治等方面的冲突和摩擦，中国文化海外传播整体战略布局的优化和完善至关重要。因此，为了更好地展示中国文化的独特魅力，提升中国文化的国际影响力，加强国家间平等互信的文化交流与对话，在风云变幻的世界经济浪潮中能够积极发挥文化传播对中国经济社会发展所带来的推动作用，中国要从宏观上不断加强文化海外传播的战略布局，针对不同类型的文化内容实行全球本土化和多样化的传播策略。在全球性战略布局下，充分利用各国和各地区举行的艺术节或文化博览会，将中国丰富多彩的文化资源和文化内容展示出来，为中国积极参与全球治理、推动贸易高质量发展以及提升对外经济系统整体的抗风险能力提供重要支撑。特别是对于"一带一路"国家，中国要不断加强文化传播在"一带一路"沿线国家的宏观战略布局，增进与"一带一路"企业、民众间的了解与认同，更好地推动中国企业与"一带一路"国家间的经贸往来。一方面，可以结合中国文化特色和类型，围绕国家总体外交战略与文化外交需要，在梳理与"一带一路"沿线国家间在文化交流与经济合作方面双边协定等重要文件的基础上，加快推动与更多"一带一路"国家和地区建立人文合作委员会或文化联委会等合作机制，完善在各国文化海外传播的具体布局，并不断加强双边经贸往来。另一方面，通过与"一带一路"沿线国家驻中国使领馆外交官、国家文化与旅游部有关负责人、中国文化企业高管等座谈，明确中国与"一带一路"国家文化合作的重点领域及趋势，推动双边文化贸易的高质量发展。

　　第三，推进差异化的文化海外传播策略，充分发挥其对贸易高质量发展的光环效应。2014 年习近平总书记在联合国教科文组织总部发表演讲时强调，"文明因交流而多彩，文明因互鉴而丰富"，文明交流互鉴，是推动人类文明进步和世界和平发展的重要动力。加强世界各国多样化文明之间的交流互鉴，这不仅是国际社会的普遍期待，也成为中国推进全球治理改革、解答时代命题的重要主张。① 与此同时，中国与世界各国在文化交流和文明互鉴的过程中，加强对外开放与合作，充分发挥文化海外传播的社会效益，推动中国经济与贸易高质量发展也已经成为社会各界所关注的重要命题。因此，文明多样发展、多元共存的今天，中国要结合各国的社会制度与宗教文化习俗，构建差异化的文化海外传播策略，最大限度地发挥其对消费品市场进出口贸易的光环效应，使得贸易伙伴对中国有更为充分的了解，有助于拉近心理距离，降低交易成本，有助于中国扩大贸易规模优势（邓路和刘帷韬，2019），促进中国对外贸易多元化发展。一方面，可以加强与海外华人的联系，加强与海外华人研究机构、地区性华人组织、商会、宗族联谊会等社团机构的沟通和交流，充分了解不同国家和地区的文化偏好和市场需求，通过制定和实行有效的差异化文化海外传播策略，充分发挥海外华人网络在推动中国文化海外传播以及中国经济贸易高质量发展的重要作用。另一方面，针对中国文化不同的传播主体采取差异化的传播方式，鼓励不同的文化主体、文化企业采取不同的文化传播策略，通过制

①　《习近平在联合国教科文组织总部的演讲》，人民网，2014 年 3 月 28 日。

作包含多元化中国特色文化元素的文化节目、文化活动，提升文化产品和服务的多元化思想内涵，积极推进中国文化海外传播，进而发挥其对中国进出口贸易高质量发展的光环效应，推动中国各类商品进出口贸易规模和种类的快速发展。

第四，完善中国文化海外传播推动贸易高质量发展所需的人才体系和资金、平台等辅助设施。中国文化海外传播对贸易高质量发展的推动作用不仅与中国文化传播的内容、主体以及策略和机制密切相关，而且与推动贸易高质量发展所需的人才体系和资金、平台等辅助设施和辅助体系也不可分割。首先，在加强中国特色传统文化和当现代文化传播力度的同时，要通过国内的教育机制和体系大力培育了解海外市场和中华文化并熟悉海外文化传播事务的人才，以及能够熟悉掌握和应用跨文化传播学和文化经济学，并且能够充分、合理发挥和利用中国文化海外传播对经济发展所产生的带动效应和光环效应的综合型人才。同时鼓励一些政府和非政府的社会组织、机构等积极参与海外文化中心建设，积极承担人文交流项目，为综合型人才的培养提供更多机会。其次，为中小文化企业"走出去"提供更多便捷的融资渠道，促进中国多元文化海外传播的同时，也支持其创意产品"走出去"，加强文化与经济活动的结合。此外，政府应该积极完善相关政策，为文化海外传播推动贸易高质量发展提供所需要的各类保障措施。制定鼓励文化发展及文化海外传播的相关政策，维护和巩固文化安全的同时，为文化传播机构和企业提供一定的辅助服务和平台，完善和拓展国际营销网络，扶持和鼓励各类文化企业"走出去"，并以多样化的方式参与文化传播活动，进而推动中国产品更多地进入国际市场。

参 考 文 献

[1] 白如纯、唐永亮：《试析"酷日本"战略及其影响》，载于《国际论坛》2015 年第 17 卷第 1 期。

[2] 蔡慧清：《孔子学院可持续发展动因探究》，载于《西南民族大学学报》2012 年第 3 期。

[3] 陈刚华：《从文化传播角度看孔子学院的意义》，载于《学术论坛》2008 年第 3 期。

[4] 陈昊、陈小明：《文化距离对出口贸易的影响——基于修正引力模型的实证检验》，载于《中国经济问题》2011 年第 6 期。

[5] 陈美华、陈东有：《英国文化产业发展的成功经验及对中国的启示》，载于《南昌大学学报（人文社会科学版）》2012 年第 5 期。

[6] 陈彦均：《从韩国电影配额制的演变看文化的对外开放问题》，载于《电影评介》2006 年第 23 期。

[7] 陈业宏：《影视文化对青少年的影响研究》，载于《中国青年研究》2007 年第 5 期。

[8] 崔新建：《文化认同及其根源》，载于《北京师范大学学报（社会科学版）》2010 年第 4 期。

[9] 邓路、刘帷韬：《国家软实力能促进我国的出口贸易吗?》，载于《中国流通经济》2019 年第 4 期。

[10] 杜澍：《浅谈韩国的文化输出》，载于《传播力研究》2020 年第 4 期。

[11] 范桂玉：《美国电影产业发展与政府扶持》，载于《传播与版权》2014 年第 4 期。

[12] 范徵等：《中国企业"走出去"跨文化环境因素探究》，载于《管理世界》

2018 年第 7 期。

［13］方慧、赵甜：《文化差异与商品贸易：基于"一带一路"沿线国家的考察》，载于《上海财经大学学报》2017 年第 3 期。

［14］顾江、任文龙：《孔子学院、文化距离与中国文化产品出口》，载于《江苏社会科学》2019 年第 6 期。

［15］顾天辉等：《文化风险与企业国际化》，载于《技术与创新管理》2009 年第 1 期。

［16］管兵：《国家软实力，汉语热与孔子学院》，载于《武汉大学学报》2012 年第 3 期。

［17］归泳涛：《日本的动漫外交——从文化商品到战略资源》，载于《外交评论（外交学院学报）》2012 年第 29 卷第 6 期。

［18］郭新茹、曾嘉怡：《消费者异质性、文化距离与我国体育产品出口贸易——基于 33 个贸易伙伴国的实证研究》，载于《体育与科学》2020 年第 2 期。

［19］胡宝平、郭霖：《公共外交与企业国际化良性循环——以南京三胞集团为例》，载于《唯实》2016 年第 11 期。

［20］胡剑平、李玲：《韩国影视文化对我国青少年教育成长影响的研究》，载于《江西师范大学学报（哲学社科版）》2009 年第 4 期。

［21］胡钰：《美国电视新闻舆论引导技巧》，载于《中国广播电视学刊》2000 年第 4 期。

［22］花建：《文化强国理应是文化贸易大国》，载于《今日中国论坛》2012 年第 4 期。

［23］花建：《文化软实力：全球文化背景下的强国之道》，上海人民出版社 2014 年版。

［24］黄冬玲：《从高低语境文化角度浅析中美国际商务谈判》，载于《现代交际》2019 年第 4 期。

［25］黄浩、孙晓丽：《美国文化发展的经验与启示》，载于《理论与当代》2017 年第 1 期。

［26］黄华华、赵凯、徐圣翔：《一带一路"倡议与沿线国家贸易畅通——基于

2006～2018 年中国对外贸易的双重差分检验》，载于《调研世界》2020 年第 5 期。

[27] 黄新飞、翟爱梅、李腾：《双边贸易距离有多远：一个文化异质性的思考》，载于《国际贸易问题》2013 年第 9 期。

[28] 吉仙红：《简述韩国流行文化政策对媒体国际传播的支持》，载于《新闻采编》2015 年第 1 期。

[29] 姜瑛：《"酷日本"战略的推行模式、现实困境及原因分析》，载于《现代日本经济》2019 年第 38 卷第 6 期。

[30] 蒋冠宏、蒋殿春：《中国企业对外投资的异质性检验——以服装、纺织和鞋帽类企业为例》，载于《世界经济研究》2013 年第 11 期。

[31] 金虎：《浅析韩国流行文化的宣传和传播》，载于《新闻传播》2014 年第 8 期。

[32] 津坚信之：《日本动画的力量：手塚治虫与宫崎骏的历史纵贯线》（秦刚、赵峻译），社会科学文献出版社 2011 年版。

[33] ［日］经济产业省：《数字内容产业白皮书（2009）》，一般财团法人数字产品协会 2009 年版。

[34] 阚大学、罗良文：《文化差异与我国对外贸易流量的实证研究》，载于《中央财经大学学报》2011 年第 7 期。

[35] 康继军、张梦珂、黎静：《孔子学院对中国出口贸易的促进效应——基于"一带一路"沿线国家的实证分析》，《重庆大学学报（社会科学版）》2019 年第 5 期。

[36] 柯银斌、沈泱：《SK 集团公共外交的三大目标与类型》，载于《公共外交季刊》2011 年第 2 期。

[37] 郎琦、张金辉：《以中华文化海外传播助推更多中国产品出口》，载于《云南社会科学》2020 年第 1 期。

[38] 雷晓薇、梁玥颖：《文化距离与国际贸易的关系：一个文献综述》，载于《经济师》2019 年第 9 期。

[39] 李春雨：《北京文化的异域审视——针对在京留学生群体的考察》，载于《北京师范大学学报（社会科学版）》2006 年第 6 期。

［40］李根、郭天宝：《跨国企业规避"文化风险"的策略分析》，载于《企业研究》2014 年第 10 期。

［41］李慧：《美国文化产业发展模式及其对我国西部地区的启示》，载于《科技广场》2013 年第 11 期。

［42］李俊久、丘俭裕、何彬：《文化距离、制度距离与对外直接投资——基于中国对"一带一路"沿线国家 OFDI 的实证研究》，载于《武汉大学学报（哲学社会科学版)》2020 年第 1 期。

［43］李平：《美国知识产权制度的历史发展》，载于《求是学刊》2002 年第 2 期。

［44］李小牧、李嘉珊：《国际文化贸易：关于概念的综述与辨析》，载于《国际贸易》2007 年第 2 期。

［45］李雅丽：《美国文化产业：发展模式、产业政策及启示》，载于《海南金融》2018 年第 11 期。

［46］李永辉、周鑫宇：《企业公共外交：宏观战略与微观管理》，载于《公共外交季刊》2013 年第 1 期。

［47］连大祥：《孔子学院对中国出口贸易及对外直接投资的影响》，载于《中国人民大学学报》2012 年第 1 期。

［48］梁君、汪慧敏、江畅：《中国文化产品在"一带一路"沿线国家的文化折扣效应》，载于《社会科学》2020 年第 1 期。

［49］林坚：《加强对外文化交流、传播和贸易的融合推进》，载于《对外传播》2018 年第 5 期。

［50］刘爱兰、王智烜、黄梅波：《文化差异比制度差异更重要吗？来自中国对非洲出口的经验证据》，载于《世界经济研究》2018 年第 10 期。

［51］刘宝全：《韩流在中国的传播及其对中韩关系的影响》，载于《当代韩国》2014 年第 1 期。

［52］刘晨晨：《谈跨文化交际中的高低语境理论》，载于《课程教育研究》2017 年第 12 期。

［53］刘洪铎、李文宇、陈和：《文化交融如何影响中国与"一带一路"沿线

国家的双边贸易往来——基于 1995~2013 年微观贸易数据的实证检验》，载于《国际贸易问题》2016 年第 2 期。

［54］刘慧、綦建红：《文化距离对中国企业出口持续时间的影响——基于 GLOBE 项目的调查数据》，载于《上海财经大学学报》2019 年第 2 期。

［55］刘铭：《中西方商务礼仪行为差异的研究》，黑龙江大学硕士学位论文，2018 年。

［56］刘平：《英国、日本、韩国创意产业发展举措与启示》，载于《社会科学》2009 年第 7 期。

［57］刘威、陈祺勋：《不确定性规避、文化距离方向与双边直接投资》，载于《商业研究》2019 年第 2 期。

［58］刘希、王永红、吴宋：《政治互动、文化交流与中国 OFDI 区位选择——来自国事访问和孔子学院的证据》，载于《中国经济问题》2017 年第 4 期。

［59］刘欣雅、李丽：《文化距离对中国图书版权出口影响实证研究》，载于《出版科学》2019 年第 1 期。

［60］刘鑫：《文化外交的经济功能研究》，华南理工大学硕士学位论文，2019 年。

［61］刘扬、王慧、孔繁盛：《外国学生缘何留学中国——基于北京高校调查的实证研究》，载于《高等教育研究》2013 年第 5 期。

［62］刘永涛：《文化与外交：战后美国对外文化战略透视》，载于《复旦学报（社会科学版）》2001 年第 3 期。

［63］刘玉瑶、相德宝：《英国新媒体文化传播的经验与启示》，载于《中华文化海外传播研究》2018 年第 2 期。

［64］娄孝钦：《新世纪以来美国电影产业的政府扶持》，载于《中共成都市委党校学报》2011 年第 5 期。

［65］芦志跃：《文化距离对中国对外直接投资的影响研究》，载于《北方经贸》2020 年第 1 期。

［66］陆铭、李爽：《社会资本、非正式制度与经济发展》，载于《管理世界》2008 年第 9 期。

［67］罗立彬：《在文化贸易中彰显文化自信》，载于《北京日报》2019 年 5 月 6 日。

［68］马超：《从影视传播谈传播的符号暴力》，载于《当代传播》2000 年第 4 期。

［69］马佳卉、贺灿飞：《中间产品贸易网络结构及其演化的影响因素探究——基于贸易成本视角》，载于《地理科学进展》2019 年第 10 期。

［70］马明：《全球化背景下国际演出市场竞争优势》，知识产权出版社 2013 年版。

［71］蒙英华、蔡宏波、黄建忠：《移民网络对中国企业出口绩效的影响研究》，载于《管理世界》2015 年第 10 期。

［72］倪建平：《国家形象与中国同拉美的经济合作：文化传播视角》，载于《拉丁美洲研究》2010 年第 3 期。

［73］牛长松、高航：《喀麦隆孔子学院办学模式及其在非文化影响力》，载于《比较教育研究》2012 年第 6 期。

［74］彭雪清、夏飞、陈修谦：《文化认同是中国对东盟文化产品出口的催化剂吗——基于 LSDV 的实证检验》，载于《国际经贸探索》2019 年第 12 期。

［75］綦建红、杨丽：《中国 OFDI 的区位决定因素——基于地理距离与文化距离的检验》，载于《经济地理》2012 年第 12 期。

［76］曲如晓、韩丽丽：《中国文化商品贸易影响因素的实证研究》，载于《中国软科学》2010 年第 11 期。

［77］曲如晓、江铨：《来华留学生区域选择及其影响因素分析》，载于《高等教育研究》2011 年第 3 期。

［78］曲如晓、刘杨、曾燕萍：《哪些因素影响了中国文化产品贸易——来自 OECD 国家的经验证据》，载于《国际贸易问题》2013 年第 11 期。

［79］曲如晓、杨修、李婧：《中国与中东欧国家文化产品贸易发展与对策研究》，载于《国际贸易》2019 年第 3 期，

［80］曲如晓、杨修、刘杨：《文化差异、贸易成本与中国文化产品出口》，载于《世界经济》2015 年第 9 期。

［81］曲如晓、曾燕萍：《孔子学院对中国文化产品出口的影响》，载于《经济

与管理研究》2016 年第 9 期。

[82] 全毅、魏然：《文化因素与经济发展：来自东亚和拉美的实证分析》，载《福建论坛（人文社会科学版）》2010 年第 4 期。

[83] ［美］塞缪尔·亨廷顿：《文明冲突论与世界秩序的重建》（周琪译），新华出版社 2002 年版。

[84] 商务部服务贸易和商贸服务业司、中宣部文化体制改革和发展办公室：《英国文化贸易与投资合作指南》，湖南人民出版社 2016 年版。

[85] 绍军、吴晓怡：《宽带基础设施影响文化产品出口的实证研究》，载于《国际经贸探索》2013 年第 10 期。

[86] 申莉、周士宏：《谈汉语国际推广中文化认同的实现》，载于《国际汉语教育》2013 年第 2 期。

[87] 施炳展：《文化认同与国际贸易》，载于《世界经济》2016 年第 5 期。

[88] 石云霞：《影视业发展对旅游业的影响》，载于《电影评介》2007 年第 17 期。

[89] 宋华盛、刘莉：《外国留学生缘何来华留学》，载于《高等教育研究》2014 年第 11 期。

[90] 苏琳、谢冰：《"韩流"来袭 30 年——浅析韩国流行文化对外传播特点及现状》，载于《现代交际》2013 年第 3 期。

[91] 孙强：《汉语国际传播提升文化软实力的策略与路径》，载于《南京社会科学》2012 年第 12 期。

[92] 唐静霞、王燕如、江怡平：《高低语境对当今企业跨文化商务交际的影响及企业应对策略研究》，载于《教育教学论坛》2018 年第 5 期。

[93] 田子方、杜琼：《中国文化产品出口的二元边际分析》，载于《宏观经济研究》2019 年第 4 期。

[94] 万红先、冯婷婷：《中国与"一带一路"国家的服务贸易效率及潜力分析——基于时变随机前沿引力模型》，载于《生产力研究》2019 年第 10 期。

[95] 王凤华：《国际文化营销的动因及其成功因素研究》，载于《上海管理科学》2006 年第 5 期。

［96］王桂兰：《文化软实力的维度》，河南人民出版社 2010 年版。

［97］王海文：《提升中国在阿拉伯国家文化软实力的贸易路径研究》，载于《国际贸易》2015 年第 5 期。

［98］王汉民：《新中国成立前福建戏曲海外传播史考述》，载于《戏曲研究》2011 年第 2 期。

［99］王洪涛：《文化差异是影响中国文化创意产品出口的阻碍因素吗》，载于《国际经贸探索》2014 年第 10 期。

［100］王金波：《制度距离、文化差异与中国企业对外直接投资的区位选择》，载于《亚太经济》2018 年第 6 期。

［101］王晶：《文化距离对中国对外直接投资的影响》，南京财经大学硕士学位论文，2016 年。

［102］王铁山：《影视传播、文化营销与影视文化贸易先行——韩国的经验与启示》，收录于《陕西省社会科学界第三届（2009）学术年会——道路·创新·发展——"陕西文化产业发展"论坛交流论文选编》，谷歌学术，2009 年。

［103］王亚星、黄纤：《基于引力模型分析文化距离对中国对外直接投资的影响》，载于《未来与发展》2019 年第 11 期。

［104］王志宏：《文化的认同与创新：中国对外文化贸易发展的必然选择》，载于《北方经济》2015 年第 11 期。

［105］魏海香：《论美国文化国际影响力模式及其特点》，载于《新闻传播》2019 年第 4 期。

［106］魏浩、王宸、毛日昇：《国家间人才流动及其影响因素的实证分析》，载于《管理世界》2020 年第 1 期。

［107］魏浩、袁然：《全球华人网络的出口贸易效应及影响机制研究》，载于《世界经济研究》2020 年第 1 期。

［108］翁燕：《韩国家庭剧在中国流行的文化心理探因》，载于《鄂州大学学报》2007 年第 4 期。

［109］吴飙、王爽：《从韩剧看"韩流"面向中国的传播路径及影响》，载于《新闻研究导刊》2016 年第 7 期。

［110］吴丹红、冯程程：《"酷日本"国际化战略研究》，载于《中国经贸》2014 年第 19 期。

［111］吴杰伟：《韩国流行文化在东南亚的传播分析》，载于《东南亚研究》2015 年第 6 期。

［112］吴晓萍：《中国形象的提升：来自孔子学院教学的启示》，载于《外交评论》2011 年第 1 期。

［113］吴瑛：《中国文化对外传播效果研究——对 5 国 16 所孔子学院的调查》，载于《浙江社会科学》2012 年第 4 期。

［114］谢孟军：《出口抑或对外投资——基于制度距离的视角》，载于《国际商务（对外经济贸易大学学报）》2015 年第 6 期。

［115］谢孟军：《文化"走出去"的投资效应研究：全球 1326 所孔子学院的数据》，载于《国际贸易问题》2017 年第 1 期。

［116］谢孟军：《文化能否引致出口："一带一路"的经验数据》，载于《国际贸易问题》2016 年第 1 期。

［117］谢孟军：《中华文化"走出去"对我国出口贸易的影响研究》，载于《国际经贸探索》2017 年第 1 期。

［118］谢孟军、汪同三、崔日明：《中国的文化输出能推动对外直接投资吗？——基于孔子学院发展的实证检验》，载于《经济学（季刊）》2017 年第 4 期。

［119］新华网：《文化贸易助推中国文化"走出去"》，2017 年 9 月 16 日。

［120］邢祥虎、赵晓春：《传统影视传播与网络影视传播》，载于《山东师范大学学报（自然科学版）》2002 年第 3 期。

［121］徐世澄：《中拉文化的特点、历史联系和相互影响》，载于《拉丁美洲研究》2006 年第 5 期。

［122］许和连、李丽华：《文化差异对中国对外直接投资区位选择的影响分析》，载于《统计与决策》2011 年第 17 期。

［123］许和连、张萌、吴钢：《文化差异、地理距离与主要投资国在我国的 FDI 空间分布格局》，载于《经济地理》2012 年第 8 期。

［124］许和连、郑川：《文化差异对我国核心文化产品贸易的影响研究——基

于扩展后的引力模型分析》，载于《国际商务（对外经济贸易大学学报）》2014 年第 4 期。

［125］闫荟、恽如伟：《动漫——文化传播的新媒介》，载于《新闻爱好者》2010 年第 8 期。

［126］阎萍：《"酷日本"战略背景下日本出版"走出去"探究》，载于《出版发行研究》2017 年第 11 期。

［127］阳群：《文化距离对中国文化产品出口贸易的影响研究》，载于《对外经贸实务》2019 年第 9 期。

［128］杨建飞：《世界文化创意产业案例选析》，中国国际广播出版社 2017 年版。

［129］杨军红：《来华留学生构成特点及影响因素分析》，载于《中南民族大学学报（人文社会科学版）》2006 年第 6 期。

［130］杨连星、从欣、刘雪珂：《文化特征如何影响了文化贸易出口品质》，载于《宏观质量研究》2019 年第 4 期。

［131］杨连星、缪晨韵、樊琦：《文化特征如何影响文化贸易联系持续期》，载于《经济与管理研究》2020 年第 2 期。

［132］姚海棠、姚想想：《来华留学生影响因素研究》，载于《现代商业》2013 年第 14 期。

［133］叶文婷：《汉语热之下的文化冲突与文化导入》，载于《学术界》2008 年第 3 期。

［134］于丹、杨越明：《中国文化"走出去"战略的核心命题——基于六国民众对中国的认知度调查》，载于《文化纵横》2015 年第 8 期。

［135］于晓华：《探究构建京剧艺术对外传播的科学模式》，载于《戏剧之家》2018 年第 8 期。

［136］于秀娟、刘汉文：《美国电影产业监管模式与扶持政策分析》，载于《传媒》2013 年第 11 期。

［137］［美］约瑟夫·奈：《软实力》（马娟娟译），中信出版社 2013 年版。

［138］詹正茂：《发挥华侨华人的作用促进中华文化在海外的传播》，载于

《侨务工作研究》2012 年第 1 期。

[139] 张帆：《文化贸易与文化认同》，载于《思想战线》2007 年第 3 期。

[140] 张光新、李可：《"酷日本"战略及其对日本外交的影响》，载于《东北亚学刊》2017 年第 2 期。

[141] 张国祚：《我国文化软实力发展近况》，载于《红旗文稿》2013 年第 6 期。

[142] 张慧娟：《美国文化产业政策的形成与发展》，载于《科学社会主义》2012 年第 6 期。

[143] 张慧敏、刘洪钟：《政治距离、文化差异与中国的对外贸易》，载于《国际经贸探索》2020 年第 1 期。

[144] 张佳颖：《韩国流行文化对外传播策略研究——以出版产业输出政策为视角》，载于《出版发行研究》2018 年第 12 期。

[145] 张丽：《美国文化贸易政策的国内政治因素》，载于《理论界》2012 年第 8 期。

[146] 张丽：《美国文化贸易政策分析及启示》，载于《理论界》2012 年第 9 期。

[147] 张娜、田晓玮、郑宏丹：《英国文化创意产业发展路径及启示》，载于《中国国情国力》2019 年第 6 期。

[148] 张微、卜伟：《"一带一路"下中国企业"走出去"投资模式研究——基于政治、文化和制度距离》，载于《投资研究》2019 年第 9 期。

[149] 张文：《旅游与文化》，旅游教育出版社 2001 年版。

[150] 张西平：《简论孔子学院的软实力功能》，载于《世界汉语教学》2007 年第 3 期。

[151] 张毅飞、金楠：《跨文化管理的风险及战略选择》，载于《东方企业文化》2010 年第 12 期。

[152] 赵立新、许为民：《关于产业技术跨越的理论思考》，载于《科技进步与对策》2001 年第 11 期。

[153] 赵隆生：《文化差异对中国国际贸易商务活动的影响分析》，载于《现代营销（经营版）》2019 年第 11 期。

［154］郑向荣：《论我国发展来华留学生教育的优势——兼论发展来华留学生教育的意义》，载于《现代教育论丛》2005 年第 2 期。

［155］郑晓云：《文化认同与文化变迁》，中国社会科学出版社 1992 年版。

［156］郑雪、张磊：《中国留学生的文化认同、社会认同与主观幸福感》，载于《心理发展与教育》2010 年第 1 期。

［157］中华人民共和国商务部：《英国创意产业调研》，商务部网站，2012 年 1 月 18 日。

［158］钟帆、叶伦强：《后镜像阶段下美国对外文化战略功能研究》，载于《西南民族大学学报（人文社科版）》2008 年第 12 期。

［159］周东妮：《文化距离对于双边贸易的影响》，北京外国语大学硕士学位论文，2019 年。

［160］周国富、吴丹丹：《各区文化软实力的研究》，载于《统计研究》2010 年第 2 期。

［161］周丽娟：《新中国戏曲艺术的对外交流与国家软实力的建构与提升》，载于《戏曲艺术》2015 年第 3 期。

［162］周宇豪：《文化软实力传播过程中的输出性和渗透性研究——以孔子学院为例》，载于《现代传播》2013 年第 5 期。

［163］Adler P S. Beyond cultural identity: reflections on cultural and multicultural man [J]. Wads worth publishing company, 1985 (4): 410 – 422.

［164］Alexander P J. Entropy and Popular Culture: Product Diversity in the Popular Music Recording Industry [J]. American Sociological Review, 1996, 61 (1): 171 – 174.

［165］Altbach P G. Comparative higher education: Knowledge, the university, and development [M]. Greenwood Publishing Group, 1998.

［166］Anderson, J E and E Van Wincoop. Gravity with Gravitas: A Solution to the Border Puzzle [J]. American Economic Review, 2003 (93): 170 – 192.

［167］Apsalone M, Sumilo E. Socio-Cultural Factors And International Competitiveness [J]. Business, Management and Education, 2015, 13 (2): 276 – 291.

［168］Benito G R G, Gripsrud G. The expansion of foreign direct investments: discrete rational location choices or a cultural learning process? ［J］. Journal of International Business Studies, 1992, 23 (3): 461 – 476.

［169］Berry J W, Kim U, Minde T, et al. Comparative studies of acculturative stress ［J］. International Migration Review, 1987, 21 (3): 491 – 511.

［170］Beugelsdijk, De Groot, Linders and Slangen. Cultural Distance, Institutional Distance and International Trade ［J］. Paper provided by European Regional Science Association in its series ERSA conference papers with number ersa, 2004: 265.

［171］Bhaskaran S, Sukumaran N. Contextual and methodological issues in COO studies ［J］. Marketing Intelligence & Planning, 2007.

［172］Bilkey W J, Nes E. Country-of-origin effects on product evaluations ［J］. Journal of International Business Studies, 1982, 13 (1): 89 – 100.

［173］Bodley J H. Culture and the Changing Environment: Uncertainty, Cognition and Risk Management in Cross-Cultural Perspective ［J］. Journal of Ethnobiology, 2009, 29 (1): 153 – 155.

［174］Bouwel, Linda van, Veugelers, Reinhilde. The determinants of student mobility in Europe: the quality dimension ［J］. European Journal of Higher Education, 2013 (4): 385 – 410.

［175］Brester G W, Schroeder T C. The impacts of brand and generic advertising on meat demand ［J］. American Journal of Agricultural Economics, 1995, 77 (4): 969 – 979.

［176］Bryson J. Managing HRM risk in a merger ［J］. Employee Relations, 2003.

［177］Cartwright S, Cooper C L. The role of culture compatibility in successful organizational marriage ［J］. Academy of Management Perspectives, 1993, 7 (2): 57 – 70.

［178］Cavalli-Sforza L, Menozzi A and Piazza (ed). The Histroy and Geography of Human Genes ［M］. Princeton University Press, 1994.

［179］Chaney T. Distorted Gravity: The Intensive and Extensive Margins of International Trade [J]. American Economic Review, 2008, 98 (4): 1707 – 1721.

[180] Corneliussen, Hilde, and Jill Walker Rettberg, eds. Digital culture, play, and identity: A World of Warcraft reader [M]. MIT Press, 2008.

[181] Cowen T. Creative Destruction: How Globalization is changing in the World's Culture [M]. Princeton University Press, Princeton, NJ, 2002.

[182] David Throsby. Determining the Value of Cultural Goods [J]. Journal of Cultural Economics, 2003 (27): 279 – 280.

[183] Davidson W H. The location of foreign direct investment activity: Country characteristics and experience effects [J]. Journal of International Business Studies, 1980, 11 (2): 9 – 22.

[184] Deaton A, Muellbauer J. An Almost Ideal Demand System [J]. American Economic Review, 1980, 70 (70): 312 – 326.

[185] Degeratu A M, Rangaswamy A, Wu J. Consumer choice behavior in online and traditional supermarkets: The effects of brand name, price, and other search attributes [J]. International Journal of Research in Marketing, 2000, 17 (1): 55 – 78.

[186] Disdier A C, Head K, Mayer T. Exposure to foreign media and changes in cultural traits: Evidence from naming patterns in France [J]. Journal of International Economics, 2010, 80 (2): 226 – 238.

[187] Distance From To. net. Distance from Japan ro Other Countries [EB/OL]. https: //www. distancefromto. net/distance-from-japan-country, 2020.

[188] Eckhard Janeba. International trade and cultural identity [J]. NBER Working Paper, 2004, No. 10426 (4).

[189] Felbermayr G J, Toubal F. Cultural proximity and trade [J]. European Economic Review, 2010, 54 (2): 279 – 293.

[190] GeoDato. net. Distances from United States [EB/OL]. https: //www. geodatos. net/en/distances/country/united-states, 2020.

[191] George A Akerlof, Rachel E Kranton. Economics and identity [J]. The Quarterly Journal of Economics, 2000 (8): 715 – 753.

[192] Girma S, Yu Z. The link between immigration and trade: Evidence from the United Kingdom [J]. Weltwirtschaftliches Archiv, 2002, 138 (1): 115 – 130.

[193] Goodwin C, Duranti A. Rethinking context: Language as an interactive phenomenon [M]. Cambridge: Cambridge University Press, 1992: 1 – 42.

[194] Guiso L, Sapienza P and Zingales L. Cultural Biases in Economic Exchange [J]. Quarterly Journal of Economics, 2009, 124 (3): 1095 – 1131.

[195] Hae-Joang C. Reading the 'Korean wave' as a sign of global shift [J]. Korea Journal, 2005, 45 (4): 147 – 182.

[196] Han C M. Country image: halo or summary construct? [J]. Journal of Marketing Research, 1989, 26 (2): 222.

[197] Hayes D J, Wahl T I, Williams G W. Testing Restrictions on a Model of Japanese Meat Demand [J]. American Journal of Agricultural Economics, 1990, 72 (3): 556 – 566.

[198] Head K, Ries J. Overseas investment and firm exports [J]. Review of International Economics, 2001, 9 (1): 108 – 122.

[199] Heinz Steinert. Sally Ann spencer: Cultural Industry [M]. Cambridge Polity Press, 2003.

[200] Henneberry S R, Hwang S. Meat Demand in South Korea: An Application of the Restricted Source-Differentiated Almost Ideal Demand System Model [J]. Journal of Agricultural & Applied Economics, 2007, 39 (1): 47 – 60.

[201] Hofstede G. Culture and organizations [J]. International Studies of Management & Organization, 1980, 10 (4): 15 – 41.

[202] Hofstede G. Culture's Consequences: Comparing Values, Behaviors, Institutions and Organizations across Nations [M]. Thousand Oaks, London, New Delhi: Sage Publication, 2001.

[203] Hofstede-insights. com. Country Comparison Tool [EB/OL]. https: //www. hofstede-insights. com/country-comparison/, 2010.

[204] Hofstede-insights. com. National Culture [EB/OL]. https: //hi. hofstede-

insights. com/national-culture，2020.

［205］Huang S. Nation-branding and transnational consumption：Japan-mania and the Korean wave in Taiwan ［J］. Media，Culture & Society，2011，33（1）：3 – 18.

［206］Inglehart R & Baker W E. Modernization，Cultural Change and the Persistence of Traditional Values ［J］. American Sociological Review，2000，65（1）：19 – 51.

［207］Isard W. Location Theory and Trade Theory：Short-Run Analysis ［J］. Quarterly Journal of Economics. 1954，68（2）：305 – 320.

［208］Jaques Olivier，Mathias Thoenig & Thierry Verdier. Globalization and Dynamics of Cultural Identity ［J］. Journal of International Economics，2008，76（2）：356 – 370.

［209］Joe Wuthow. The Concept of Soft Power in China's Strategic Discourse ［J］. Issues and Studies，2008，44（2）：1 – 28.

［210］Johanson J，Vahlne J E. The internationalization process of the firm—a model of knowledge development and increasing foreign market commitments ［J］. Journal of International Business Studies，1977，8（1）：23 – 32.

［211］Johansson J K，Douglas S P，Nonaka I. Assessing the impact of country of origin on product evaluations：a new methodological perspective ［J］. Journal of Marketing Research，1985：388 – 396.

［212］John F. Extremum problems with inequalities as subsidiary conditions ［M］// Traces and emergence of nonlinear programming. Birkhäuser，Basel，2014：197 – 215.

［213］John Tomlinson. Cultural Imperialism ［M］. London/New York：Continuum，2001.

［214］Kinnucan H W，Xiao H，Hsia C J，et al. Effects of health information and generic advertising on US meat demand ［J］. American Journal of Agricultural Economics，1997，79（1）：13 – 23.

［215］Lankhuizen M B M，de Groot H L F. Cultural distance and international trade：a non-linear relationship ［J］. Letters in Spatial and Resource Sciences，2016，9（1）：19 – 25.

［216］Lankhuizen M, de Groot H L F, Linders G J M. The Trade-Off between Foreign Direct Investments and Exports: The Role of Multiple Dimensions of Distance ［J］. The World Economy, 2011, 34 (8): 1395 – 1416.

［217］Lee S H, Han D B, Nayga Jr R M. Cultural inflow effects on Japanese import demand for consumer products: importance of halo effects ［J］. Journal of the Asia Pacific Economy, 2014, 19 (3): 506 – 521.

［218］Leuthesser L, Kohli C S, Harich K R. Brand equity: the halo effect measure ［J］. European Journal of Marketing, 1995, 29 (4): 57 – 66.

［219］Lewer J J, Van den Berg H. Estimating the Institutional and Network Effects of Religious Cultures on International Trade: International review for social sciences; internationale Zeitschrift für Sozialwissenschaften International review for social sciences; internationale Zeitschrift für Sozialwissenschaften ［J］. Kyklos, 2007, 60 (2): 255 – 277.

［220］Linda Van Bouwel, Reinhil de Veugelers. The determinants of student mobility in Europe: the quality dimension ［J］. Faculty of Business and Economics, FBE Research Report, 2009 (12): 1 – 39.

［221］Linders G J, H L Slangen A, De Groot H L F, et al. Cultural and institutional determinants of bilateral trade flows ［J］. Available at SSRN 775504, 2005.

［222］Maira S. Henna and hip hop: The politics of cultural production and the work of cultural studies ［J］. Journal of Asian American Studies, 2000, 3 (3): 329 – 369.

［223］Marks M L, Mirvis P H. A framework for the human resources role in managing culture in mergers and acquisitions ［J］. Human Resource Management, 2011, 50 (6): 859 – 877.

［224］Mary E. McMahon. Higher education in a world market ［J］. Higher Education, 1992 (4): 465 – 482.

［225］Mayda A M & D Rodrik. Why Are Some People (and Countries) More Protectionist Than Others ［J］. European Economic Review, 2005, 49 (6): 1393 – 1691.

［226］McGray D. Japan's Gross National Cool ［J］. Foreign Policy, No. 130, 2002: 44 – 54.

［227］ Melitz J, Toubal F. Native language, spoken language, translation and trade ［J］. Journal of International Economics, 2014, 93 (2): 351 – 363.

［228］ Melitz J. Language and Foreign Trade ［J］. European Economic Review, 2008, 52 (4): 667 – 699.

［229］ Noppadol Saleepoch, The Effect of Korean Wave on Trade between Thailand and South Korea, MA Thesis, Chulalongkorn University, 2009: 67 – 68.

［230］ Paradise James. China and International Harmony: The Role of Confucius Institute in Bolstering Beijing's Soft Power ［J］. Asian Survey, 2009, 49 (4): 647 – 669.

［231］ Rahim A, Bonoma T V. Managing organizational conflict: A model for diagnosis and intervention ［J］. Psychological Reports, 1979, 44 (3_suppl): 1323 – 1344.

［232］ Rauch J E. Business and social networks in international trade ［J］. Journal of Economic Literature, 2001, 39 (4): 1177 – 1203.

［233］ Roman S, Ruiz S. A comparative analysis of sales training in Europe: Implications for international sales negotiations ［J］. International Marketing Review, 2003, 20 (3): 304.

［234］ Salette G , Tinbergen J . Shaping the World Economy. Suggestions for an International Economic Policy ［J］. Revue Économique, 1965, 16 (5): 840.

［235］ Santos S J M C & Tenreyro S. The Log of Gravity ［J］. The Review of Economics and Statistics, 2006, 88 (4): 641 – 658.

［236］ Schumann J. H. The Acculturation Model for Second Foreign Language Acquisition in Gingras ［M］. Second Language Acquisition and Foreign Language Teaching, Washington D. C. Center for Applied Linguistics, 1978.

［237］ Spolaore Enrico and Romain Wacziarg. The Diffusion of Development ［J］. Quarterly Journal of Economics, 2009, 124 (2): 469 – 529.

［238］ Suh Chung-Sok, Cho Young-Dal & Kwon Seung-Ho. The Korean Wave in Southeast Asia: An Analysis of Cultural Proximity and the globalization of the Korean Cultural Products ［J］. KAREC Discussion Paper, Vol. 7, No. 2, 2006: 5 – 6.

［239］ Swift J S, Lawrence K. Business culture in Latin America: interactive learning for UK SMEs [J]. Journal of European Industrial Training, 2003, 27 (8/9): 389 – 397.

[240] Tabellini, Culture and Institutions: Economic Development in the Regions of Europe [J]. Journal of the European Economic Association, 2010, 8 (4): 677 – 716.

[241] Tadesse B and White R. Do Immigrants Counter the Effect of Cultural Distance on Trade? Evidence from US State-level Exports [J]. Journal of Socio-Economics, 2008, 37: 2304 – 2318.

[242] Tadesse B and White R. Does Cultural Distance Hinder Trade in Goods? [J]. Open Economies Review, 2010, 21 (2): 237 – 261.

[243] The World Bank. GDP (current US $) [EB/OL]. https: // data. worldbank. org/indicator/NY. GDP. MKTP. CD?end = 2018&most_recent_value_desc = true&start = 2018&view = bar, 2020.

[244] Thorndike E L. A constant error in psychological ratings [J]. Journal of applied psychology, 1920, 4 (1): 25 – 29.

[245] Tinbergen J (ed). The World Economy Suggestions for An Economic Policy [J]. New York Twentieth Century Fund, 1962.

[246] Tomlinson. Cultural imperialism: A critical introduction [J]. Journal of American History, 1993, 79 (4): 1694.

[247] UNESCO. Cultural industries: a challenge for the future of culture [R]. Paris, 1982.

[248] UNESCO. The Globalisation of Cultural Trade: A Shift in Consumption-International Flows of Cultural Goods and Services 2004 – 2013 [R]. 2016.

[249] Ward C & Kenedy A. Acculturation Strategies Psychological Adjustment and Socio-cultural Competence During Cross-cultural Transitions [J]. International Journal of Intercultural Relations, 1994, 18: 329 – 343.

[250] Williamson, Kerekes. Securing Private Property: Formal Versus Informal Institutions [J]. Journal of Law and Economics, 2011, 54 (3): 537 – 572.

[251] Williams. Motivation in Foreign and Second Language Learning: An Interac-

tive Perspective [J]. Education and Child Psychology, 1994, 11 (2): 77 – 84.

[252] Yang S R, Koo W. Japanese Meat Import Demand Estimation with the Source Differentiated AIDS Model [J]. Journal of Agricultural & Resource Economics, 1994, 19 (2): 396 – 408.

[253] Yoshikawa M J. Cross-cultural adaptation and perceptual development [J]. International and Intercultural Communication Annual, 1987 (8): 145 – 147.

[254] Zhou M. Intensification of geo-cultural homophily in global trade: Evidence from the gravity model [J]. Social Science Research, 2011, 40 (1): 193.

后　记

　　文化海外传播与贸易是个比较新的研究领域，国外学者关于该领域的研究也处于起步阶段，而国内学者更多将关注点放在文化海外传播本身，以及企业"走出去"中的文化传播问题研究。实际上，早在 2010 年，我们就开始关注文化与贸易的关系，也陆续在《世界经济》《国际贸易问题》等杂志发表了论文，并出版了有关学术著作。至于为什么在今年选择文化海外传播与贸易这个选题，一方面是考虑到当前形势下中美贸易摩擦及我国外贸发展面临的问题，不仅仅是我们所思考的经济、科学技术、政治层面的因素，更是源于不同国家间文化的不理解及互信度的不足。党的十九届五中全会明确提出了要加强对外文化交流和多层次文明对话。我认为，加强文化交流和文明对话不仅仅是为了推动中华文化"走出去"，支撑服务文化强国建设，实际上通过中国文化海外传播，讲好中国故事，也是想让世界各国更全面、客观、真实地去了解中国，进而促进文化、经济、科技等各领域的交流与合作，共同构建人类命运共同体。另一方面，我们于 2019 年成功申请了国家社科基金重大项目"中国文化海外传播对中国企业国际化的影响研究"，其中贸易是企业国际化发展的重要内容。

　　正是基于以上的考虑，才有了本书的出版。本书是我们国家社科基金重大项目团队成员集体的结晶，由北京师范大学经济与工商管理学院曲如晓教授负责统稿、修改并定稿，中国科学技术交流中心杨修副研究员撰写第 6 章，北京第二外国语学院经济学院刘霞博士撰写第 1 章至第 4 章第 4.1 节，中共河南省委党校李雪博士撰写第 4 章第 4.2 节至第 5 章。李婧、肖蒙、邓颖、王叶、黄心艺、王陆舰等负责收集资料和数据处理等。在研究过程中，团队多次对书稿进行深入探讨，为本书的完成贡献了智慧与思想，在此向所有参与人员表示由衷的感谢。

　　北京师范大学经济与工商管理学院、全球化与创新研究中心对本书的出版给予了大力支持，经济科学出版社赵蕾女士对本书的出版给予高度关注，付出了辛勤劳动，在此致以诚挚的谢意。

　　由于时间仓促和水平有限，本书难免存在错漏与不足，恳请广大读者批评指正。

曲如晓

2021 年 11 月 13 日

图书在版编目（CIP）数据

中国文化海外传播促进对外贸易高质量发展研究/
曲如晓等著．—北京：经济科学出版社，2022.5
（中国对外贸易发展系列报告）
ISBN 978 – 7 – 5218 – 3609 – 7

Ⅰ. ①中… Ⅱ. ①曲… Ⅲ. ①中华文化 – 文化传播 –
影响 – 对外贸易 – 研究 – 中国 Ⅳ. ①G125②F752

中国版本图书馆 CIP 数据核字（2022）第 061245 号

责任编辑：赵　蕾
责任校对：杨　海
责任印制：范　艳

中国文化海外传播促进对外贸易高质量发展研究
曲如晓　杨　修　刘　霞　李　雪/著
经济科学出版社出版、发行　新华书店经销
社址：北京市海淀区阜成路甲 28 号　邮编：100142
总编部电话：010 – 88191217　发行部电话：010 – 88191522
网址：www. esp. com. cn
电子邮箱：esp@ esp. com. cn
天猫网店：经济科学出版社旗舰店
网址：http：//jjkxcbs. tmall. com
北京季蜂印刷有限公司印装
787 × 1092　16 开　16. 5 印张　274000 字
2022 年 9 月第 1 版　2022 年 9 月第 1 次印刷
ISBN 978 – 7 – 5218 – 3609 – 7　定价：72. 00 元
（图书出现印装问题，本社负责调换。电话：010 – 88191510）
（版权所有　侵权必究　打击盗版　举报热线：010 – 88191661
QQ：2242791300　营销中心电话：010 – 88191537
电子邮箱：dbts@ esp. com. cn）